Schriften zur Medienpädagogik 37

GMK

Medienbildung im Doppelpack

Wie Schule und Jugendhilfe einander ergänzen können

Ida Pöttinger
Wolfgang Schill
Günter Thiele
(Hrsg.)

IMPRESSUM

Ida Pöttinger
Wolfgang Schill
Günter Thiele
(Hrsg.)

Medienbildung im Doppelpack

Wie Schule und Jugendhilfe einander ergänzen können

SCHRIFTEN ZUR MEDIENPÄDAGOGIK 37

HERAUSGEBER:
Gesellschaft für Medienpädagogik und Kommunikationskultur in der Bundesrepublik Deutschland (GMK) e.V.

ANSCHRIFT:
GMK-Geschäftsstelle
Körnerstraße 3
D-33602 Bielefeld
fon: 0521.67788
fax: 0521.67727
eMail: gmk@medienpaed.de
Homepage:
www.gmk-net.de

Für namentlich gekennzeichnete Beiträge sind die AutorInnen verantwortlich.

ISBN: 3-929685-35-3

Dieser Band wurde gefördert durch das Bundesministerium für Familie, Senioren, Frauen und Jugend (BMFSFJ).

LEKTORAT:
Uli Kahmann

GRAFIK-DESIGN:
Peer Wedderwille,
Melanie Opad (Mitarbeit),
Bielefeld

DRUCK:
AJZ-Druck & Verlag,
Bielefeld

Grußwort der Ministerin 6

Vorwort der Herausgeber 8

- *Wolfgang Schill/Günter Thiele*
  Einführung: Jugendmedienarbeit kooperiert mit Schule 10

Stichwort: Öffnung von Schule und Netzwerke

- *Dieter Spanhel*
  Chancen und Barrieren einer Kooperation von Jugendmedienarbeit und Schule aus pädagogischer Sicht 26

- *Horst Niesyto*
  Öffnung von Schule und partnerschaftliche Kooperation
  Zur Zusammenarbeit von schulischer und außerschulischer Medienarbeit 39

- *Wolfgang Zacharias*
  Kulturelle (Medien-)Bildung macht Schule und ist doch mehr … 50

- *Achim Puhl*
  Kooperation und Vernetzung – Was die Praxis braucht 64

- *Stefan Welling/Herbert Kubicek/Susanna Krüger/Björn-Eric Stolpmann*
  Koordination von Lernorten für Medienkompetenz 73

- *Ida Pöttinger*
  Ein Netz, das trägt
  Medi@Culture-Netzwerk in Baden-Württemberg 85

- *Doris Kellermann/Jens Lipski*
  Wie wird das Internet in der Schule genutzt – welche Anknüpfungspunkte ergeben sich für die Jugendarbeit? 94

Stichwort: Ganztagsschule und neue Lehr-/Lernkultur

- *Bernward Hoffmann*
  Alles Schule oder was?
  Medienpädagogik zwischen Jugendhilfe und Ganztagsgrundschule 106

- *Andrea Müller-Goebel*
  Medienbildung in der Ganztagsschule: Konzepte und Erfahrungen aus Rheinland-Pfalz 121

- *Franz Josef Röll*
  Visionen neuen Lernens 134

- *Markus Schega/Carmen Mörsch*
  Topografie der Zusammenarbeit von Schulen mit Anderen 149

Stichwort: Praxis und Erfahrungen

- *Klaus Lutz*
  Kooperation Freizeit Schule – zwei Welten begegnen sich
  Ein Erfahrungsbericht 162

- *Eva Lischke*
  Kooperation zwischen Schule, Jugendförderung und Kulturamt?
  @nien 2: Ein regionales Lernarrangement gegen Desintegrationsprozesse 168

- *Ute Parthum*
  Die Medienwerkstatt Potsdam 176

- *Karin Eble*
  Brr... draußen ist es kalt
  Ein schulisch-/außerschulisches Medienprojekt 179

• *Hans-Jürgen Palme*
Leitlinie „Medienbildung" mit Grundschülern
Internetprojekt mit Grundschülern zum Thema „Friedliches Miteinander" 188

• *Mane Huchler*
www.3dimencity.de
Ein Kooperationsmodell als Beispiel für eine Public Private Partnership 196

• *Ida Pöttinger*
Die Leiden einer leidenschaftlichen Netzwerkerin 203

Anhang

Die Autorinnen und Autoren 206
Abbildungsnachweis 209
Weitere Publikationen der GMK 210

■ Grusswort

Liebe Leserinnen und Leser,

welche bedeutsame Rolle Medien heute im Leben von Kindern und Jugendlichen für ihre Identitätsentwicklung spielen, ist uns allen bewusst.

In der Vergangenheit wurden die „Medienthemen" von Kindern und Jugendlichen vor allem durch die sozialpädagogische Kinder- und Jugendmedienarbeit übernommen. Hierbei standen die medienbezogenen Interessen, Bedürfnisse und Stärken von Kindern und Jugendlichen im Vordergrund. Wir wissen, dass sich in den letzten Jahren auch viele Schulen damit auseinandergesetzt haben.

Gerade die auf beiden Seiten gewonnenen Erfahrungen können für eine Kooperation wertvolle Grundlage sein. Dass dies ein komplexer und nicht immer widerspruchsfreier Lernprozess für beide Seiten ist, muss nicht besonders betont werden. Wie dieser Prozess sich jedoch erfolgreich entwickelt hat und welche wesentlichen Rahmenbedingungen für eine konstruktive Kooperation zwischen Schule und außerschulischer Medienarbeit notwendig sind, dazu gibt Ihnen dieses Buch zahlreiche Informationen.

Denn gerade nach den Ergebnissen der PISA-Studie hat eine intensive Reformdebatte über unser Bildungssystem begonnen. Diese Diskussion bezieht sich besonders auf die Einführung von Bildungsstandards, die Qualität von Schule und Unterricht, die Öffnung von Schule, die Ausweitung von Schule auf ein Ganztagsangebot und auf ihre Integration in kulturelle Netzwerke.

Dafür mache ich mich als Ministerin stark und möchte auch zukünftig Schulen dabei unterstützen, von dem reichhaltigen Erfahrungsschatz anderer gesellschaftlicher Bereiche zu profitieren. So können wir die bestmögliche Lernqualität für Kinder und Jugendliche erreichen – denn wir wissen, es ist eine der wichtigsten Investitionen in unsere Zukunft.

Ihre

Renate Schmidt
Bundesministerin für Familie, Senioren, Frauen und Jugend

■ Vorwort

Es war nicht ein bierseliger Abend, der uns auf die Idee brachte, Medienbildung als Doppelpack anzubieten. Vielmehr zeigte sich in vielen Gesprächen innerhalb der Gesellschaft für Medienpädagogik und Kommunikationskultur (GMK), dass in der medienpädagogischen Arbeit mit Kindern und Jugendlichen zwei Welten aufeinander treffen, die nicht so leicht vereinbar sind: Schule und außerschulische Bildung. Die eine denkt in erster Linie in Leistungskategorien, die andere in Selbstverwirklichungskategorien. Beides hat seine Berechtigung. Es gibt allerdings gute Gründe, sich immer wieder auszutauschen, Verständnis füreinander zu entwickeln und gemeinsame Pläne zu schmieden.

Das Wissen um die jeweiligen Ziele und Bedingungen der anderen Seite trägt hoffentlich dazu bei, starre Positionen aufzulösen, auf einer Augenhöhe zu kommunizieren und vom anderen zu profitieren. Und siehe da: Aus einem kontroversen Doppelpack wird schnell ein mehrperspektivisches „Sixpack", denn so klar lassen sich die Fronten schon längst nicht mehr ziehen.

Im Jahre 3 nach PISA sind eine Reihe von bildungs- und schulpolitischen Maßnahmen zu verzeichnen, die als Ergebnis einer heftigen Reformdebatte hierzulande zu betrachten sind. Schlüsselthemen wie „Einführung von Bildungsstandards", „Qualitätsentwicklung von Schule und Unterricht", „Selbständigkeit und Eigenverantwortung von Schulen", „Milliardenprogramm Ganztagsschule" oder „Öffnung von Schule" markieren Eckpunkte einer Diskussion, in die mehr und mehr auch die außerschulische Jugendbildung einbezogen wird. Beispielsweise stellt sich für die Jugendhilfe derzeit die bedeutsame Frage, wie sie ihre Angebote sinnvoll in „die Ganztagsschule" einbringen kann, die momentan flächendeckend in der Bundesrepublik eingerichtet wird. Kooperation zwischen Schule und Jugendbildung wird in diesem Zusammenhang als Königsweg angesehen. Mehr oder weniger erfolgreiche Formen der Zusammenarbeit zwischen den beiden ungleichen Einrichtungen Schule und außerschulischer Jugendarbeit hat es in der Vergangenheit schon immer gegeben. Doch vielfach blieben beide Partner „auf Distanz": die Jugendarbeit, weil sie sich nicht von der Institution Schule „vereinnahmen" lassen wollte, und die Pflichtschule, weil sie ihren Auftrag durch offene Formen pädagogischen Handelns gefährdet sah. Doch wenn es in Zukunft nicht bei punktuellen Vorhaben bleiben, sondern zu kontinuierlicher Zusammenarbeit kommen soll, werden beide Partner auch gemeinsam Ziele und Aufgaben herauszuarbeiten haben, die dem Begriff Kooperation gerecht werden.

Ein Arbeitsbereich, in dem sich eine beiderseitig befriedigende Zusammenarbeit ergeben kann, ist die Medienbildung. In diesem pädagogischen Handlungsfeld können Jugendmedienarbeit und schulische Medienerziehung im Rahmen von Schulentwicklung durch Kooperation beispielsweise lebensnahe Themen von Kindern und Jugendlichen bearbeiten und deren Medienkompetenz fördern, die Vorteile informeller und die Notwendigkeit formeller Bildung zu einem eigenen Bildungsangebot zusammenführen, die verlässliche Zusammenarbeit unterschiedlicher Berufsgruppen ermöglichen oder zur Öffnung von Schule beitragen.

Wie solch eine Programmatik erfolgreich umgesetzt werden kann, darüber gibt es bislang wenig gesicherte Erkenntnisse. Um dieses Defizit genauer zu bezeichnen und um die Möglichkeiten und Grenzen der Kooperation von Schule und Jugendmedienarbeit klarer herauszuarbeiten, hatte die Gesellschaft für Medienpädagogik und Kommunikationskultur im Februar 2004 zu der Fachtagung „Jugendmedienarbeit kooperiert mit Schule" nach Berlin eingeladen. Diese Fachtagung, die vom Bundesministerium für Familie, Senioren und Frauen gefördert wurde, stieß bundesweit auf großes Interesse. Über 100 TeilnehmerInnen waren aus den Arbeitsfeldern Jugendkulturarbeit, Jugendsozialarbeit, Schule, Hochschule, Jugend- und Bildungspolitik, Medienpädagogik und Medienwissenschaft zusammengekommen, um Kooperationskonzepte zu diskutieren und Praxiserfahrungen auszutauschen. In diesem Rahmen zeigte sich, dass Kooperation in der Praxis in vielen Fällen gut „funktioniert", dass aber eine systematische und theoretisch fundierte Darstellung dieser Praxis noch weitgehend fehlt. Wir hoffen, mit dieser Tagungsdokumentation den Leserinnen und Lesern Anregungen zu bieten, wie man Kooperationen im eigenen Arbeitsfeld herstellen kann. Und wir möchten auch dazu ermuntern, in fachlichen Austausch zu treten und dabei Vorbehalte auszuräumen. Die folgenden Beispiele belegen, dass dies immer besser gelingt.

Ida Pöttinger, Wolfgang Schill, Günter Thiele

Freiburg und Berlin im Oktober 2004

■ Wolfgang Schill/Günter Thiele

Einführung: Jugendmedienarbeit kooperiert mit Schule

- *Unser Thema ist nicht neu, aber sehr aktuell*

Vorweg sei gesagt, dass unsere Einführung in das Thema aus der Perspektive zweier „Schulmänner" erfolgt, die in ihrer medienpädagogischen Berufspraxis immer versucht haben, mit der außerschulischen Kinder- und Jugendmedienarbeit zu kooperieren. Dabei ist uns seit Beginn unserer Arbeit in den frühen 1970-er Jahren deutlich geworden, dass die Kooperation zwischen der (Pflicht-) Schule und Jugendhilfe ein äußerst schwieriges Vorhaben ist. Denn uns sind immer wieder Phänomene begegnet, die struktureller Art zu sein scheinen: Die Schule kann sich nur schwer gegenüber dem Leben von Kindern und Jugendlichen öffnen, das sich außerhalb der Schulmauern ereignet. Und in diesem Leben spielen für Kinder und Jugendliche die Medien als Gestaltungsmittel für den Aufbau ihrer Identität eine bedeutsame Rolle. Bis auf das letzte Jahrzehnt, in dem – politisch gewollt – die neuen Medien Computer, Multimedia und Internet in die Curricula der Schule eingezogen sind, blieben medienpädagogische Inhalte und Aufgaben immer nur „eine wichtige Nebensache" für die Institution Schule (Eschenauer 1989, S. 387). Heute wird zwar von der Schule deutlich erkannt, dass Medienkompetenz eine entscheidende Schlüsselkompetenz für das Leben im 21. Jahrhundert ist. Dass Medien aller Art aber auch bedeutsame Elemente der Lebens- und Freizeitkultur von Kindern und Jugendlichen sind, wird nach wie vor weitgehend aus schulischem Lehren und Lernen ausgeblendet. Aber gerade dieser Thematik kann sich die außerschulische Kinder- und Jugendkulturarbeit annehmen, wenn sie sich konsequent an deren medienbezogenen Interessen, Erfahrungen und Stärken orientiert und Kinder und Jugendliche „fit machen" will für ein selbstbestimmtes Leben in der Informations- und Wissensgesellschaft. Dies ist breitenwirksam bislang nur partiell gelungen. Dabei ist gerade der subjekt- und lebensweltorientierte Ansatz der entscheidende Mehrwert, den die außerschulische Kinder- und Jugendkulturarbeit in die Kooperation mit der Schule einbringen kann. Abgesehen davon, dass in der Vergangenheit die öffentliche Schule dies im Sinne von historisch gewachsener Arbeitsteilung für die eigentliche Aufgabe der Jugendhilfe hielt und sich mit dieser Begründung ihrer sozialen Verantwortung mehr oder weniger entziehen konnte, erwies sich auf der anderen Seite eine sozialpädagogisch begründete Schulkritik von Seiten der Jugendhilfe als hinderlich für die Zusammenarbeit mit der Schule. Die langjährige fachliche Diskussion innerhalb der Gesellschaft für Medienpädagogik und Kommunikationskultur (GMK) liefert dafür ein bezeichnendes Beispiel:

Beim GMK-Forum 1992 „Unterrichten und Erziehen in der neuen Medienwelt" rief die Behauptung, „Schule kann durchaus ein geeigneter Ort für Produktive Medienarbeit sein. Immer mehr Kinder und Jugendliche lernen heute dort Produktive Medienarbeit kennen – mehr als anderswo" (Thiele 1993) doppelten Widerspruch hervor. KollegInnen aus dem außerschulischen Bereich vertraten die Meinung, dass lebensweltnahe medienpädagogische Projekte in der starren „Zwangsinstitution Schule" eigentlich gar nicht möglich und deshalb besser im außerschulischen Bereich angesiedelt seien. Prägnant und argumentativ fundiert formulierte Horst Niesyto damals erhebliche Zweifel am Sinn einer handlungsorientierten Medienpädagogik „im curricularen ‚Schulknast'" und beschwor die Gefahr, dass solche Ansätze „als kompensatorische Entlastungsangebote von der ‚Lernfabrik Schule' instrumentalisiert" werden (Niesyto 1993).

LehrerInnen beklagten die großen Behinderungen durch ungünstige, von außen gesetzte schulorganisatorische und curriculare Rahmenbedingungen, fehlende Geräte und Unterrichtsmaterialien sowie durch mangelnde eigene Ausbildung und fehlende externe Unterstützung. Schon damals zeigten jedoch die Ergebnisse zahlreicher schulischer Projekte, dass hier trotz der ungünstigen Rahmenbedingungen fruchtbare Projektarbeit mit Medien möglich ist.

Bereits in der intensiven Diskussion über „Medienpädagogisches Handeln in der Schule" Ende der achtziger Jahre (Schill u.a. 1992) betonte Doelker den „integrativen Ansatz der Medienpädagogik" (Doelker 1992, S.110) und hob hervor: „Die Eigenproduktion von Medien nimmt einen wichtigen Stellenwert im Gesamtspektrum medienerzieherischer Tätigkeiten ein... Wie der Lesebegriff im integrativen Ansatz von Medienpädagogik auf den Umgang mit audiovisuellen Texten ausgeweitet wurde, ist die Kulturtechnik Schreiben um die Dimension Bild und Ton zu ergänzen." (Doelker 1992, S. 126) Diese Sicht wurde auch in den wenige Jahre später veröffentlichten und auch heute noch aktuellen Beschlüssen der Kultusminister-Konferenz (vgl. KMK 1995, 1997) und der Bund-Länder-Kommission für Bildungsplanung und Forschungsförderung (vgl. BLK 1995) vertreten. Die Fachgruppe Schule der GMK forderte damals in ihrer Stellungnahme u.a., „dass besonders in diesem Bereich eine deutlich stärkere Nutzung fächerübergreifender, projektorientierter Arbeit, eine Öffnung der Schule und eine Vernetzung der schulischen Bildung mit Eltern-, Jugendbildungs- und Kinderkulturarbeit angestrebt wird" (vgl. GMK

1995). Damit waren damals wesentliche Aspekte angesprochen, die auch heute noch relevant sind und die auch in den meisten Beiträgen dieses Sammelbandes immer wieder aufscheinen. Wir wollen sie hier unter den Stichworten „Öffnung von Schule und Vernetzung“, „Ganztagsschule und neue Lehr-/ Lernkultur“, „Praxis und Erfahrungen“ näher vorstellen.

• *Stichwort: „Öffnung von Schule und Vernetzung"*

Vor über 30 Jahren schon veröffentlichte der Deutsche Bildungsrat die von der Bildungskommission verabschiedete Empfehlung „Verstärkte Selbständigkeit der Schule und Partizipation der Lehrer, Schüler und Eltern“ (vgl. Deutscher Bildungsrat 1973). Im Kontext der Einführung damals neuer Mediengeräte versprach zu dieser Zeit eine reformorientierte Aufbruchstimmung im Bildungsbereich auch, „die Formen schulischen und außerschulischen Lernens durch Schülerpartizipation und Projektunterricht stärker zusammenzuführen in einer Schule, die nicht nur Chancengleichheit gewährt, sondern die Spannung zwischen Aktualität und kulturellem Erbe, zwischen organisiertem Schulauftrag und individuellen Bedürfnissen und Interessen durch Öffnung nach außen und Konfliktbereitschaft nach innen zu ihrem Thema macht“ (Baacke 1992, S. 35).

Eine solche Schule ist in der Bundesrepublik Deutschland trotz vielfältiger Einzelbemühungen – wir erinnern zum Beispiel an die Denkschrift „Zukunft der Bildung – Schule der Zukunft“ (Bildungskommission NRW 1995) mit ihrem „Haus des Lernens“ und an QuiSS – „Qualitätsverbesserung in Schulen und Schulsystemen“, ein fünfjähriges Modellprogramm der Bund-Länder-Kommission in 14 Bundesländern mit dem Ziel der systemischen Verankerung von Qualitätsverbesserung an den beteiligten 180 Schulen und im jeweiligen Schulsystem der Länder insgesamt (BLK 1999) – weitgehend nur Entwurf und Modell geblieben. Allerdings scheint „die Schule“ grundsätzlich zur Kooperation mit der Jugendhilfe im Allgemeinen und der Jugendkulturarbeit im Besonderen bereit zu sein. So sprachen sich zum Beispiel die Vorsitzenden der großen Bildungs- und Lehrergewerkschaften dafür aus, „dass außerschulische Partner in geeigneter Form am Lernprozess mitwirken und ihre professionelle Kompetenz und Überzeugungskraft einbringen“ (Gemeinsame Erklärung 2000). Auch bildungspolitisch ist es mittlerweile unstrittig, dass Wege und Strukturen der Zusammenarbeit zwischen Jugendhilfe und Schule weiter ausgebaut und stabilisiert werden sollen. Dazu einige Beispiele:

- Die Ständige Konferenz der Kultusminister der Länder (KMK) und die Arbeitsgemeinschaft für Jugendhilfe (AGJ) verständigten sich bereits 1999 darüber, „dass bestmögliche Bedingungen für die erfolgreiche Bildung und

Förderung junger Menschen in der Schule bzw. in der Kinder- und Jugendhilfe nur dann zu realisieren sind, wenn die Lebenswelten der Kinder und Jugendlichen ganzheitlich als Bedingungsgefüge gesehen und in die pädagogischen Aktivitäten einbezogen werden. Weder Schule noch Kinder- und Jugendhilfe sind aber für sich alleine in der Lage, diese Ganzheitlichkeit ihres pädagogischen Angebots bzw. Auftrags ohne die Kooperation mit dem jeweils anderen wirklich umzusetzen und zu realisieren". (AGJ 1999)

- In der letzten Zeit wurden und werden in mehreren Bundesländern neue Schulgesetze entwickelt, die eine systematische Schulentwicklung und die strukturellen Bedingungen auch für produktive Medienarbeit in der Kooperation von Jugendarbeit und Schule begünstigen. Das Schulgesetz Hamburgs verpflichtet z.B. die Schulen, in ihrem zu entwickelnden Schulprogramm auch „die Kooperation mit anderen Schulen und Einrichtungen des Stadtteils" festzulegen (Hamburgisches Schulgesetz 1997). Im neuen Berliner Schulgesetz vom 26. Januar 2004 heißt es im Teil I unter Öffnung der Schulen, Kooperationen: „(1) Die Schulen öffnen sich gegenüber ihrem Umfeld. Zu diesem Zweck arbeiten sie im Rahmen des Bildungs- und Erziehungsauftrags mit den Trägern der öffentlichen und freien Jugendhilfe sowie mit außerschulischen Einrichtungen und Personen zusammen, deren Tätigkeit sich auf die Lebenssituationen der Schülerinnen und Schüler auswirkt. (2) Die Schulen können dazu im Einvernehmen mit der zuständigen Schulbehörde insbesondere Vereinbarungen mit den Trägern der öffentlichen und freien Jugendhilfe ... schließen."
- In den Bundesländern wurden oder werden gerade neue, deutlich flexiblere Lehrpläne entwickelt, in denen ausdrücklich Empfehlungen zur Öffnung der Schule und zur Kooperation mit außerschulischen Einrichtungen ausgesprochen werden. Sie schaffen auch bessere Rahmenbedingungen für die Kooperation bei Produktiver Medienarbeit. Beispielsweise werden im jeweiligen allgemeinpädagogischen Teil der neuen Rahmenpläne für die Sekundarstufe I in Brandenburg die Schulen ausdrücklich zur Organisation von hilfreichen Handlungsspielräumen und Ordnungsstrukturen für die Arbeit aufgefordert:
  - „feste Einbindung von Exkursionen, von Projekt-, Werkstatt- bzw. Freiarbeit in die Wochenplanung,
  - Gliederung des Schultages in größere Blöcke,
  - Aufgliederung des Unterrichts zwischen Klassenverband und Kleingruppen zur flexiblen Differenzierung,..." (vgl. Ministerium für Bildung, Jugend und Sport 2002).

Der neue Rahmenlehrplan für den Sachunterricht in der Grundschule in Berlin und Brandenburg zählt die „reflektierte und produktive Nutzung von Medien“ und die „Gestaltung eigener Medienbeiträge“ zur „grundlegenden Bildung“ (Rahmenlehrplan 2004, S.8) und legt eindeutig fest: „Das Lernen an außerschulischen Lernorten ist fester Bestandteil des Sachunterrichts.“ (Rahmenlehrplan 2004, S. 23)

Tendenziell sind also derzeit überall im Lande die Weichen für die Zusammenarbeit von Schule und Jugendkulturarbeit gestellt. Ob beide Partner allerdings – um im Bild zu bleiben – in demselben Zug sitzen (können), um gemeinsame Ziele zu erreichen, hängt offensichtlich von einer Vielzahl von Faktoren ab. Sie beziehen sich vor allem auf Unterschiede bei den Aufgaben, den Zielen, den Arbeitsweisen oder dem Selbstverständnis beider Partner. Einige davon, die auch in den folgenden Beiträgen immer wieder benannt und reflektiert werden, seien kursorisch skizziert:

- Der Schulbesuch ist für Kinder und Jugendliche eine Pflichtveranstaltung, die Jugendkulturarbeit kann sich auf die freiwillige Teilnahme ihrer Klientel stützen.
- Die zielgerichtete Bearbeitung von Inhalten orientiert sich in der Schule weitgehend an Lehr-/Rahmenplänen der Schulfächer/Lernbereiche, die produktive Auseinandersetzung mit selbst bestimmten Inhalten oder „Lebensthemen“ strukturiert im Wesentlichen das pädagogische Handeln in der Jugendkulturarbeit.
- In der Regel wird in der Schule mit großen Gruppen gearbeitet, in der Jugendkulturarbeit sind die Nutzergruppen relativ klein.
- In der Schule herrscht heute vielfach noch eine monologisch-direktive Kommunikationskultur, während in der Jugendkulturarbeit tendenziell auf dialogische Aushandlungsprozesse Wert gelegt wird.
- In der Schule wird Leistung kontrolliert und bewertet, in der Jugendkulturarbeit werden Handlungs- und Spielräume gegeben und dabei bewusst die Stärken von Kindern und Jugendlichen gefördert.
- Medienbezogene Arbeit spielt – abgesehen von der Auseinandersetzung mit den neuen Medien und den Printmedien – in den Kernfächern der Schule meist nur eine den Unterricht „bereichernde“ Nebenrolle, in der Kinder- und Jugendmedienarbeit ist sie per definitionem Handlungsschwerpunkt.
- Lehrkräfte verstehen sich vor allem als Experten in Sachen Wissensvermittlung, Medienpädagoginnen und -pädagogen in der Jugendkulturarbeit definieren ihre Berufsrolle primär als Anreger und Helfer.

Solche Unterschiede, die zu spannungsreichen Situationen führen können, machen deutlich, dass sich Kooperation nicht einfach anordnen lässt oder wie von selbst einstellt, sondern dass sie in einem offenen Prozess kontinuierlichen Miteinander- und Voneinanderlernens herzustellen ist. Wie dieser Prozess am besten zu organisieren ist und welche wesentlichen Rahmenbedingungen für eine erfolgreiche Kooperation zwischen Schule und außerschulischer Medienarbeit notwendig sind, wird unter den ersten beiden Stichworten dieses Sammelbandes dargestellt. Dabei entwickeln die Autorinnen und Autoren ihre Sicht auf den Gegenstand aus verschiedenen Perspektiven, Positionen und Handlungszusammenhängen heraus.

DIETER SPANHEL geht im ersten Beitrag aus pädagogischer Sicht systematisch einer Reihe von Fragen nach, die die Idee der Kooperation von Jugendmedienarbeit und Schule betreffen. Für ihn stehen beide ungleichen Partner derzeit unter dem bildungspolitischen Druck, ihre Einrichtungen neu definieren zu müssen. Das bedeutet für Kooperationen, gemeinsam Zielperspektiven, Inhalte und Arbeitsformen zu entwickeln. Einzelne gemeinsame Projekte sind dabei wenig sinnvoll. Am ehesten wird es möglich sein, unter dem „Leitbild einer Schulkultur der Offenheit" die zahlreichen Barrieren bei der Verwirklichung einer solchen Kooperation zu überwinden.

HORST NIESYTO orientiert sich in seinem Beitrag an den Erfahrungswerten, die in Sachen Kooperation Schule und Jugendhilfe bereits vorliegen. Schule und außerschulische Medienarbeit standen sich in der Vergangenheit zwar mehr oder weniger distanziert gegenüber, sehen aber im Rahmen der Öffnung von Schule mehr und mehr Chancen zu dauerhafter Zusammenarbeit. Dabei können wichtige Impulse für die Schule durch Angebote außerschulischer Medienarbeit ausgehen, wie es an den Projektbeispielen *VideoCulture* und *CHICAM* erkennbar wird.

WOLFGANG ZACHARIAS untersucht danach die komplexe Frage „Wie machen wir mit Kunst, Kultur, Medien die Schule (noch) besser?" Dabei wird die Schule im programmatischen Sinne als ein erweiterter „Ort des Lernens" verstanden, der im kommunalem „Netzwerk Bildung" eine zentrale Rolle spielen kann. Kindern und Jugendlichen dabei zu helfen, ihre Lebensumwelt als „Kultur des Aufwachsens" zu gestalten, ist das gemeinsame Interesse. Dies wird facettenreich am Beispiel von Münchener Projekten dargestellt, wie dem *Koordinationsforum Kultur/Schule/Soziales*, der *Arbeitsgemeinschaft Inter@ktiv München* und dem Kultur- und Schulservice *JKS:MUC[*.

ACHIM PUHL orientiert sich in seinem Aufsatz an der Ganztagsschuldiskussion und verknüpft sie mit der Frage, welche Voraussetzungen benötigt werden, um eine geregelte und strukturelle Kooperation zwischen Schulen und außerschulischen Trägern von Medienarbeit zu ermöglichen. Er bezieht sich dabei auf eine aktuelle Expertenbefragung und zeigt Probleme auf, die sich in Bezug auf die Integration unterschiedlicher Ansätze und der Annäherung beider „Systeme" sowie des Stellenwerts von Medienarbeit in der Schule und in den Lehrplänen, der Finanzierung von Kooperationsmodellen oder der Zuständigkeit für Kooperationsvorhaben ergeben.

Stefan Welling, Herbert Kubicek, Susanna Krüger und Björn-Eric Stolpmann umreißen in ihrem Artikel, wie sich im Rahmen von Stadtteilnetzwerken Bremer *Lernorte für Medienkompetenz* wie Schule, Bibliothek und Jugendeinrichtung koordinieren und vorhandene Ressourcen dieser Einrichtungen effektiver nutzen lassen. Im Rahmen der Netzwerkbildung ist die Rolle eines „Kümmerers", der als Bindeglied zwischen dem Stadtteil und den zuständigen Behörden fungiert, von besonderer Bedeutung.

Ida Pöttinger beschreibt das baden-württembergische Netzwerk *Medi@Culture,* das im Sinne umfassender Medienbildung für Kinder und Jugendliche versucht, Kontakte zwischen Schulen und außerschulischen Trägern der Medienarbeit herzustellen und gemeinsame Projekte zu realisieren. Auf Grund der gemeinsamen Erfahrungen zeigt sich, dass eine Zusammenarbeit der ungleichen Partner „auf gleicher Augenhöhe" durchaus möglich ist.

Doris Kellermann und Jens Lipski stellen die wesentlichen Ergebnisse des Projekts „Schule und soziale Netzwerke" vor. In diesem Projekt wurden allgemeinbildende Schulen und ihre Kooperationspartner aus anderen Schulen, Betrieben und der Schulsozialarbeit befragt. Dabei wurde auch die Nutzung des Internets als Möglichkeit der Öffnung von Schule nach außen betrachtet, und es bleibt festzustellen, dass Schule und Jugendhilfe in diesem Bereich noch relativ wenig miteinander kooperieren.

- *Stichwort: „Ganztagsschule und neue Lehr-/Lernkultur"*

Als eine besondere Reaktion auf den so genannten PISA-Schock hat die derzeitige Bundesregierung ein Vier-Milliarden-Programm zur Einrichtung von Ganztagsschulen aufgelegt. Bis zum Jahre 2007 sollen in der Bundesrepublik zahlreiche Grund- und Oberschulen der Sekundarstufe I zu Ganztagsschulen umgestaltet oder ausgebaut werden. Deren Einrichtung beruht im Wesentlichen auf folgenden bildungspolitischen und pädagogischen Annahmen: Die Ganztagsschule ermögliche die Vereinbarkeit von Familie und Erwerbsarbeit, verbessere den Unterricht, gewähre mehr Zeit für Bildungsarbeit und individuelle Förderung von starken und schwachen Schülerinnen und Schülern und könne dazu beitragen, die in der PISA-Studie ermittelten sozialen Herkunftsunterschiede schulischer Leistungen zu überwinden. Doch Ganztagsschule ist nicht gleich Ganztagsschule.

Es gibt im Prinzip drei Formen von Ganztagsschulen, die sich in Deutschland herausgebildet haben: die gebundene, die offene und die teilgebundene Ganztagsschule. Allen drei Formen ist gemeinsam, dass sie von 8:00 bis 16:00 Uhr „geöffnet" sind sowie ein gemeinsames Mittagsessen und betreute Nachmittagsprogramme anbieten. Einige Bundesländer haben sich allerdings schon für die Förderung bestimmter Formen entschieden, wie beispielsweise Nordrhein-Westfalen, in dem offene Ganztagsschulen präferiert werden. Berlin dagegen fördert mit den Bundesmitteln die Einrichtung gebundener Ganztagsschulen. Im Rahmen ihrer formalen Struktur kann jede Ganztagsschule dann ihr eigenes Schulprofil entwickeln.

„Modelle für Ganztagsschulen"

Offene Ganztagsschule (8:00 – 16:00 Uhr)
- *Lehrplanorientierter Unterricht am Vormittag*
- *Freiwilliges Nachmittagsprogramm (Hausaufgabenhilfe, Projektgruppen, pädagogische Betreuung, Neigungs- und Hobbykurse)*
- *Gemeinsames Mittagessen*

Gebundene Ganztagsschule (8:00 – 16:00 Uhr)
- *Anwesenheitspflicht (von 8 bis 16 Uhr), Unterricht und Freizeitangebot verteilen sich über den ganzen Tag*
- *Lern- und Entspannungsphasen wechseln (Rhythmisierung von Unterricht)*
- *Keine schriftlichen Hausaufgaben*
- *Gemeinsames Mittagessen*

Teilgebundene Ganztagsschule (8:00 – 16:00 Uhr)
- *Lehrplanorientierter Unterricht am Vormittag*
- *An bestimmten Tagen Pflicht-Angebote am Nachmittag*
- *Freiwilliges Nachmittagsprogramm an den anderen Nachmittagen*
- *Gemeinsames Mittagessen*

Integrierte Modelle wie die gebundene Ganztagschule mit fester und obligatorischer Schulzeit für alle SchülerInnen machen schulpädagogische Entwicklungen der Lehr-/Lernkultur und der sozialerzieherischen Arbeit im flexiblen Tagesrhythmus und im pädagogisch-konzeptionellen Zusammenhang möglich.

Additive Modelle wie die offene Ganztagschule bieten – wenn sie von Unterrichtsprozessen abgelöst werden – allerdings nur wenig Möglichkeiten, das Lernen von Kindern und Jugendlichen zu fördern und die Lehr-/ Lernkultur einer Schule zu verbessern, können dafür aber auch attraktive Freizeitangebote und förderliche Erziehungsleistungen bieten (vgl. Holtappels 2004).

Dass in allen Grundformen der Ganztagsschule auch medienpädagogische Angebote eine bedeutsame Rolle spielen und für die Kooperation von Schule und außerschulischer Kinder- und Jugendmedienarbeit ein fruchtbares Arbeitsfeld eröffnen können, scheint auf den ersten Blick sehr plausibel. Denn der erweiterte Handlungsspielraum und die potenzielle Öffnung der Schule für die Außenwelt können der schulischen wie der außerschulischen Medienpädagogik eine stabile Arbeitsplattform für gemeinsame zu entwickelnde

Vorhaben anbieten. Gerade das Einbeziehen von (neuen) Medien in Lehr-/Lernprozesse entspricht den Grundsätzen einer so genannten „neuen Lehr-/Lernkultur“ (anregende Lernumgebungen; Bearbeitung bedeutsamer Aufgaben der Beurteilung, Entscheidung, Problemlösung und Gestaltung; eigenverantwortliches Lernen in kooperativen Arbeitsformen; kommunikativer Austausch; akzeptierende Berücksichtigung der Vorerfahrungen und der aktuellen Lerninteressen der SchülerInnen und der Heterogenität ihrer Lernwege; Balance von Produkt- und Prozessorientierung). In diesem Zusammenhang sei daran erinnert, dass die moderne Schulpädagogik sich schon lange vom alten Modell des Nürnberger Trichters abgewandt hat. Sie versteht Lernen und Wissenserwerb als eigenaktive, konstruktive Prozesse. Wissen muss von den Lernenden selbst aufgebaut werden. Erst durch eigene Aktivität können Informationen zu handlungsrelevantem Wissen werden. In der (schul)pädagogischen Diskussion wird zudem immer wieder darauf hingewiesen, dass es beim Wissenserwerb auch nicht nur um Fakten- und Regelwissen geht, sondern ebenso um Prozess- und Verhaltenswissen, um Einstellungen, Werthaltungen und Gefühle. Lernen hat eben immer auch eine soziale Komponente. Bildung in der so verstandenen Schule hat sicher ihren Schwerpunkt im formellen Bereich. Sie beschränkt jedoch – anders als die vom Bundeskuratorium (2001) angestoßene Diskussion nahe legt – ihren Bildungsbegriff nicht darauf, sondern bezieht nicht-formelle und informelle Bildungsprozesse mit in ihr Bildungsverständnis ein.

Die durchgängige Umsetzung dieser Erkenntnisse in die Alltagspraxis von Schule ist allerdings ein langwieriger Prozess. Schule ist seit vielen Jahren auf dem mühsamen Wege, stärker Lernprozesse mit ihren sowohl kognitiven als auch sozialen, emotionalen und aktionalen Anteilen zu organisieren und zu begleiten, anstatt hauptsächlich zu instruieren. Produktive Medienarbeit in der Schule und in der Kooperation mit außerschulischen Partnern kann das Vorankommen auf diesem Wege unterstützen (vgl. Thiele 2004). Diese These wird durch die Ergebnisse des Brandenburger Modellversuchs „Aktive Medienarbeit als Mittel der Verzahnung von Schule und Freizeit“ deutlich unterstützt: „Die Aktive Medienarbeit und die damit zusammenhängende Öffnung der Schule nach innen und außen verbesserte die Gestaltung des Schullebens und trug dazu bei, dass Kinder und Jugendliche die Schule nicht nur als Unterrichts- und Lernort, sondern zunehmend auch als Identifikationsort erleben und erfahren konnten.“ (Medienpädagogisches Zentrum 1997)

Allerdings wird von Seiten der Jugendhilfe oftmals eingewandt, dass es bei der Einführung von Ganztagsschulen nicht unbedingt zu einer Kooperation zwischen Jugendarbeit und Schule kommen müsse, sondern dass statt dessen die genuin außerschulischen Angebote der Kinder- und Jugendarbeit am Nachmittag verdrängt und von der Schule absorbiert würden.

Zu diesem Problemzusammenhang eine persönliche Momentaufnahme: Am 17./18. September 2004 fand in Berlin ein bundesweiter Ganztagsschulschulkongress statt, zu dem das Bundesministerium für Bildung und Forschung und die Deutsche Kinder- und Jugendstiftung – als Entwicklungsagentur für Ganztagsschulen – eingeladen hatten. In sieben so genannten „Foren" konnten die gut 1200 TeilnehmerInnen (!) aus Schule, Jugendarbeit, Schul- und Jugendverwaltungen, Hochschule und Wissenschaft „Meinungen und Ideen über ganztägiges Lernen und eine Pädagogik der Vielfalt" austauschen, diskutieren und weiterentwickeln – so das Ziel der Tagung.

Wir beide nahmen an zwei verschiedenen Foren teil: Im Forum 6 ging es um das Thema „Ganztagsschule im Mittelpunkt – Kooperation mit außerschulischen Partnern", und im Forum 7 ging es um das Thema „Neuen Anforderungen gerecht werden – Qualifizierung des pädagogischen Personals". Für kleine Arbeitsgruppen, die sich im Rahmen der Open-Space-Methode zu bilden hatten, suchten wir zum Thema Medien mit all seinen Implikationen interessierte Gesprächspartner. Im Forum 6 scheiterte dies für Wolfgang Schill, weil sich nur drei von gut zweihundert Personen für das Medienthema interessierten, und diese drei schließlich in einer 20-köpfigen Gruppe zum Thema Jugendkulturarbeit aufgingen. Im Forum 7 fanden sich für den Themenvorschlag von Günter Thiele „Wege zur Förderung medienpädagogischer Kompetenz" sechs Personen, davon drei GMK-Mitglieder. Unser Eindruck in Sachen Ganztagsschule und Medienpädagogik lässt sich auf der Basis vieler Gremienerfahrungen und auch auf Grund dieser spotlight-artigen Erfahrungsmomente in folgender These zusammenfassen:

Auch in der Ganztagsschule wird die Medienpädagogik ihre Mitgift für schulisches Lehren und Lernen in einem länger dauernden und beschwerlichen Entwicklungsprozess deutlich zu machen haben. Als praktischer Beleg für diese These können auch die vielen bislang veröffentlichten „Stundenpläne" von Ganztagsschulen dienen, in denen medienbezogene Angebote meist nur in Form von Computer-, Internet-, Video-AGs oder Schulradios auftauchen. Nur wenn es der Medienpädagogik gelingt, einen überzeugenden und empirisch erkennbaren Beitrag zur Entwicklung einer „Schulkultur der Offenheit" (vgl. den Beitrag von Dieter Spanhel) zu leisten, wird sie unserer Meinung nach für die Ganztagsschule mehr sein können als eine wichtige und die Schule belebende Nebensache.

Bernward Hoffmann nimmt nun in seinem Beitrag speziell das Thema „Ganztagsgrundschule" auf und untersucht, ob sich neue Chancen für die Medienpädagogik in diesem Schultyp ergeben und ob sie sich dabei über den Kooperationspartner Jugendhilfe besser etablieren kann. Dabei arbeitet er vor allem heraus, dass Medienpädagogik in Gestalt produktiver Medienarbeit und über Träger der Jugendhilfe als Kooperationspartner eine gute Chance in einer „neuen" Ganztagsschule hätte.

Andrea Müller-Goebel berichtet aus Rheinland-Pfalz über das Projekt *Medienbildung in der Ganztagsschule,* das seit über zwei Jahren Kooperationen zwischen Schulen und außerschulischen Einrichtungen fördert. Sie stellt dabei dar, welche Rolle das Landesmedienzentrum Rheinland-Pfalz bei dem Bemühen spielt, den Ganztagsschulen außerschulische Partner zu vermitteln, PädagogInnen medienbezogene Fortbildungen zu bieten, einen Medien- und Materialienpool aufzubauen, Medienprojekte aller Art zu begleiten und zu unterstützen oder Modellprojekte an Ganztagsschulen umzusetzen.

Franz Josef Röll entwickelt in seinem Text eine *Vision neuen Lernens.* Ausgehend von dem momentan ablaufenden Strukturwandel unserer Dienstleistungsgesellschaft hin zu einer Wissensgesellschaft stellt er die Frage, wie sich unser Bildungssystem den neuen Anforderungen stellen kann. Dazu skizziert er eine Reihe von Lernszenarios und Denkmodellen, die zur „Selbstermächtigung" der Lernenden beitragen können. Für seine Lernvision von einer „Pädagogik der Navigation" formuliert er zwölf Grundsätze, die einen „Paradigmenwechsel in der Pädagogik" vom Unter-richten zum Aufrichten beschreiben und den PädagogInnen eine Rolle als Navigator zuweisen, wenn es darum geht, Lernende zum selbstgesteuerten Lernen zu motivieren. In diesem Rahmen erweisen sich Medien-, Methoden- und Sozialkompetenz als wesentliche Schlüsselqualifikationen zukünftiger PädagogInnen.

Markus Schega und Carmen Mörsch beschließen diesen Teil des Bandes mit einer *Topografie der Zusammenarbeit von Schulen mit anderen.* Auf Grund ihrer Erfahrungen in dem dreijährigen Berliner Projekt *Kinder machen Kunst mit Medien,* das als Teilvorhaben im Rahmen des bundesweiten Großprojekts *Kulturelle Bildung im Medienzeitalter* (KuBIM) durchgeführt wurde, entwerfen sie zunächst eine „Landkarte" der Kooperation zwischen KünstlerInnen und LehrerInnen in der Institution Schule und fordern die Betrachter auf, diese Topografie mental zu durchschreiten. Durch acht Thesen markieren sie zuletzt ihre eigene Position, wobei sie unter anderem betonen, dass die außerschulische Medienpädagogik in der Schule einen schweren Stand hat.

- *Stichwort: „Praxis und Erfahrungen"*

Unter diesem Stichwort sind Erfahrungsberichte von Pädagoginnen und Pädagogen versammelt. Es werden Kooperationen unterschiedlicher Art und Reichweite aus der außerschulischen Perspektive dargestellt, so dass sich ein vielfältiger Überblick über die Möglichkeiten und Grenzen der Zusammenarbeit ergibt.

Klaus Lutz, der auf zwei Jahrzehnte medienpädagogischer Arbeit im Nürnberger Medienzentrum PARABOL zurückblicken kann, bezeichnet die

Kooperation mit der Schule als eine zentrale Aufgabe. Auch wenn sie sich nicht immer reibungslos abgespielt hat, bewertet er sie in der Gesamtbilanz als positiv. In diesem Zusammenhang geht er besonders auf die Aspekte Zusammenarbeit mit Lehrkräften und mit unterschiedlichen Schultypen ein, greift die Finanzierungsfrage auf und skizziert mögliche Projektformen.

Eva Lischke stellt das technisch und pädagogisch aufwändige Projekt *@nien* dar, bei dem Schule, Jugendförderung und das bezirkliche Kulturamt von Berlin-Neukölln kooperieren. Wesentliches Ziel dieses Projekts, das sich vor allem an Hauptschulen richtet, ist es, im Rahmen sozialraumorientierter Kooperation Desintegrationsprozessen entgegenzuwirken. Dabei spielt die Vermittlung von Medienkompetenz an Jugendliche, vor allem an HauptschülerInnen, eine wesentliche Rolle. Aufgezeigt wird dies an dem fünftägigen Projektverlauf.

Ute Parthum skizziert ihre Arbeit in der Medienwerkstatt Potsdam, einer Einrichtung, die vom Jugendamt der Stadt gefördert wird und seit über mehr als einem Jahrzehnt Kindern, Jugendlichen, Eltern und Multiplikatoren Medienkompetenz vermittelt. Auf Grund ihrer Arbeitsskizze wird deutlich, dass sich Schule und Jugendmedienarbeit durchaus als „Konkurrenzbereiche" verstehen können.

Karin Eble zeigt an einem langfristigen Multimedia-Projekt, das eine Freiburger Schule mit dem Wissenschaftlichen Institut des Jugendhilfswerks (WI-JHW) realisiert hat, wie schulisches Lernen stärker auf die Lebenswelt von Kindern und Jugendlichen bezogen werden und Lernen damit realitätsnaher und erfahrungsreicher gestaltet werden kann.

Hans-Jürgen Palme beschreibt einen einwöchigen „optimalen" Multimedia-Unterricht, den das Münchener *SIN – Studio im Netz* mit zwölf Grundschul-Klassen, deren Lehrkräften und über 50 Eltern durchführte. Leitendes Thema des Internet-Projekts war das Thema „Friedliches Miteinander". Ablauf und Ergebnisse des Projekts zeigen, dass derartige medienpädagogische Modellvorhaben exemplarische Bedeutung für die Kooperation von Schule und außerschulischer Medienarbeit haben können.

Mane Huchler veranschaulicht am Beispiel des Internet-Portals www.3dimencity.de, wie ein privates Medienunternehmen im Sinne von Public Private Partnership mit Schulen kooperieren kann. Bei seiner Beschreibung werden verschiedene Formen der Zusammenarbeit erkennbar, die sich als Gewinn für beide Seiten erweist: Die Schulen wirken bei Entwicklung von Produkten mit und können dadurch medienpädagogische Projekte aller Art realisieren. Und für das Medienunternehmen ergeben sich bei der Produktentwicklung immer wieder wichtige Anregungen und Impulse aus der Schule.

Den Ausklang bildet ein launiger Seufzer von Ida Pöttinger über die *Leiden einer leidenschaftlichen Netzwerkerin.*

- Arbeitsgemeinschaft für Jugendhilfe (1999): Zusammenarbeit von Schule und Jugendhilfe – Bericht über gemeinsame Beratungen von KMK und AGJ. Bonn. www.agj.de
- BLK – Bund-Länder-Kommission für Bildungsplanung und Forschungsförderung (1995): Medienerziehung in der Schule – Orientierungsrahmen. Bonn.
- BLK– Bund-Länder-Kommission für Bildungsplanung und Forschungsförderung (Hrsg.) (1999): Qualitätsverbesserung in Schulen und Schulsystemen – Gutachten zum Programm von Prof. Dr. Rainer Brockmeyer. Bonn.
- Bundesjugendkuratorium (2002): Streitschrift „Zukunftsfähigkeit sichern! – Für ein neues Verhältnis von Bildung und Jugendhilfe“. Bonn. www.jugend.rlp.de/bildung/download/streitschrift.pdf
- Bundesministerium für Familie, Senioren, Frauen und Jugend (Hrsg.) (2002): Jugendhilfe und die Kultur des Aufwachsens – Der Beitrag der Träger der Kinder- und Jugendhilfe zu Bildung und zur Entwicklung von Lebenskompetenzen. Bonn.
- Deutscher Bildungsrat (1973): Zur Reform von Organisation und Verwaltung im Bildungswesen, Teil I: Verstärkte Selbstständigkeit der Schule und Partizipation der Lehrer, Schüler und Eltern. Stuttgart.
- Doelker, C. (1992): Medienpädagogik in der Sekundarstufe – der integrative Ansatz, in: Schill u.a. (1992), S. 107ff.
- Eschenauer, B. (1989): Medienpädagogik in den Lehrplänen. Gütersloh.
- Gemeinsame Erklärung des Präsidenten der Kultusministerkonferenz und der Vorsitzenden der Bildungs- und Lehrergewerkschaften (2000): Aufgaben von Lehrerinnen und Lehrern heute – Fachleute für das Lernen. Bonn. Im Netz: Bereich Bibliothek/Positionspapiere auf www.labi-berlin.nubb.dfn.de
- GMK – Gesellschaft für Medienpädagogik und Kommunikationskultur (1995): Eine „Medienpädagogische Wende“? – Stellungnahme der GMK zum Orientierungsrahmen „Medienerziehung in der Schule“ der BLK, in: Medien praktisch, H. 4/1995, S. 10ff.
- Holtappels, H.G. (2004): Organisation und Gestaltung von Ganztagsschulen in Deutschland, in: Pädagogik, H. 2/2004, S. 32.
- Jugendministerkonferenz (1996): Beschlussprotokoll und Konzeptionsbericht: Medienpädagogik als Aufgabe der Kinder- und Jugendhilfe. Hamburg.
- KMK – Ständige Konferenz der Kultusminister der Länder in der Bundesrepublik Deutschland (1995): Medienpädagogik in der Schule – Erklärung der Kultusministerkonferenz vom 12. 5. 1995. Bonn.
- KMK – Ständige Konferenz der Kultusminister der Länder in der Bundesrepublik Deutschland (1997): Neue Medien und Telekommunikation im Bildungswesen – Beschluß der Kultusministerkonferenz vom 28. 2. 1997. Bonn.

- KMK – Ständige Konferenz der Kultusminister der Länder in der Bundesrepublik Deutschland (2004): Bericht über die allgemein bildenden Schulen in Ganztagsform in den Ländern in der Bundesrepublik Deutschland – Schuljahr 2002/03. Bonn. http://www.kmk.org/statist/GTS-Bericht-2002.pdf
- Kultusminister des Landes Nordrhein-Westfalen (Hrsg.) (1988): Rahmenkonzept „Gestaltung des Schullebens und Öffnung der Schule". Düsseldorf.
- Medienpädagogisches Zentrum (Hrsg.) (1997): Abschlußbericht zum Modellversuch „Aktive Medienarbeit als Mittel der Verzahnung von Schule und Freizeit". Potsdam. Im Netz: Bereich Bibliothek/Fachartikel auf www.labi-berlin.nubb.dfn.de
- Niesyto, H. (1993): Handlungsorientierte Medienpädagogik im curricularen „Schulknast"?, in: GMK-Rundbrief 34, S. 74ff.
- NRW Bildungskommission (Hrsg.) (1995): Zukunft der Bildung – Schule der Zukunft. Neuwied/Kriftel/Berlin.
- Schill, W., Tulodziecki, G., Wagner, W. (Hrsg.) (1992): Medienpädagogisches Handeln in der Schule. Opladen.
- Thiele, G. (1993): Produktive Medienarbeit in der Schule – Thesen und Erfahrungen, in: GMK-Rundbrief 34, S. 58ff.
- Thiele, G. (2004): Produktive Medienarbeit in der Schule – 2003, in: Bergmann, S. u.a. (Hrsg.), Medienkompetenz – Modelle und Projekte. Bonn, S. 147–177.

I Stichwort: Öffnung von Schule und Netzwerke

■ Dieter Spanhel

Chancen und Barrieren einer Kooperation von Jugendmedienarbeit und Schule aus pädagogischer Sicht

Die Diskussion um eine Vermittlung von Medienkompetenz an die Heranwachsenden wurde in den Bereichen Schule und Jugendarbeit jahrelang getrennt geführt (Schell/Stolzenburg/Theunert 1999). Die Idee einer Kooperation von Jugendmedienarbeit und Schule wirft daher zunächst einige Fragen auf:

- Was sind die Umstände oder Beweggründe für diese Idee?
- Von wem geht die Initiative für eine solche Kooperation aus?
- Welche Ziele, Erwartungen, Hoffnungen werden damit verbunden? Wer hat ein besonderes Interesse daran?
- An welchen Lernorten und in welchen Arbeitsformen ist eine solche Kooperation denkbar?
- Wie ließen sich vorhandene Barrieren überwinden?

Während der Fachtagung des Bundesministeriums für Familie, Senioren, Frauen und Jugend in Zusammenarbeit mit der GMK am 20.02.2004 in Berlin zum Thema „Jugendmedienarbeit kooperiert mit Schule" wurden diese Fragen kaum gestellt und es wurde ihnen schon gar nicht systematisch nachgegangen. So fehlte ein Bezugsrahmen, um den vorgestellten und teilweise sehr gut gelungenen Praxisprojekten einen je spezifischen Stellenwert zuzuweisen. Was sollte an den Praxisbeispielen gezeigt werden? Wofür sollten sie stehen?

Ich habe über viele Jahre hinweg Sozialpädagogen ausgebildet und arbeite nun seit langer Zeit in der Lehrerausbildung. Ich kenne die gegenseitigen Vorbehalte der beiden Berufsgruppen. Hinzu kommt, dass bei einer Kooperation zwischen Jugendarbeit und Schule zwei sehr ungleiche Partner aufeinander treffen:

Auf der einen Seite die Zwangsinstitution Schule mit starren organisatorischen Regelungen, mit dem Druck von verbindlichen Lerninhalten und -zielen und dem alles dominierenden Leistungsprinzip.

Auf der anderen Seite die Jugendmedienarbeit, ein relativ offenes Arbeitsfeld, in dem alle pädagogischen Maßnahmen auf Freiwilligkeit beruhen und sich an den Bedürfnissen und Interessen der Kinder und Jugendlichen orientieren müssen (Schell 1993).

Es müssen also starke Kräfte im Spiel sein, die dazu führen, dass so ungleiche Partner eine Kooperation nicht nur anstreben, sondern auch wirklich praktizieren. Welche Faktoren, Notwendigkeiten oder gar Zwänge sind da am Werke?

1. Ausgangsbedingungen und Antriebskräfte für eine Kooperation

Die Beispiele aus der Praxis zeigen, dass der Anstoß für Kooperationen häufig von der Jugendmedienarbeit ausgeht. Partner finden sich eher im Bereich der Grund- und Hauptschulen. Der gemeinsame inhaltliche Bereich sind die Medien, ist die Vermittlung von Medienkompetenz. Trotz vielfältiger Bemühungen hat sich diesbezüglich in den Schulen immer noch nicht viel getan. Im Gegenteil haben sich die klassischen medienpädagogischen Themen auf die Frage nach dem Einsatz des Internets zur Verbesserung des Unterrichts verengt. So wurde bei der Berliner Tagung von einem Teilnehmer auch dezidiert die Meinung geäußert, Schulen seien – nach allen bisherigen Erfahrungen – von sich aus reformunfähig; und diese Auffassung fand lebhafte Zustimmung! Aber es wäre sicher völlig illusorisch zu glauben, die Schule könne von außen – durch Anstöße aus der Jugendmedienarbeit – verändert werden.

Jedenfalls wird aus den bisherigen Kooperationsprojekten und den damit verbundenen Argumentationen deutlich, dass es tatsächlich um eine Veränderung der Schule durch praktische Medienarbeit geht, wobei jedoch nicht allein die Vermittlung von Medienkompetenz im Zentrum steht. Die Notwendigkeit einer tiefgreifenden Schulreform in der Folge der rasanten Entwicklungen in der modernen Informations- und Wissensgesellschaft ist seit langem erkannt. Ebenso besteht Einigkeit darin, dass die Medien Mittel und Motor einer solchen Reform sein könnten. Der Druck auf entsprechende Entwicklungen wird durch die wachsenden Erziehungsprobleme und die enorme Heterogenität in den Schulklassen verstärkt. Durch die Ergebnisse aus der PISA-Studie traten diese Probleme ins öffentliche Bewusstsein und in die bildungspolitische Diskussion (PISA 2001). In der Folge davon wird nun die Ganztagsschule als eine organisatorische Voraussetzung zur Lösung dieser Probleme propagiert.

Im Schnittpunkt dieser Bestrebungen um eine Schulreform und ihre Weiterentwicklung in Richtung Ganztagsschule steht die praktische Medienarbeit. Und in diesem Kontext können die seit vielen Jahren erprobten und bewährten vielseitigen Projekte aus der Jugendmedienarbeit wertvolle Anregungen und Hilfen geben. Vor diesem Hintergrund wird auch der Impetus der außerschulischen Einrichtungen der Jugendarbeit verständlich: Sie können sich sehr viel rascher und flexibler auf die sich schnell wandelnden Bedürfnisse, Interessen und Probleme der Heranwachsenden einstellen. In offenen Projekten praktischer Medienarbeit bieten sie den jungen Menschen vielfältige Möglichkeiten und Hilfen bei der Bewältigung ihrer aktuellen Lebenssituation oder Problemlagen. Dabei werden die Medienpädagogen hautnah mit den Schwierigkeiten konfrontiert, die die Kinder und Jugendlichen aus der Schule mitbringen. Die Sozialpädagogen können nicht nachvollziehen, warum Lehrkräfte nicht besser auf deren Bedürfnisse, Anliegen, Nöte und Interessen eingehen.

Ähnlich wie die Schule steht aber auch die Jugendmedienarbeit unter Druck. Angesichts der vielfältigen Unterhaltungs- und Freizeitangebote wird es immer schwieriger, junge Menschen anzusprechen und für eine kontinuierliche Mitarbeit zu gewinnen. Zudem werden auf Grund der Sparzwänge der öffentlichen Hand die Fördermittel für den gesamten Jugendhilfebereich drastisch reduziert. Damit gerät die Jugendmedienarbeit unter verstärkten Legitimationsdruck.

So lässt sich zusammenfassend festhalten: Beide ungleichen Partner stehen unter Druck und könnten von einer institutionalisierten Kooperation profitieren:

- Die Schule könnte bei ihren Bemühungen um eine Öffnung in Richtung Lebenswelt durch motivierende Medienprojekte unterstützt werden und Anregungen und Hilfen bei der Umsetzung offener Formen praktischer Medienarbeit erhalten. Das wäre zugleich ein wichtiger Beitrag zur Erfüllung des Auftrags einer umfassenden Medienbildung der Heranwachsenden.
- Die Jugendmedienarbeit könnte durch Kooperationsprojekte mit Schulen an Kinder und Jugendliche herankommen, die sie außerhalb der Schule nicht erreicht. Das könnte die Akzeptanz ihrer Angebote bei den Heranwachsenden erhöhen, ihnen neue Interessenten zuführen und vielleicht sogar neue Zielgruppen erschließen. Dies würde die Legitimationsbasis der Jugendmedienarbeit verbreitern und die Chancen auf öffentliche Fördermittel verbessern.
- Durch Kooperation könnten Synergieeffekte bei der Nutzung teurer Medienausstattungen (Computerräume, Medienwerkstätten) und beim Einsatz von Medienspezialisten erzielt werden.

Das Entscheidende ist jedoch, dass dadurch die Lebenssituation vieler Kinder und Jugendlicher verbessert, ihre Alltagswelt durch alternative Freizeit- und Medienaktivitäten bereichert und dadurch ihre Entwicklungs- und Bildungsprozesse gefördert werden könnten.

2. Mehrwert und Zielperspektiven

Die angesprochenen Vorteile für beide Institutionen werden sich nur dann ergeben, wenn die Zusammenarbeit zwischen Jugendmedienarbeit und Schule über punktuelle und zufallsbedingte Projekte hinaus auf Dauer gestellt werden kann. Dazu muss eine gewisse Institutionalisierung erreicht werden, die an bestimmte organisatorische Rahmenbedingungen gebunden ist. (Darauf ist noch näher einzugehen!) Nur unter dieser Bedingung kann nach dem Mehrwert der Kooperation gefragt werden, der sich hinsichtlich der Erziehungs- und Bildungsaufgaben von Schule und Jugendmedienarbeit ergibt. Letztlich kommt es doch darauf an, inwieweit die jungen Menschen dabei für ihre Entwicklungs-, Lern- und Bildungsprozesse profitieren! Nur wenn beide Institutionen einige ihrer wichtigen Bildungs- und Erziehungsziele im Rahmen der Kooperation besser realisieren können, wird sich diese Zusammenarbeit auch verstetigen lassen. Welches sind die gemeinsamen pädagogischen und medienpädagogischen Zielperspektiven? Welche Ziele können durch Kooperation besser erreicht werden? Wenn sich diese Fragen nicht eindeutig positiv beantworten lassen, dann wird sich der Aufwand für kooperative Projekte kaum lohnen!

In der Kooperation geht es überwiegend um praktische Medienarbeit in Form von gemeinsamen Projekten. Medien sind Kommunikationsmedien und sie erfordern und unterstützen Kommunikationsprozesse. Gemeinsame pädagogische Zielperspektiven ergeben sich also aus der Teilhabe an vielfältigen, multimedialen Kommunikationsprozessen im Rahmen projektorientierter Arbeitsformen. Über die Vermittlung von Medienkompetenz hinaus betrifft dies die Förderung von

- Medien-Lese-Kompetenz,
- Sprachfähigkeit,
- Kommunikationsfähigkeit
- sowie einer umfassenden Medienbildung.

Dazu gehört neben einem fundierten Wissen über die Medien, ihre Produktions- und Verbreitungsbedingungen, ihre gesellschaftliche und individuelle Bedeutung und ihre Wirkmechanismen auch eine ethische Verantwortungshaltung gegenüber den Medien (Spanhel 2002b).

Medienprojekte als Kooperationsvorhaben erfordern und fördern aber auch wichtige Schlüsselqualifikationen, insbesondere die Befähigung

- zur Kooperation und Kollaboration,
- zum selbstbestimmten und selbstorganisierten Lernen und
- zur gemeinsamen Konstruktion von Wissen.

Diese Zieldimensionen sind in der heutigen Informations- bzw. Wissensgesellschaft von höchster Bedeutung (Spanhel 1998). In der Realisierung von Kooperationsprojekten liegt zugleich eine große Chance zum Aufbau und zur Einübung in eine neue Lernkultur (Röll 2003), die in andere Bereiche der Schule und des Unterrichts hineinwirken könnte. Diese Chance ist darin begründet, dass im Rahmen von Medienprojektarbeit die Schülerinnen und Schüler praktisch tätig sind und gemeinsam eigene Medienprodukte hervorbringen. Dabei machen sie Erfahrungen, die von der Interessensforschung als die Grundpfeiler jeglicher Lernmotivation ausgemacht worden sind (Krapp, Ryan 2002).

Es handelt sich um Kompetenzerfahrung, die Erfahrung sozialer Eingebundenheit und um Autonomie-Erleben. Diese Phänomene werden als „basic human needs“ bezeichnet, weil eine minimale Erfüllung jedes dieser Bedürfnisse eine notwendige Voraussetzung für das allgemeine Wohlbefinden einer Person und die Integrität der Persönlichkeitsentwicklung darstellt. In der Forschung gibt es zahlreiche Belege dafür, dass die Erfüllung dieser grundlegenden Bedürfnisse auch eine entscheidende Rolle für die Entwicklung persönlicher Ziele, Motive und Interessen spielt.

In einem vierjährigen Modellversuch an einer Erlanger Hauptschule, in dem viele Projekte zur praktischen Medienarbeit durchgeführt wurden (Spanhel 1999,) konnte ich miterleben – und die bei der Berliner Tagung vorgestellten Projekte bestätigen meine Beobachtungen: In Kooperationsprojekten zur praktischen Medienarbeit machen die Schülerinnen und Schüler die Erfahrung, dass

- sie mit ihrem eigenen Verhalten etwas bewirken und den selbst gewählten Anforderungen genügen können und dass sie dadurch das Gefühl bekommen, durch ihr eigenes Handeln kontrollierend auf die Umwelt einwirken zu können;
- sie selbst entscheiden, was sie tun wollen, und sich nicht ständig kontrolliert fühlen, sondern sich autonom, als primäre Ursache ihres Handelns erleben;
- sie einer Gruppe von Gleichaltrigen angehören, mit denen sie sich verbunden fühlen und von denen sie akzeptiert und anerkannt werden.

Diese Projekterfahrungen stabilisieren eine positive Grundbefindlichkeit der Heranwachsenden und verbessern ihre Lernmotivation. Beides kann sich positiv auf die Lernkultur in allen Unterrichtsfächern und auf das Klassen- und Schulklima auswirken (Spanhel 1995).

3. Inhaltliche Aspekte der Kooperation zwischen Jugendmedienarbeit und Schule

An dieser Stelle muss auch auf die Inhalte der Kooperationsprojekte eingegangen werden, weil hier schwer zu überwindende Barrieren für eine Erfolg versprechende Zusammenarbeit zu erwarten sind. Lehrerinnen und Lehrer stehen unter dem permanenten Druck, die Anforderungen der Lehrpläne erfüllen zu müssen. Dort sind die Erziehungs- und Bildungsaufgaben der jeweiligen Schule (sei es Grund-, Haupt- oder Realschule, Gymnasium oder Wirtschaftsschule) nicht nur durch Lernziele, sondern im großen Umfang auch durch Auflistung konkreter Lerninhalte festgelegt. Und sie unterliegen hinsichtlich der Erfüllung dieser Anorderungen vielfältigen Kontrollen, nicht allein durch die Schulaufsicht, sondern durch Kollegen und Schüler, Eltern und Öffentlichkeit. Die Rigidität dieser Kontrollen hängt mit der Überbewertung eines Leistungsprinzips zusammen, das völlig einseitig an eine ziffernmäßige Beurteilung punktueller Leistungskontrollen gebunden ist.

Wie festgefahren und erstarrt dieses ganze System ist, zeigt der Bericht eines Religionslehrers aus einem Gymnasium (anerkannte UNESCO-Projektschule). Er wollte das stupide Abfragen zu Beginn jeder Unterrichtsstunde zur Erlangung mündlicher Noten durch ein lockereres Verfahren ersetzen. Er stieß damit auf heftige Ablehnung bei den Schülern, die diese neue Form der Leistungsfeststellung für weniger berechenbar hielten.

Eine Zusammenarbeit wird sich also zunächst auf die inhaltlichen Bereiche konzentrieren, die weniger diesen strengen Leistungskontrollen unterliegen. Ein Blick auf bisherige Kooperationsprojekte bestätigt diese Tendenz. Die in der Literatur beschriebenen Projekte aus der Jugendmedienarbeit kreisen im Wesentlichen um folgende inhaltliche Bereiche (vgl. Moser/Dreyer/Emmer 2003; Anfang/Demmler/Lutz 2001 und 2003; Baacke 1999):

- Stadtansichten: Auseinandersetzungen mit dem eigenen Wohnort (z.B. Projekte in München: Quax – Spinne im Netz);
- Ökologie: Auseinandersetzung mit ökologischen Themen wie „Wasser", (z.B. Virtuelles Umweltzentrum: www.vuz.de; Na Tour);
- Geschichte/Politik/Europa (politische und kulturelle Vernetzungsprojekte);
- Interkulturelle Projekte;
- Schülerfirmen: Themen aus dem Bereich Wirtschaft/Beruf;
- Medienwelten der Kinder und Jugendlichen: Aktive Medienarbeit mit Multimedia und traditionellen Medien; spielen mit den Möglichkeiten der Medien, um mit den medienspezifischen Arbeits-, Gestaltungs- und Produktionstechniken vertraut zu werden;
- Wettbewerbe und Kinder- und Jugendfilmfestivals (z.B. in eigener Regie); Film-, Radio-, Zeitungs- und Internetprojekte mit offenen Inhalten, je nach den Interessen der Teilnehmer.

Diese Inhalte greifen selten konkrete Unterrichtsinhalte auf und verweisen im schulischen Kontext eher auf fächerübergreifende Themen. Gute Möglichkeiten für eine Zusammenarbeit liegen meines Erachtens in den Fächern Kunst und Musik: Sie haben selbst Medien zum Inhalt und fordern zu kreativem Tun, zu Medienproduktionen in Projektform heraus. Hier bieten die Lehrpläne Spielräume und die Lehrkräfte sind medienspezifisch ausgebildet. Geeignete Themen für Kooperationsprojekte bieten außerdem die Fächer Geschichte, Geographie, Biologie, Wirtschaft und Politik, weil sie an vielen Stellen die Freizeitinteressen der Schüler ansprechen und weil es in diesen Bereichen vielfältige Medienangebote gibt, die für Projekte genutzt werden können.

Das zentrale Fach für aktive Medienarbeit jedoch ist seit jeher der Deutschunterricht, auf allen Schulstufen und in allen Schularten. Die Sprache ist das zentrale Medium menschlicher Kommunikation; sie ermöglicht den Menschen Reflexion und Metakommunikation und ist daher das Fundament jeglicher Medienbildung (Spanhel 2002b). Infolge der rasanten Medienentwicklungen und den damit einhergehenden veränderten Kommunikationsformen muss sich der Deutschunterricht intensiv mit dem Zusammenspiel von Sprache und modernen technischen Medien befassen. Das Thema „Medien im Deutschunterricht" wird seit Jahren in der Deutschdidaktik heiß diskutiert. Es besteht weitgehend Einigkeit darüber, dass ein zeitgemäßer Deutschunterricht ohne integrierte Medienerziehung kaum zu verantworten wäre; vgl. dazu Wermke 1997; Jahrbuch Medien im Deutschunterricht 2002; Jonas/Josting 2003).

Gerade im Bereich des Deutschunterrichts ist eine Fülle höchst interessanter Projekte entwickelt worden, die nicht nur fächerübergreifend angelegt sind, sondern auch in außerschulische Felder hineinreichen. Ich verweise nur auf zwei aktuelle Projekte aus dem Jahrbuch Medien im Deutschunterricht 2002: Ein Projekt zur außerschulischen Weiterbildung von G. Marci-Boehnke (PH Ludwigsburg): „‚Positiv – sein'. Vernetztes Lernen mit literarischem Kern" (S. 252 ff.) und auf den „Literatur@tlas Niedersachsen" (A. Baumert, S. 263 ff.: www.literaturatlas.de). Damit bieten sich die Lehrerinnen und Lehrer für das Fach Deutsch als ideale Partner für Kooperationsprojekte von Schule und Jugendmedienarbeit an.

Jedenfalls können Lehrkräfte für eine Beteiligung an Medienprojekten nur dann gewonnen werden, wenn für sie ganz klar ersichtlich ist, dass diese einen wesentlichen Beitrag zur Erfüllung verbindlicher Erziehungs- und Bildungsaufgaben leisten. Die Bereitschaft für eine dauerhafte Kooperation wird sich bei den Lehrkräften dann einstellen, wenn sie bei der Durchführung eines ersten Projekts erfahren: Praktische Medienarbeit trägt nicht nur zur Erfüllung fachlicher Unterrichtsziele, zur Vermittlung von Medienkompetenz und anderen

Schlüsselqualifikationen bei, sondern begeistert die Schüler und setzt bei ihnen ungeahnte Kräfte und Fähigkeiten frei. Lehrkräfte müssen dabei aber vor allem erleben, dass Medienprojekte ihnen selbst Spaß machen, sie bereichern und ihr Verhältnis zu den Schülern verbessern.

Vielleicht ist ja auch die Hoffnung nicht unberechtigt, dass die variablen Methoden und Arbeitsformen sowie die vielfältigen Möglichkeiten des Medieneinsatzes in den Projekten auf die Gestaltung des übrigen Unterrichts einer Lehrkraft einwirken. Sie könnten zu einer Lockerung erstarrter Unterrichtsroutinen führen und die Lehrkräfte zum Experimentieren mit neuen Unterrichtsformen verleiten.

4. Eine „Schulkultur der Offenheit" als tragendes Fundament für Kooperationen

Die bisherigen Überlegungen lassen deutlich werden, dass Medienpädagogen und Lehrkräfte für eine gelingende Kooperation eine Vision brauchen, die sie gemeinsam weiterentwickeln. Schule kann sich verändern, wenn durch eine solche Idee Motivationen erzeugt und schöpferische Kräfte, Phantasie und Begeisterung freigesetzt werden. Im Netz finden sich viele Beispiele von Medienprojekten, die das belegen. Ich verweise als aktuelles Beispiel nur auf das Internetprojekt des Medienzentrums München *Münchens Partnerstädte im Internet*, ein Verbundprojekt zwischen Schulen, Freizeitstätten und Horten, in dem 83 Kinder und Jugendliche über sieben Münchner Partnerstädte im Netz informierten: www.uzm.jff.de/projekte; weitere Beispiele bei MOSER/DREYER/EMMER 2003.

Meist werden solche Projekte noch isoliert im Bereich der Schulen oder der Jugendarbeit durchgeführt. Als Kooperationsprojekte könnten sie eine viel größere Wirksamkeit entfalten. Die entsprechende Vision dazu bezeichne ich als „Schulkultur der Offenheit". Damit möchte ich ausdrücken, dass die Kooperation nicht nur in bestimmte organisatorische Rahmenbedingungen eingebettet sein muss, sondern auch auf eine Leitidee angewiesen ist.

Gemeinsame Vorhaben von Schule und Jugendarbeit erzwingen eine Öffnung der Schule wie auch der Jugendarbeit nach innen und außen: Beide Partner müssen sich aufeinander (auf etwas Fremdes, auf andere Vorstellungen, Ziele, Arbeitsweisen) einlassen, müssen sich öffnen und etwas von sich preisgeben, müssen vertraute Routinen aufgeben und organisatorische Strukturen verändern. Dabei wird deutlich, dass es in der Schule nicht nur Fächer und Curricula gibt, die die Lerninhalte ordnen und die Prüfungsinhalte festlegen! Der wichtigste Lerngegenstand ist die Schule selbst und wie sie von den Schülerinnen und Schülern erfahren wird! Die Leitidee von einer

Schulkultur der Offenheit meint die bewusste Gestaltung und Pflege der Schule als Lerngegenstand!

Das heißt: Eine Schulkultur der Offenheit muss die kulturelle Vielfalt unseres Landes widerspiegeln und gemeinsam mit den Schülerinnen und Schülern in lebendigen Formen realisieren, um ihnen den Aufbau einer kulturellen Identität zu ermöglichen. Die Schulkultur der Offenheit ist nichts Fertiges, sondern ständig im Aufbau, in Entwicklung begriffen. Schule müsste daher vielfältige kulturelle Handlungsrahmen bereitstellen (eben z.B. auch in Form kooperativer Medienprojekte!), in denen sich die jungen Menschen aus eigener Initiative bei der Bearbeitung anstehender Aufgaben und Probleme oder bei der Lösung von Konflikten Kenntnisse und Fähigkeiten aneignen (Bruner 1996).

Die Übernahme der Kultur durch die Mitwirkung am gemeinsamen Aufbau und der Ausgestaltung einer Schulkultur verlangt Gruppen wechselseitiger Lerner, die sich gegenseitig unterstützen und ständig untereinander austauschen. Schulkultur ist also das Ergebnis von Kommunikationsprozessen, an denen alle, Lehrer, Schüler, Medienpädagogen und alle Partner, mit denen die Schule nach außen in Kontakt steht (z.B. Eltern), aktiv mitwirken. Genau hier liegen die besonderen Chancen der Kooperation zwischen Schule und Jugendmedienarbeit: Kommunikationsprozesse sind an Medien gebunden! Und die Medien bieten heute mehr denn je ganz neue und schier unermessliche Möglichkeiten der Kommunikation: anderen etwas mitzuteilen, sich selbst auszudrücken und mitzuteilen, gemeinsame Botschaften zu erstellen und zu gestalten, Medien zu produzieren und zu präsentieren.

Besondere Chancen ergeben sich daraus, dass die Medienwelten die Lebenswelten der jungen Menschen sind. Hier sind sie zu Hause und kennen sich aus, im Medienbereich verfügen sie über besondere Kenntnisse und Kompetenzen, die für weiterführende Lern- und Bildungsprozesse fruchtbar gemacht werden können. Hier sind sie motiviert, lassen sich für neue Arbeitsformen begeistern und können in den fertigen Medienprodukten die Wirksamkeit ihres Handeln erfahren. Die positiven Konsequenzen für die schulische Lernkultur und für die Bildungsprozesse der Heranwachsenden wurden bereits im zweiten Abschnitt beschrieben.

5. Organisatorische Rahmenbedingungen für Kooperationen

In der folgenden Abbildung habe ich die vielfältigen Aspekte einer Schulkultur der Offenheit angedeutet. Dabei wird erkennbar, dass eine Kooperation von Schule und Jugendmedienarbeit sich auf die verschiedensten Aspekte dieser Schulkultur beziehen kann. Es handelt sich dabei um eine offene Form für die Gestaltung unterschiedlicher kultureller Inhalte. Dafür sollten insbesondere die lokalen kulturellen Angebote, Aktivitäten und Einrichtungen genutzt und in die Kooperationsprojekte einbezogen werden. Durch Vernetzung mit unterschiedlichen Partnern könnte eine Förderung der Medienbildung bei spezifischen Zielgruppen in Gang gesetzt werden, z.B. bei Mädchen, bei ausländischen Schülerinnen und Schülern oder auch bei älteren Menschen.

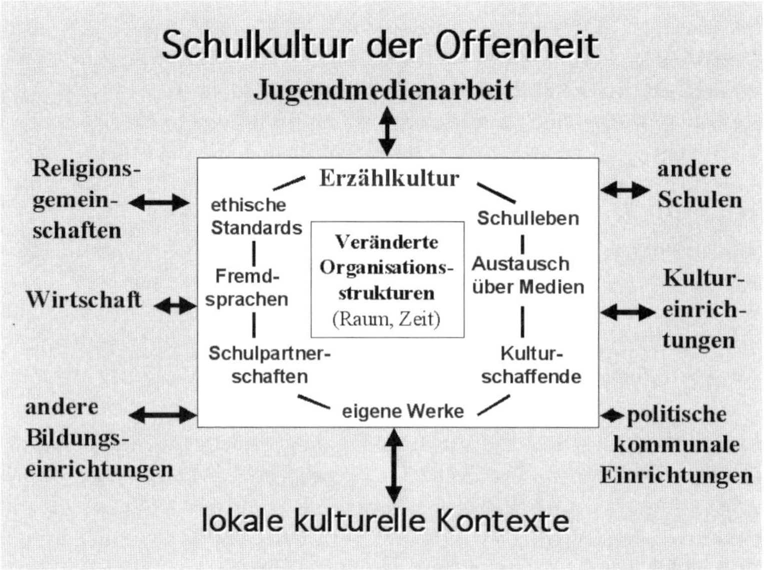

Dabei darf jedoch ein zentraler Punkt nicht übersehen werden: Die Schule muss für das aktive Leben und Gestalten einer Schulkultur in Form von Medienprojekten Raum und Zeit geben! Das hat zur Konsequenz, dass herkömmliche Strukturen und Organisationsformen von Schule aufgebrochen und neu gestaltet werden müssen. Die Abbildung zeigt, was Öffnung von Schule nach innen und außen bedeuten kann. Die heute vielfach geforderte Ganztagsschule würde dafür sicherlich einen besseren Rahmen bieten. Aber auch in der normalen Schule gibt es durchaus Möglichkeiten für eine Umgestaltung der räumlichen, zeitlichen und sozialen Strukturen. Allerdings muss hier jede einzelne Schule für sich Ideen entfalten und Lösungsmöglichkeiten suchen. Das zeitliche Problem ist dabei wohl das schwierigste.

Für eine gelingende Kooperation der Schule mit Jugendmedienarbeit ist die Frage nach geeigneten Lernorten von besonderer Bedeutung. Nur in Ausnahmefällen ist es möglich, dass Schulklassen in Medienzentren außerhalb der Schule arbeiten. In der Schule müssten offene Lernräume mit entsprechender Computer- und Medienausstattung geschaffen werden, z.B.

• Schulbibliothek
• Lernwerkstatt
• Projekträume

Das ist ein finanzielles Problem, bei dem auch die Schulträger (die Kommunen) und evtl. Eltern oder Fördervereine einbezogen werden müssen.

Für Kooperationsprojekte bei einer Öffnung der Schule nach außen müssen geeignete Rahmenbedingungen durch stabile und tragfähige soziale Strukturen gesichert werden. Ich denke hier an ein lokales Bildungsnetzwerk, in dem Schulen (Schulleitung, Schüler- und Elternvertretung) mit Jugendhilfe-, Medien-, Bildungs- und Kultureinrichtungen (Jugendzentren, Medienzentren, Volkshochschule, Bibliotheken, Museen), mit Kommune und Kirchen zusammenarbeiten. Ganztagsschulen müssten künftig sehr viel stärker als Schulen heute in soziale, kulturelle und politische Kontexte und Vernetzungen eingebunden werden. Wie könnte es erreicht werden, dass sich alle Bürger für gute Schulen in ihrer Kommune bzw. Region mitverantwortlich fühlen?

6. Anforderungen an Lehrkräfte und Medienpädagogen

Kooperationsprojekte hängen zunächst vom Engagement und der Kompetenz einzelner Personen ab. Die bisher im Bereich von Schule und Jugendarbeit tätigen, speziell ausgebildeten Medienpädagogen können auf Dauer die mit der Kooperation angestrebten Ziele nicht realisieren. Für eine Verstetigung der Kooperation müsste bei Lehrkräften und Medienpädagogen die Einsicht in die Möglichkeiten und Chancen dieser Zusammenarbeit und die Bereitschaft dazu erst geweckt werden. Außerdem sind die erforderlichen medienpädagogischen Kompetenzen zu vermitteln. Auf längere Sicht reichen dazu punktuelle Fortbildungen nicht aus, vielmehr müssen gewisse Grundlagen bereits in der ersten Ausbildungsphase an der Hochschule gelegt werden. Das Ziel wäre eine grundlegende medienpädagogische Kompetenz als Teil des beruflichen Selbstverständnisses sowohl der Lehrkräfte als auch der Sozialpädagogen (SPANHEL 2001). Nach meiner Auffassung gehört dazu die Fähigkeit,

• die Bedeutung der Medien in der Alltagswelt der Kinder und Jugendlichen zu erkennen und in der täglichen Arbeit zu berücksichtigen,
• die Erziehungs- und Bildungsaufgaben im Medienbereich zu erkennen und aktiv anzugehen,
• Medien zur Verbesserung der Lehr-/Lernprozesse in der Schule, bzw. der kulturellen Bildungsprozesse in der Kinder- und Jugendarbeit einzusetzen,
• den Zusammenhang zwischen Medien und Organisationsentwicklung zu nutzen und
• Medienprojektarbeit durchzuführen.

Wichtig wäre schließlich noch die gegenseitige Kenntnis der Arbeitsfelder, ihrer Aufgaben, Problemlagen und Arbeitsmethoden. Diese könnte durch Praktika in beiden Berufsfeldern während der Ausbildung angebahnt werden. Im Bereich der Lehrerbildung gibt es inzwischen verstärkte Bemühungen um eine medienpädagogische Qualifizierung aller Lehrkräfte (Spanhel, Tulodziecki 2001). Seit kurzer Zeit werden auch entsprechende Erweiterungsstudiengänge angeboten, z.B. in Bayern (Spanhel 2002a; siehe auch das genaue Konzept unter www.paed2.ewf.uni-erlangen.de).

Insgesamt zeigen die Überlegungen, dass einzelne Projekte zur Kooperation von Schule und Jugendmedienarbeit wenig Sinn machen. Im Einzelfall können sie Prozesse zur Schulentwicklung auslösen. Sie erhalten besondere Bedeutung und bieten viele Chancen, wenn sie in einen Prozess der Schulentwicklung und Öffnung von Schule eingebettet sind. Unter dem Leitbild einer Schulkultur der Offenheit wird es am ehesten möglich sein, die zahlreichen Barrieren bei der Verwirklichung einer solchen Kooperation zu überwinden. Auf der anderen Seite könnte Medienprojektarbeit hervorragende Beiträge zur Entfaltung einer Schulkultur der Offenheit leisten. Eine Ganztagsschule würde dafür die besten Rahmenbedingungen bieten.

Literatur

- Anfang, G., Demmler, K., Lutz, K. (Hrsg.) (2003): Mit Kamera, Maus und Mikro. Medienarbeit mit Kindern. München.
- Anfang, G., Demmler, K., Lutz, K. (Hrsg.) (2001): Erlebniswelt Multimedia – Computerprojekte mit Kindern und Jugendlichen. München.
- Baacke, D., u.a. (Hrsg.): Handbuch Medien (1999): Medienkompetenz. Modelle und Projekte. Bundeszentrale für politische Bildung. Bonn.
- Bruner, J. (1996): The Culture of Education. Cambridge, M., London.
- Demmler, K. (2004): Umwelt im Netz schützen? Das Virtuelle UmweltbildungsZentrum. In: merz. medien + erziehung. 48. Jg., H.1, S. 20–24
- Deutsches PISA-Konsortium (Hrsg.) (2001): PISA 2000. Basiskompetenzen von Schülerinnen und Schülern im internationalen Vergleich. Opladen.
- Jahrbuch Medien im Deutschunterricht 2002 (hrsg. von Frederking, V., Jonas, H., Josting, P., Wermke, J.) (2003): Literatur und Medien. München.
- Jonas, H., Josting, P. (Hrsg.) (2002): Medien – Deutschunterricht – Ästhetik. München 2004
- Krapp, A., Ryan, R., M.: Selbstwirksamkeit und Lernmotivation. In: Jerusalem, M., Hopf, D. (Hrsg.): Zeitschrift für Pädagogik. Selbstwirksamkeit und Motivationsprozesse in Bildungsinstitutionen. 44. Beiheft 2002, S. 54–82.
- Lutz, K. (2003): Medienpädagogik auf allen Kanälen. Medienarbeit als Querschnittsaufgabe der pädagogischen Arbeit. In: merz. medien + erziehung, 47. Jg., H. 4, S. 9–17.

- Moser, S., Dreyer, K., Emmer, B. (Hrsg.) (2003): Natürlich im Netz. Kinder- und Jugendprojekte rund ums Internet. München.
- Schell, F. (1993): Aktive Medienarbeit mit Jugendlichen. 2. Aufl. München.
- Schell, F., Stolzenburg, E., Theunert, H. (Hrsg.) (1999): Medienkompetenz. Grundlagen und pädagogisches Handeln. München.
- Spanhel, D., Hüber, H.-G. (1995): Lehrersein heute – berufliche Belastungen und Wege zu deren Bewältigung. Bad Heilbrunn.
- Spanhel, D. (1998): „Neue Medien – alte Bildung?“ Zur Notwendigkeit einer Reform von Schule und Lehrerausbildung. In: Medienkompetenz. Heute Herausforderung – morgen Voraussetzung. Dokumentation der Veranstaltung am 6. Mai 1998 (Hrsg.: Die Ministerpräsidentin des Landes Schleswig-Holstein). Kiel, S. 10–17.
- Spanhel, D. (1999): Integrative Medienerziehung in der Hauptschule. Ein Entwicklungsprojekt auf der Grundlage responsiver Evaluation. München.
- Spanhel, D. (2001): Medienpädagogische Kompetenz als Grundqualifikation in pädagogischen Berufen. In: Bachmair, B./Spanhel, D./de Witt, C. (Hrsg.): Jahrbuch Medienpädagogik 2, S. 13–26. Opladen.
- Spanhel, D. (2002a): Medienpädagogik in der Lehrerbildung. Ohne Medienkompetenz ist keine Bildung möglich. In: medien praktisch. Zeitschrift für Medienpädagogik, H. 4 S. 30 – 34.
- Spanhel, D. (2002b): Medienkompetenz als Schlüsselbegriff der Medienpädagogik? In: forum medienethik 1/2002 Medienkompetenz – Kritik einer populären Universalkonzeption. S. 48–53.
- Spanhel D., Tulodziecki G. (2001): Rahmenkonzepte für neue Medien im Lehramtsstudium: Basis- und Zusatzqualifikation, S. 9 – 25 und Spanhel D., Weth T.: Fallbeispiele für die Verankerung neuer Medien in der Lehrerausbildung: Universität Erlangen-Nürnberg, S. 86–97. In: Bentlage, U., Hamm I. (Hrsg.): Lehrerausbildung und neue Medien. Erfahrungen und Ergebnisse eines Hochschulnetzwerkes. Gütersloh.
- Wermke, J. (1997): Integrierte Medienerziehung im Fachunterricht. Schwerpunkt Deutsch. München.

■ Horst Niesyto

Öffnung von Schule und partnerschaftliche Kooperation

Zur Zusammenarbeit von schulischer und außerschulischer Medienarbeit

Der außerschulischen Kinder- und Jugendarbeit bläst heute vielerorts ein eisiger Sparwind ins Gesicht: Kommunen, Verbände und Kirchen haben weniger Geld, Stiftungen reduzieren Fördermittel, privates Sponsoring ist erheblich zurückhaltender geworden. Das Förderprogramm der Bundesregierung, vier Milliarden Euro in den Ausbau von Ganztagsschulen und andere Ganztagsangebote zu investieren, ließ bei außerschulischen Bildungseinrichtungen Hoffnungen aufkeimen. Nicht wenige dieser Einrichtungen sehen in der Kooperation mit Schulen, insbesondere bei der Entwicklung von Nachmittagsangeboten für SchülerInnen, eine Chance, eigene Arbeitsansätze fortführen und neue Zielgruppen erschließen zu können. An welchen Erfahrungswerten in der Kooperation von Schule und Jugendhilfe kann angeknüpft werden, was für Kooperationsmöglichkeiten zeichnen sich ab, was sind geeignete medienpädagogische Konzepte für Formen der Ganztagsbildung?

• *Schule und Jugendhilfe im Wandel*

Nach Gründung der Bundesrepublik Deutschland wurde zunächst die Trennung von Schule und Jugendhilfe beibehalten. Erst Ende der 60-er Jahre begann die Diskussion und Erprobung einer stärkeren Kooperation zwischen beiden Bereichen. Gleichzeitig wurde in der Fachdiskussion darauf hingewiesen, die Grenzen der verschiedenen Handlungsaufträge von Schule und Jugendhilfe nicht zu verwischen. Schule betont traditionell die Qualifikations-, die Selektions- und die Integrationsfunktion: die Vermittlung von Kenntnissen und Fertigkeiten, die Differenzierung nach dem Leistungsvermögen der SchülerInnen (inkl. Noten und Schulabschlüsse als Form der Zuweisung von Entwicklungschancen; sog. Allokationsfunktion), die Vermittlung von Normen und Werten nicht nur zur Persönlichkeitsbildung, sondern vor allem zur Reproduktion bestehender Verhältnisse. Schulkritik und alternative Schulkonzepte wiesen demgegenüber immer wieder auf die Notwendigkeit einer stärkeren individuellen Förderung (als Gegengewicht zur Auslesefunktion), auf die Förderung sozialen Lernens (als Gegengewicht zu einem konkurrenzorientierten Leistungsprinzip), auf mehr Möglichkeiten für selbstbestimmtes Lernen (als Gegengewicht zu festen, vorgegebenen Strukturen und Lerninhalten) und auf eine stärkere Öffnung von Schule hin.

Ein Blick auf die Entwicklungsetappen der Kooperation von Schule und Jugendhilfe am Beispiel der Schulsozialarbeit zeigt einen deutlichen Wandel. Während die Schulsozialarbeit in den 70-er Jahren mehr die Funktion eines „Hilfsdienstes“ hatte, verstärkte sich in den 80-er Jahren die pädagogische Debatte über strukturelle Kooperationsnotwendigkeiten. Hintergrund waren übergreifende gesellschaftliche Entwicklungen (Individualisierung von Lebenslagen), die mehr Erziehungs- und Betreuungshilfen und eine Kompensation von Bildungsbenachteiligung erforderten (vgl. Olk u.a. 2000, S. 18ff.). In den 90-er Jahren führte die Intensivierung der fachwissenschaftlichen Debatte zu Konzepten der „inneren“ und „äußeren“ Öffnung von Schule und zur gesetzlichen Festschreibung der Kooperation von Schule und Jugendhilfe (§ 81 KJHG). Der 8. Jugendbericht der Bundesregierung, vorgelegt von Hans Thiersch, Hans Bertram u.a., wurde zu einem Meilenstein für die weitere konzeptionelle Entwicklung. Die Prinzipien „Lebensweltorientierung“, „Prävention“, „Dezentralisierung/Regionalisierung“, „Alltagsorientierung“, „Integration und Normalisierung“ sowie „Partizipation“ markierten Orientierungspunkte für die Entwicklung schulbezogener Angebote für die Jugendhilfe, zu denen auch Angebote der außerschulischen Medienarbeit gehören.

- *Gegenseitige Vorbehalte*

Die außerschulische Medienarbeit hatte in der Vergangenheit ein eher distanziertes Verhältnis zur schulischen Bildung. Zwar gab es schon immer Einrichtungen, die vor allem im Rahmen von Projektwochen mit Schulen erfolgreich kooperierten. Hier konnte der „Königsweg“ der Medienpädagogik, der aktiv-produktive Umgang mit Medien, jenseits eines engen Stundenkanons und meist frei von Benotungen praktiziert werden. Engagierte LehrerInnen griffen diese Möglichkeit gern auf, um andere Themenfelder und Lernformen verstärkt zu erschließen. Doch es gab (und gibt) Vorbehalte – auf beiden Seiten. So befürchten MitarbeiterInnen in der außerschulischen Medienarbeit eine Verwässerung des Prinzips der Freiwilligkeit (bezüglich Themenwahl, Ausdrucks- und Arbeitsformen), eine „Didaktisierung“ außerschulischer Angebote und eine schleichende Einführung von Leistungs- und Zertifikatszwängen. Auf Seiten der Lehrerschaft zögern viele, sich angesichts diverser Belastungen in neue Themenfelder einzuarbeiten, oder zeigen aufgrund sehr medienkritischer Grundhaltungen wenig Bereitschaft, sich auf Formen einer handlungsorientierten Medienarbeit einzulassen. Hinzu kommen strukturelle Grenzen: Solange Klassengrößen nicht reduziert (mehr Lehrkräfte!), eine Fokussierung auf das Fachlehrerprinzip an Realschulen und Gymnasien nicht korrigiert und der 45-Minuten-Takt nicht deutlich zugunsten anderer, offener Unterrichtsformen zurückgedrängt werden, können auch kooperationsbereite Lehrkräfte nur eingeschränkt handlungsorientierte Projekte mit auf den Weg bringen. Schließlich gibt es Befürchtungen, dass in Verbindung mit aktuellen Entwicklungen im Bereich „Ganztagsschulen" bislang von LehrerInnen durchgeführte Schul-AGs abgeschafft und Fächer wie Kunst, Musik, Sport zunehmend ins „freie Nachmittagsangebot" ausgelagert werden. „Zudem könnte eine Konkurrenz entstehen, die nicht produktiv ist, sondern Kräfte bindet: billige Lehrkräfte – teure Lehrkräfte, benotet – unbenotet, verpflichtend – freiwillig, Zwang – Spaß" (Johannsen 2004).

- *Öffnung von Schule und partnerschaftliche Kooperation*

Ohne die unterschiedlichen Handlungsaufträge von Schule und Jugendhilfe zu verwischen, geht es aktuell darum, die Felder für Kooperationen intensiver auszuloten und diese Kooperation nicht auf organisatorische Fragen zu reduzieren. Die letzten Jugendhilfeberichte, eine gemeinsame Stellungnahme des Schulausschusses der Ständigen Konferenz der Kultusminister der Länder in der Bundesrepublik Deutschland (KMK) und der Arbeitsgemeinschaft für Jugendhilfe (AGJ), ähnliche Stellungnahmen sowie beginnende Strukturreformen bezüglich der Kooperation von Jugendhilfe und Schule auf Länderebene markieren wichtige Leitlinien. Die zentrale Frage ist die nach dem Bedarf und dem Profil von Bildungsangeboten für Kinder und Jugendliche – und nicht die Anpassung von Bildungsangeboten an bestehende Finanzierungs- und Organisationsstrukturen. Reflexion bisheriger Angebotsstrukturen und Flexibilität sind auf beiden Seiten – bei Schule und Jugendhilfe – notwendig. Das Bildungsmonopol liegt nicht allein bei Schulen. Notwendig sind konsequente Schritte von Schule in die Gesellschaft und in lokale Sozialräume hinein. Die Türen von Klassenzimmern haben sich zu öffnen, gesellschaftliche Ressourcen sind für Bildungsprozesse viel konsequenter zu erschließen. Nicht das Ob, sondern das Wie der Zusammenarbeit von Schule und Jugendhilfe ist die Frage – und: die Kooperation muss von beiden Seiten gewollt sein!

Zur Begründung für diese Kooperation formulierte der 11. Kinder- und Jugendbericht: „So wenig die Schule sich auf einen allein unterrichtsbezogenen Bildungsauftrag berufen kann, so wenig kann sich die Kinder- und Jugendhilfe lediglich auf familienunterstützende bzw. -ersetzende Leistungen im Bereich der Betreuung und Versorgung von Kindern jenseits des Bildungswesens zurückziehen. Beide Seiten stehen heutzutage mehr denn je vor der

Herausforderung, sich auf die veränderten Bedingungen des Aufwachsens in einer modernen Gesellschaft einzustellen. Dies setzt eine Neubestimmung der Aufgaben von Schule ebenso voraus wie von Kinder- und Jugendhilfe (...)." (BMFSFJ 2002, Kap. B.1.3.4) Der 11. Kinder- und Jugendbericht betont ein „gleichberechtigtes Miteinander" von Schule und Jugendhilfe. Schulsozialarbeit, Medienarbeit und andere Angebote dürfen nicht zu einem „Anhängsel" von Schule werden, sondern sind auf der Grundlage eines partnerschaftlichen Verhältnisses in ein pädagogisches Gesamtkonzept zu integrieren. Ohne Reflexion des jeweiligen schulischen Leitbilds sowie des Selbstbilds der handelnden PädagogInnen lassen sich unterschiedliche Formen von Ganztagsschulen (offene und gebundene Ganztagsschule) nicht entwickeln.[1] Zu einer guten und erfolgreichen Kooperation gehört auch die klare Benennung der gemeinsamen Ziele und der konzeptionellen Grundlagen sowie der personellen, finanziellen und räumlichen Voraussetzungen bzw. Ressourcen für die Kooperation. Erfahrungen aus dem Bereich der Schulsozialarbeit zeigen, dass für längerfristige Kooperationen systematische und strukturelle Begründungen notwendig sind, eingebettet in Formen institutionalisierter und dauerhafter Zusammenarbeit (vgl. Olk u.a. 2000, S. 207f.). Mehr Autonomie für Schulen, Entwicklung sozialraumbezogener Kooperations-Netzwerke und Überwindung von Ressortdenken innerhalb und zwischen zuständigen Behörden auf kommunaler und regionaler Ebene sind wichtige Voraussetzungen für eine erfolgreiche und dauerhafte Kooperation zwischen Schule und verschiedenen Feldern der Jugendhilfe.

Ob diese Bedingungen realisiert werden können, hängt nicht nur von der Kooperationsbereitschaft von LehrerInnen, Sozial-, Kultur- und MedienpädagogInnen ab. Max Fuchs wies in seinen Thesen, die er auf dem 12. Deutschen Jugendhilfetag in Osnabrück vortrug, darauf hin, dass aktuelle Schulreformen noch „fest in der Hand der Ministerialbürokratie" sind und „nahezu ohne Einbeziehung der Schulpädagogik stattfinden" (Fuchs 2004). In Verbindung damit sei zu befürchten, dass die Schule sich zunehmend auf ihr „Kerngeschäft", die Wissensvermittlung im Unterricht, konzentriere. Um einen Dualismus und additive Modelle zu überwinden (morgens Pflicht-Schule, nachmittags freiwillige Neigungsangebote), die kaum aufeinander bezogen sind und möglicherweise ein Konkurrenzdenken befördern, bedarf es neuer Impulse für die Schulentwicklung und partnerschaftlicher Kooperationsmodelle. Gerade in Hauptschulmilieus – aber nicht nur dort – sollten schulischer Leitbilder und Arbeitsformen im Vordergrund stehen, die

- konsequent an den vorhandenen Stärken, Fähigkeiten und Fertigkeiten der Kinder und Jugendlichen ansetzen,
- projekt- und erfahrungsorientierte Lernmöglichkeiten, für Experiment, Spiel und Übung bieten,

- sich Zeit für die Kinder und Jugendlichen nehmen (emotionale Zuwendung und Ansprechpartner für Lebensfragen).

Erst wenn SchülerInnen eine eigene Motivation entwickeln, sich mit Personen, Themen und Sachen zu befassen, wird Schule Spaß machen, wird Lernfreude entstehen. Hierzu gehört elementar das Recht auf freie Wahl zwischen verschiedenen Angeboten. SchülerInnen holen sich heute Bildungsinhalte aus vielen Quellen; die Medien gehören entscheidend dazu. Schule muss attraktiver werden – allein durch „Schulpflicht“ kann sie Schüler nicht halten (siehe die zunehmende Zahl von Schulverweigerern und Schulschwänzern gerade in Hauptschulmilieus).

- *Impulse für die Schule durch Angebote außerschulischer Medienarbeit*

Außerschulische Medienarbeit geht von den Lebenswelten und der Lebenswirklichkeit der jungen Menschen aus. Sie betont Erfahrungs- und Lernprozesse, die Lernen als Freude auf Selbstentdeckung verstehen. Medien werden nicht primär als technische Mittler, sondern als ästhetisches und symbolisches Material für Selbstausdruck und Kommunikation betrachtet. Außerschulische Medienarbeit knüpft an den vorhandenen Medienkompetenzen bei Kindern und Jugendlichen an und entwickelt pädagogische Arrangements, um diese zu erweitern und zu differenzieren. Hierfür sind authentische Lernsituationen notwendig, die genügend Zeit- und Handlungsspielräume für das Experimentieren und spielerische Ausprobieren mit Medien eröffnen. Die Förderung von Formen subjektiver Stil- und Symbolbildung ist dabei ein wichtiges medienpädagogisches Ziel. Hierzu gehören u.a.:

- Gestaltungsfreiheit bei Themenwahl, Ausdrucksform und Arbeitsweise;
- Balance von Prozess- und Produktorientierung, die Zeit für soziales und emotionales Lernen, für Reflexion und Erfahrungsbildung lässt;
- Stärkung präsentativ-symbolischer Ausdrucksformen (Bilder, Musik, Körpersprache), insbesondere im Kontext interkultureller Lernprozesse.

Der Einsatz von Medien und produktive Medienarbeit sind zugleich eine große Chance für Selbstpräsentation und Öffentlichmachen von Themen und Anliegen. Gerade Jugendliche aus sozial und bildungsmäßig benachteiligenden Verhältnissen können – so die Erfahrung zahlreicher Projekte – durch eine erfolgreiche Medienarbeit erheblich an Selbstwertgefühl und Selbstbewusstsein gewinnen!

- *Projektbeispiel „VideoCulture"*

Das internationale Projekt *VideoCulture* machte den Schritt von der Mediennutzung zur eigenen Medienproduktion: 14- bis 19-jährige Jugendliche aus verschiedenen soziokulturellen Milieus hatten in Deutschland, Großbritannien, Tschechien, Ungarn und den USA die Möglichkeit, eigene Themen in ca. 3-minütigen Videofilmen auszudrücken. Sie sollten sich dabei möglichst auf Bilder, Musik und Körpersprache konzentrieren. Die Videos wurden anschließend ausgetauscht und gegenseitig interpretiert. Das Projekt integrierte Produktionen, die im Schnittfeld von schulischer und außerschulischer Medienarbeit entstanden waren und untersuchte vor allem, ob es Formen einer länderübergreifenden Symbolsprache gibt und welche medienpädagogischen Konzepte sinnvoll sind, um eine solche Form interkultureller Kommunikation zu fördern. An dieser Stelle sollen einige medienpraktische Erfahrungswerte hervorgehoben werden, die sich auf den Produktionsaspekt beziehen.[2]

Förderung bildästhetischer Kompetenz

In Deutschland kristallisierte sich ein Konzept zur Förderung ästhetischer Kreativität heraus, das einen Schwerpunkt auf die Vermittlung medienspezifischen Wissens legte (Holzwarth/Maurer 2003). Anhand unterschiedlicher Videobeispiele (Musik- und Werbeclips, Ausschnitte aus Dokumentar- und Spielfilmen) wurde zunächst ein Spektrum an ästhetischen Darstellungsformen präsentiert, zu denen auch Montageformen, Symbolik sowie der Einbezug von Ton und Musik gehörten. Ziel war es, die Jugendlichen für die Vielfalt von Genres und Ausdrucksformen im Hinblick auf ihre eigenen Produktionen und Verwendungszusammenhänge zu sensibilisieren. Die Workshop-Erfahrungen zeigten, dass konkrete, aufgabenorientierte Gestaltungsübungen besonders für Jugendliche geeignet waren, die Schwierigkeiten mit verbal-reflexiven Formen der Wissensvermittlung hatten. Als vorteilhaft erwiesen sich frühzeitige Kameraerkundungen, ausreichend Zeit für Experimentieren und Üben sowie situationsspezifische ästhetische Inputs.

Während sich die Auseinandersetzung mit verschiedenen Videobeispielen gut in den Fachunterricht integrieren lässt (z.B. in Kunst im Rahmen eines Moduls „Mediengestaltung mit Video"), bedarf es für die medienpraktischen Erkundungen und Übungen spezieller projektbezogener Ressourcen, räumlicher und zeitlicher Möglichkeiten, die im Rahmen eines „Regelunterrichts" in großen Klassen nicht gegeben sind. Um diese zu gewährleisten und die fachspezifischen mit den projektbezogenen Aktivitäten abzustimmen, sind konzeptionelle und organisatorische Absprachen und Planungen zwischen LehrerInnen und außerschulischen Fachkräften notwendig.

Förderung musik-/tonästhetischer Kompetenz

Die *VideoCulture*-Projekterfahrungen zeigten, dass die Jugendlichen zwar eine Vielzahl tonsprachlicher Mittel kennen und nutzen, zugleich jedoch Musikgenres weitgehend stereotyp verwenden. Zwar gab es zahlreiche Videofilme, in denen Musik illustrativ und verdeutlichend der Bildebene zugeordnet wurde, um diese noch ausdrucksstärker zu machen. Teilweise zeigte sich auch ein Gespür für ein dramaturgisches Zusammenspiel von Bild- und Musikebene. Insgesamt überwogen jedoch die Problembereiche bei der Verwendung von Musik/Geräuschen. Bei vielen Filmen blieb der Eindruck zurück, dass die Musik unter Zeitdruck noch hinzugefügt wurde. In der Regel folgte die Tonebene der Musikebene; karikierende und parodierende Elemente fehlten ebenso wie die Erzeugung von „Atmo" durch Originaltöne. Die Schlussfolgerung lautet: Da popularmusikalisches „Rezeptionswissen" nicht automatisch in den aktiv-produktiven Umgang mit Musik übertragbar ist, bedarf es gezielter Inputs und Übungen, um Musik und Geräusche in Verbindung mit der Bildebene als eigenständige Symbolisierungsform einzusetzen. Auch hier bieten sich Konzepte an, die im Unterricht popularmusikalisches Wissen aufgreifen, Entstehungszusammenhänge verdeutlichen und musikästhetische Inputs vermitteln; darüber hinaus ist es notwendig, in vertiefenden AGs und Projekten Möglichkeiten für musikalische und multimediale Eigenproduktionen anzubieten (Einladen von Musikern und Fachkräften aus der Region zu speziellen Workshops; betreute Kleingruppenarbeit).

Chancen digitaler Nachproduktion

Wichtige Erfahrungswerte aus *VideoCulture*-Nachproduktionen (Videomontage) waren:

- Die digitalen Schnittsysteme ermöglichen den Produzent/innen ein visuelles Storyboard: Bereits montierte Filmsequenzen können auf einen Blick betrachtet und nach ästhetischen und inhaltlichen Kriterien unmittelbar beurteilt werden (hohe Anschaulichkeit).
- Die digitalen Schnittsysteme ermöglichen eine Vielfalt von Gestaltungsmöglichkeiten: „Der Produktionsprozess entspricht quasi dem Belegen einer Pizza. Es stehen mehrere Schichten zur Verfügung, die mit audiovisuellen ‚Zutaten' gefüllt werden können." (Holzwarth/Maurer 2003) Diese anschaulichen und pragmatischen Möglichkeiten sind wichtig, um experimentelles Arbeiten, Ausprobieren und ästhetische Suchprozesse zu fördern.
- Digitale Schnittsysteme ermöglichen non-lineare Arbeitsweisen: Aufnahme und Schnittphasen können sich beliebig abwechseln, Entscheidungen sind kurzfristig revidierbar, spätere Ideen können in das vorhandene Montagematerial integriert werden. Dies eröffnet Chancen, um ästhetisch beweglicher zu werden und assoziativ-intuitive Arbeitsweisen mit planerischen Elementen zu verbinden.

Anschaulichkeit, ein pragmatischer Umgang mit Medien, non-lineare Arbeitsweisen und Methodenwechsel sind gerade in Hauptschulmilieus wichtig, um Kinder und Jugendliche zu motivieren, auch in schwierigen Arbeitsphasen (zu denen die Nachproduktion gehört) nicht aufzugeben und ein Ergebnis zu erzielen. Produkt- und projektorientiertes Arbeiten ist personal- und zeitaufwändig – aber es gibt keine Alternative zur Gewährleistung entsprechender Infrastrukturen.

Bedeutung des Publikums

Für die Motivation der Jugendlichen war es wichtig, Produktionen vor Ort und im Rahmen des „Video-Austauschs“ anderen Jugendlichen zu zeigen. Für einzelne Gruppen entwickelte sich *VideoCulture* zu einem „Fenster zur Welt": sich selbst darstellen zu können und Einblicke in die Welt von anderen Jugendlichen zu erhalten. Die Auseinandersetzung mit den Partnerfilmen (von anderen Jugendgruppen) förderte oft einen selbstkritischen Blick auf das eigene Filmschaffen und – als Folge – einen größeren Respekt gegenüber anderen Produktionen. Auch dies ist ein Beispiel für die „Öffnung von Schule“: die Verknüpfung von medienästhetischen mit interkulturellen und sozial-kommunikativen Lernprozessen.

- *Projektbeispiel „CHICAM"*

CHICAM steht für „Children in Communication about Migration“. *CHICAM* ist ein internationales EU-Forschungsprojekt, das von 2001 bis 2004 in London, Rom, Athen, Stockholm, Utrecht und Ludwigsburg durchgeführt wurde. 10- bis 14-jährige Kinder mit Migrations- und Fluchthintergrund arbeiteten mit visuellen Medien, gaben Einblicke in ihre Lebenswelten (Schule, Familie, Gleichaltrigengruppe, Mediennutzung) und tauschten ihre Videos über ein projektinternes Intranet aus. Das Projekt verfolgte das Ziel, das Potenzial neuer Medien für interkulturelle Kommunikation, Reflexion und Integration zu untersuchen. Es wurde von unseren Londoner Kollegen David Buckingham und Liesbeth de Block konzipiert und berücksichtigte Erfahrungen aus *VideoCulture*.[3] In Deutschland fand dieses Projekt im Rahmen des Nachmittagsangebots an einer Hauptschule statt. Der Medienpädagoge Björn Maurer entwickelte hierfür ein medienpädagogisches Konzept, das zahlreiche Bausteine für medienästhetische Erkundungen und Übungen enthält. Balance von Produkt und Prozess, Förderung kommunikativer Atmosphären, Raum und Zeit für ‚Medienspiel‘, situationsspezifische ästhetische Anregungen sind wichtige Orientierungen (MAURER 2004).

Vor dem Hintergrund aktueller Diskussionen über (medien)pädagogische Angebote im Rahmen von Ganztagsbetreuung hat die Arbeit von Björn Maurer eine große Brisanz. Das theoretisch fundierte Konzept überwindet dualistische Vorstellungen, die nach wie vor in großen Teilen der Medienpädagogik existieren: hier die Schule mit ihren curricularen Vorgaben, dort die außerschulische Kinder- und Jugendarbeit mit ihren spielerischen, erfahrungsorientierten Angeboten. Maurer gelingt es, dieses dualistische Denken zu durchbrechen, indem er einerseits an den vorhandenen Medienkompetenzen und Ausdrucksbedürfnissen der Kinder anknüpft und andererseits sich sehr konkrete Gedanken macht, wie durch geeignete Anregungen und Übungen ein Kompetenzzuwachs durch pädagogische Arrangements möglich wird. So enthält das Buchkapitel „Praxisbausteine und Übungen für interkulturelle Medienarbeit“ zahlreiche Hinweise für eine kreative Mediengestaltung: u.a. bewegte Objekte fokussieren; ‚Videofangen'; Inframe – Out-of-Frame – verkehrte Welt; Mut zum Detail: Kennenlernübung ‚Augen' und Bilderrätsel; Kamera- und Objektbewegungen: Ein Modell-Auto zum Leben erwecken; ‚Mise en Scene‘: Bedeutungsproduktion durch Perspektiven und Einstellungsgrößen; Der Schiefe-Turm-von-Pisa-Effekt: Räumlichkeit und Überschneidung; Licht, Schatten und Bildkomposition: Gummibärchen in Aktion; Bilder bewerten lernen: Das „Eiswürfelspiel" und rezeptionsleitende Karten; Übungen zur Lichtgestaltung; Horrorfilm, Lovestory oder Science Fiction? Ton-Bild-Korrespondenz (Maurer 2004, S. 204 ff.). Bausteine zu den Themen „Virtuelle Selbstbegegnung“ und „Straßeninterview“ runden die praxisbezogenen Hinweise ab.

Diese Art von medienästhetischer „Früherziehung“ – wie Maurer es nennt – betont das ästhetische und non-verbale Potenzial der Medien, um bei Kindern aus Migrationskontexten symbolischen Selbstausdruck und die Aneignung von Medienkompetenzen zu fördern – Medienkompetenzen, die diese Kinder auch im späteren Berufsleben sinnvoll gebrauchen können. Die Erfahrungen bei der Erprobung dieser Konzeption im Nachmittagsunterricht einer Hauptschule werden an anderer Stelle dokumentiert werden.[4] Im Hinblick auf die Kooperation von schulischer und außerschulischer Medienarbeit enthält das Ludwigsburger *CHICAM*-Konzept Grundlagen und Praxiselemente für die Mediengestaltung, die vor allem in einem fächerübergreifenden und projektorientierten Unterrichtskontext realisiert werden können, aber auch Bezüge zu einzelnen Fächern ermöglichen (Entwicklung von Modulen, die schwerpunktmäßig Fächern wie Deutsch, Kunst, Musik zugeordnet werden und zugleich für fächerübergreifende Projekte anschlussfähig sind).[5]

Entscheidend ist es, selbständige, eigenverantwortliche Lernformen an Schulen zu stärken – junge Menschen erhalten mehr Wahlfreiheiten und werden unterstützt, diese kompetent zu nutzen. Hierzu bedarf es professionell ausgebildeter MedienpädagogInnen, der Verstärkung medienpädagogischer Inhalte in der Lehrerausbildung, der Unterstützung von Schulen bei der Entwicklung eines Schulprofils „Medienbildung“ sowie – last but not least – der Anerkennung von Fortbildungsangeboten medienpädagogischer Facheinrichtungen.

Anmerkungen

•1) Die „gebundene“ Ganztagsschule rhythmisiert (verteilt) den Unterricht und die Nachmittagsangebote über den ganzen Tag hinweg (kein „Unterrichtsblock“ am Morgen). Die „offene“ Ganztagsschule konzentriert den Unterricht auf den Vormittag und bietet am Nachmittag ein Spektrum breit angelegter Angebote an (AGs, Projekte, Hausaufgabenbetreuung, Förderkurse etc.), die freiwillig genutzt werden. Neben diesen beiden Formen gibt es auch Mischmodelle (vgl. Appel 2003).

•2) Konzept und Ergebnisse des Projekts sind ausführlich dokumentiert: Ministerium für Kultus, Jugend und Sport Baden-Württemberg (Hrsg.) 2001 sowie Niesyto (Hrsg.) 2003.

•3) Nähere Informationen zu CHICAM, der Projektkonzeption und den Projektpartnern siehe: www.chicam.net sowie www.ph-ludwigsburg.de/medien1/chicam.

•4) Vgl. die Hinweise auf Veröffentlichungen in den genannten CHICAM-Websites.

•5) Vgl. in diesem Zusammenhang auch die verschiedenen Projekte und Modulbeispiele zur Förderung der Medienbildung an Schulen im Rahmen der Novellierung der Bildungspläne und des Projekts „Medi@Culture“ in Baden-Württemberg. www.lmz-bw.de

Literatur

- Appel, Stefan, in Zusammenarbeit mit Georg Rutz (2004): Handbuch Ganztagsschule. Praxis – Konzepte – Handreichungen. Schwalbach/Ts.
- BMFSFJ = Bundesministerium für Familie, Senioren, Frauen und Jugend (Hrsg.) (2002): Elfter Kinder- und Jugendbericht. Bericht über die Lebenssituation junger Menschen und die Leistungen der Kinder- und Jugendhilfe in Deutschland. Berlin.
- Fuchs, Max (2004): Auf dem Weg zur Ganztagsschule. In: Bundesvereinigung Kulturelle Jugendbildung (BKJ) e.V. (Hrsg.): Newsletter 1/2004, S. 2–3.
- Holzwarth, Peter/Maurer, Björn (2003): Kreative Bedeutungskonstruktion im Spannungsfeld von Symbolproduktion und Symbolverstehen. In: Niesyto, Horst (Hrsg.): VideoCulture – Video und interkulturelle Kommunikation. München, S. 139–168.
- Johannsen (2004): Interview mit der Schulleiterin Jutta Johannsen im BKJ-Newsletter 1/2004, S. 3f. („Kooperationen mit außerschulischen Trägern – Lust oder Frust für Lehrerinnen und Lehrer?“).

- Maurer, Björn (2004): Medienarbeit mit Kindern aus Migrationskontexten. Grundlagen und Praxisbausteine. München (im Erscheinen).
- Ministerium für Kultus, Jugend und Sport Baden-Württemberg (Hrsg.) (2001): VideoCulture. Videoarbeit, Interkulturelle Kommunikation, Schule. Donauwörth.
- Niesyto, Horst (Hrsg.) (2003): VideoCulture – Video und interkulturelle Kommunikation. Grundlagen, Methoden und Ergebnisse eines internationalen Forschungsprojekts. München.
- Olk, Thomas/Bathke, Gustav-Wilhelm/Hartnuss, Birger (2000): Jugendhilfe und Schule. Empirische Befunde und theoretische Reflexionen zur Schulsozialarbeit. Weinheim und München.

■ Wolfgang Zacharias

Kulturelle (Medien-)Bildung macht Schule und ist doch mehr...

Die Problemkonstellation: (Medien-)Kultur – Bildung – Schule

Das ist die Herausforderung: Kulturelle (Medien-)Bildung ist mehr als Schule und Unterricht. Sie hat ein „ganzheitliches" Bildungsverständnis, bezieht die real existente sinnliche und virtuelle Lebensumwelt mit ein und folgt zumindest dabei dem Nestor bundesdeutscher Pädagogik der zweiten Hälfte des 20. Jahrhunderts, Hartmut von Hentig: „Alles bildet" (v. Hentig 1996), mit der dann durchaus nötigen kritischen Frage nach den Qualitäten und Wirkungen unterschiedlicher Bildungseinflüsse, pro und kontra, nach den Zielen, Inhalten, Verlaufsformen und Rahmenbedingungen von Bildungsprozessen. Darüber allerdings lässt sich dann auch trefflich streiten, auch notfalls mit Hartmut von Hentig, der mit dem Generationenlabel „Mediengener@tion" zumindest 1998 eigentlich nichts anfangen konnte und den Medien, vor allem den je „neuen" und „neuesten" die primären Kriterien „Schein" und „Schrott", zuschrieb (vgl. v. Hentig 1999). Diese kulturpessimistische, ansatzweise apokalyptische Zuschreibung auch in der Einschätzung von Neil Postman („Wir amüsieren uns zu Tode" 1985) konnte glücklicherweise kultur- und medienpädagogisch nicht leitend werden, die nachwachsende Generation wäre den Erziehern, Pädagogen, Vermittlern ziemlich entglitten.

Die Frage ist nun: Und was hat die Schule damit zu tun, was leistet sie dabei? Was könnte und sollte sie in Zukunft und mit dem Anspruch „Nachhaltigkeit" leisten? Und wie könnte kulturelle und mediale, ästhetische und künstlerische Bildung dabei helfen, unterstützen, Synergien herstellen? Die präzisierte Herausforderung: Wie machen wir mit Kunst, Kultur, Medien – und ohne diese zu instrumentalisieren für allerlei andere Ziele und Zwecke – Schule (noch) besser?

Medien bilden. Und wie!?

Untersuchungen zur Mediensozialisation (vgl. Hurrelmann 1994, Fritz u.a. 2003) und zur Medienkultur (vgl. Baacke in Gogolin/Lenzen 1999), Bezüge zu „Common-Culture-Diskursen" im Generationenverhältnis (vgl. Sander 2001) zeichnen ein anderes Bild als die Kulturpessimisten und Medienapokalyptiker. Sie begründen auch empirisch und phänomenologisch, dass Kultur entsprechend dem erweiterten Verständnis heute in dominanten Teilen Medienkultur ist und dass wir es aktuell mit Medienkindheiten und Medienjugend zu tun haben, deren „Medienbildung" anders funktioniert als nach traditionellen, hierarchischen und linearen Lehr-/Lernverläufen (vgl. Röll 2003).

Die sehr differenzierten Ausarbeitungen gerade zur Rolle der Medien im Kontext der „Generationensemantik", der kulturellen Differenz und der veränderten kommunikativen Kompetenzen im Wandel der Generationen, etwa rund um 2000 (Hebecker 2001, Schäffer 2003), verweisen auf medial verursachte Brüche und Wandlungen im Verhältnis von je jüngeren und älteren Menschen.

Man kann es beklagen – das nützt aber nichts, es wäre defensiv-distanziert in der Sache. Man kann versuchen, mit der real existierenden Medienkultur der „Netzwerkgesellschaft im Informationszeitalter" (Castells 2001) in Form aktiver Kultur- und (Medien-)Bildungsarbeit produktiv und experimentell umzugehen. Das ist angemessen pädagogisch: sich als professioneller Akteur in die kulturellen und medialen Lebenswelten der Kinder und Jugendlichen hinein begeben, ihre Erfahrungs-, Lern- und Bildungslandschaften qualitativ anreichern, Projekte, Modelle, Foren und Bühnen dafür initiieren und organisieren, sich und sie aktiv beteiligen.

Das ist in etwa die Logik und Position der kulturellen Bildung im Horizont von Kunst, Kultur und des Ästhetischen: „eigensinnig zwischen Sinn und Sinnlichkeit bzw. sense und cyber, irgendwie und sowieso" (vgl. Zacharias in merz 2001, S.147 ff.).

Kulturelle Medienbildung basiert konsequenterweise auf kulturpädagogischen Prinzipien wie Freiwilligkeit, Partizipation, Kreativität und das je Authentisch-Einmalige wie auch das multiplizierbar Symbolische („Reproduzierbarkeit") (vgl. Medienpolitisches Positionspapier der Bundesvereinigung Kulturelle Jugendbildung 2002).

Allerdings gilt es nun, die programmatische Idealität dieser Leitbilder und Zielprojektionen alltagstauglich und entsprechend jeweiliger Rahmenbedingungen „runterzubrechen" (wie man so schön sagt) auf die Ebene der Bildungswirklichkeit und Lebenswelt, als Vermittlungspraxis und Projektevielfalt – und auch zwischen Schule, Jugend-, Medien- und Kulturarbeit kooperativ vernetzt. Wie das praktisch und professionell zu bewerkstelligen ist, auch unter den derzeitigen Sparzwängen, ist das aktuelle Problem und die allerdings kaum ausreichend zu bewältigende Herausforderung.

Bildung und Politik: verengt fokussiert oder plural differenziert?

Wer wie mit/für wen wann und wo (und natürlich auch noch warum): Das ist dann das kultur- und mediendidaktische Ensemble der pädagogischen

„W-Fragen“, verschärft durch die aktuellen Turbulenzen entsprechend der „gePISAckten Bildung“. Alles bildet: Insbesondere Medien bilden – diese Feststellung und die Bedeutung von Medienkompetenz als kulturelle Kompetenz, als Lebenskompetenz und unverzichtbarer Teil Allgemeiner Bildung bleibt derzeit bildungspolitisch ja eher auf der Strecke, eingeklemmt zwischen Sparzwang und der Verschärfung kognitiver Leistungsanforderungen (mathematische, naturwissenschaftliche und Lese-Kompetenz) mit Konzentration auf schulische und unterrichtliche, lineare und curricular definierte Lehr-/Lernverfahren.

Im Horizont eines erweiterten Bildungsbegriffs („Alles bildet“, Selbstbildung, informelles und selbstgesteuertes Lernen, aktive Aneignung in eigener Regie ...), im Panorama eines weiten Kulturbegriffs (common culture und interkulturell-plural) mit medienkultureller Dominanz und dem in Sachen medial-kommunikative Kompetenzen veränderten Generationenverhältnis (net-kids, Generation @ usw.) gilt es nun, die Frage der Kooperation unterschiedlicher Sozialisationsagenturen (wie Familie, Medien, Gleichaltrigengruppe, Lebensumwelt) und institutionell-systematischen öffentlichen Bildungsträgern (Kindertagesstätten, Schule, Jugendhilfe/Jugendarbeit und vermittelnde Kulturarbeit) zu verorten und zu diskutieren: Jugend-/Medien- und Kulturarbeit kooperiert mit Schule mit der Vorgabe, ein das ganzheitliche „Netzwerk Bildung“ etwa im örtlichen, im überschaubaren kommunalen Rahmen dabei im Auge zu behalten – und das auch noch mit dem Appell „in gleicher Augenhöhe“.

Dabei sind die jeweiligen Eigenarten, Qualitäten, Potenziale unterschiedlicher Bildungsformen und Bildungsträger, Bildungsanbieter bzw. Bildungsauslöser zu sichern, besser: zu stärken und zu steigern. Hier nun besteht dringender Positionierungs- und Qualifizierungsbedarf vor allem all der Partner, die nicht „Schule“ sind oder machen – z.B. unter dem Stichwort „Ganztag“.

Ganztags ganzheitlich bilden?

Ganztagsbetreuung, Ganztagsschule, Ganztagsbildung in allen möglichen Varianten und Spielarten ist bildungspolitisch in aller Munde, aber eigentlich unter gegenwärtigen Zwängen der öffentlichen Hände unbezahlbar. Dann ist dies auch noch entsprechend föderaler Zuständigkeiten in Sachen Kultur, Medien, Bildung in 16 Bundesländervarianten durchzudeklinieren, auszudifferenzieren. Damit schlägt sich zur Zeit z.B. auch das Modellprojekt der Bundesvereinigung Kulturelle Jugendbildung (BKJ) herum: „Kultur macht Schule“ (siehe www.kultur-macht-schule.de).

Im aktuellen Komplex und Verbund Jugend – Kultur – Medien – Bildung – Schule gilt, gälte es also nun, die Chancen und Risiken, die Synergien und Barrieren, mögliche jeweilige Gewinne und Verluste zu markieren: das eine stärkend, das andere schwächend, wenn man das Kooperations- und Vernetzungspostulat (Kultur und Medien machen Schule (noch) besser – Schulen öffnen sich und gehen ans kulturelle und mediale Netz) ernst nimmt und operativ angehen will als Akteur, wo und in welcher Rolle auch immer in diesem Cluster.

Die gemeinsamen kultur-, medien-, jugend- und bildungspolitischen Forderungen an die öffentliche Verantwortung und auch die Herausforderung (an die kultur- und medienpädagogisch professionellen Konzepte, die summierende Angebotsvielfalt) muss im Horizont „Ganztag" sein, dass Schule und ihre habitualisierten Instituts- und Organisationsformen einschließlich ihres verengten und fokussierten (inhaltlich, kognitiv, überprüfbar, selektierend, verbindlich bis zwangsweise) Kanons und Curriculums nicht den ganzen Tag einfach übernimmt und sich so die Vielfalt der kultur- und medienpädagogischen Projekt- und Angebotslandschaft dabei dienstleistend und anpassend zuordnet, unterordnet: Das ist das aktuelle Risiko der Kooperationsentwicklung, vor allem, wenn eigenständige medien- und jugendkulturelle Angebotsvielfalt in der öffentlichen Förderung zurückgefahren bzw. eingestellt wird zugunsten von Schulverwaltungen, die dann nach marktgängigen Verfahren partial und je im Einzelfall „Kooperation" einkaufen können. Das wäre dann die Falle.

Ohne den Erhalt der beiden je unterschiedlich-eigenlogischen Bildungsstrukturen, auch mit unterschiedlichen Bezügen zu den Gegenstands- und Produktionsfeldern der Vermittlung – jenseits von Bildungs- und Vermittlungsinteressen –, geht es nicht. Ohne systematischen Kontakt zu den Phänomenen, Produkten und Technologien der sich zudem beschleunigenden, in permanenten Veränderungsprozessen befindlichen Medien- und Kommunikationskultur muss „Ganztag" bei Kooperationen immer auch heißen: arbeitsteilig, partnerschaftlich, differenziert, örtlich variabel.

Zudem ist dabei dann auch noch eine Forderung von Seiten der kultur- und medienpädagogischen Professionen unverzichtbar: Mit sowohl deutlich erhöhter Partizipation der Kinder und Jugendlichen einerseits und der prinzipiellen Akzeptanz kindlicher und jugendlicher ästhetisch-symbolischer Spiel- und Lernformen durch die beteiligten Erwachsenen andererseits – gleich, ob als LehrerInnen, Sozial-, Kultur-, Medien-, Spiel-, Museums- Theaterpädagog-Innen oder als KünstlerInnen, MedienproduzentInnen, FachexpertInnen jenseits pädagogischer Kontexte.

Die Differenzierung der Lern- und Erfahrungsorte dabei, die Einbeziehung und Öffnung der „dritten Orte" zwischen Wohnung und Schule (von Museum über Spielplatz und urbane/natürliche Umwelt bis hin zum Medien- und Jugend-, Kulturzentrum) und einschließlich des Cyberspace ist gerade unter der Prämisse „Ganztag" und „erweiterter Bildungsbegriff" eine unverzichtbare Aufgabe für Kooperationsprojekte.

Von der programmatischen Perspektive: „Schule“ als erweiterter „Ort des Lernens“ ausgehend gilt es, eine anregungsreiche und erreichbare „Landschaft des Lernens“ mit Artenreichtum der Bildungsformen zu entwickeln. Dabei sind mediale und virtuelle Welten und im Prinzip die internationalen Kinderrechte „für alle“ mit sozialer Komponente (gegen die sich heute bereits abzeichnende „digital divide“ – digitale Chancenungerechtigkeit) einzubeziehen.

Entsprechend der Diskurse der letzten Jahrzehnte ist dies auch als eine Konsequenz sozial- und medienökologischer Konzepte (von Bronfenbrenner bis Baacke) von der analytischen auf die operative Ebene zu übertragen (vgl. Zacharias 2000).

Schule selbst im weiter zu entwickelnden Selbstverständnis kann dabei durchaus der zentrierende Ort sein, ihr bisheriger und weiter zu qualifizierender Vermittlungsauftrag bleibt selbstverständlich erhalten. Er wird idealerweise durch die Vielfalt von Lern- und Erfahrungsformen qualifiziert – im „Netzwerk Bildung“, kooperativ-komplementär und nicht konkurrenziell-alternativ.

Netzwerken zwischen Schule/Kultur/Jugend, kommunal

Kulturelle Bildung hat Teil zumindest an drei Politikfeldern. In der BKJ-Stellungnahme für die Kultur-Enquetekommission des Deutschen Bundestags ist dies so formuliert: Kulturelle Bildung hat ihren Platz...

- „in der Kulturpolitik (sowohl als Teilbereich von Kultur- (besser: Kunst-)einrichtungen, z. B. Museumspädagogik), in speziellen kulturpädagogischen Einrichtungen (z. B. Musikschulen), in Vereinen und Verbänden und in Projekten;
- in der Bildungspolitik, hier vor allem in den künstlerischen Schulfächern (Musik, Kunsterziehung; Darstellendes Spiel in einigen Bundesländern), aber auch im Deutschunterricht (Literatur) und im Sport (Tanz) und in den schulischen Arbeitsgemeinschaften.
- in der Jugendpolitik im Sinne des Kinder- und Jugendhilfegesetzes (KJHG), § 11, wo „kulturelle Bildung“ als ein Bereich der Jugendarbeit explizit ausgewiesen ist.

(...) ‚Kulturelle Bildung‘ ist eine Zusammensetzung aus zwei Begriffen, denen in der deutschen Sprache und Geistesgeschichte eine unüberschaubare Fülle von Bedeutungen zugeordnet ist. Trotzdem gibt es auf der Basis intensiver Konzeptdiskussionen im Arbeitsfeld zumindest einen verbreiteten Konsens, der kulturelle Bildung als Allgemeinbildung versteht, die mit kulturpädagogischen Methoden (also etwa mittels Tanz, Musik, Theater, bildender Kunst, Rhythmik, aber auch mit Hilfe der neuen elektronischen Medien) vermittelt wird.“ (BKJ 2004, S.3)

Es liegt nun nahe, die Kooperation Schule/Kultur/Jugend/Soziales, durchaus auch mit einem medienkulturellen Fokus, auf die einigermaßen überschaubare kommunale, etwa städtische Ebene zu beziehen. Hier lassen sich kommunale Netzwerkstrukturen entwickeln, die insofern Realitätsqualitäten haben, als sich hier real existierende Personen unterschiedlicher Funktionen und Zuständigkeiten begegnen können, es um ein überschaubares „Territorium" geht mit einer mehr oder weniger komplexen, aber konkret benennbaren Einrichtungs- und Angebotsvielfalt und – dies ist der entscheidende Punkt – um die insgesamt gleichen Kinder und Jugendlichen.

Ihre Lebensumwelt als „Kultur des Aufwachsens" als Ganzes zu gestalten bzw. anzureichern, in Kenntnis voneinander, in Absprache miteinander und in synergetischen Kooperationen untereinander, ist das gemeinsame Interesse. Es ist sozusagen die „Zielvereinbarung" entsprechend koordinierender Netzwerke quer zu den fachpolitischen Feldern und verwaltungsspezifischen Zuständigkeiten und Entscheidungshierarchien.

Querschnittsorientierung ist das, wenn auch schon etwas abgegriffene Stichwort dafür. „Medienkultur" als Inhalt, Thema, Form ist besonders dazu geeignet, hier zu experimentieren und neue, sich selbst organisierende Strukturen auszubilden.
In München beispielsweise versuchen wir das.

Das kommunale Koordinationsforum Kultur/Jugend/Schule in München
Seit 1990 gibt es das „kommunale Koordinationsforum Kultur/Schule/Soziales" auf der Basis eines einstimmigen Stadtratsbeschlusses. Mit wechselnder Federführung durch eines der beteiligten Referate beteiligen sich ca. 50 kommunale Ämter, Einrichtungen sowie freie Träger, Initiativen und Projekte (vgl. Kommunales Koordinationsforum Kinder- und Jugendkultur, München 1999).

Die kooperative Zielperspektive des „Kommunalen Koordinationsforums Kinder- und Jugendkulturarbeit" (KoFo) aus der Konzeptfortschreibung 1999:

- „‚Recht der Kinder und Jugendlichen' auf eigene Kulturen, auf Bildung, Spiel und Freizeit, orientiert auch an der UN-Kinderrechtskonvention (rechtlicher Aspekt);
- ‚Partizipation' der jungen Menschen an der sie betreffenden Gestaltung der Lebensräume in der Stadt (demokratischer Aspekt);
- ‚Gelingendes Leben' in gemeinschaftlicher Verantwortung als weitestgehende Zielorientierung verbindet individuelle Freiheiten wie kommunitäre Verpflichtungen im Horizont des ‚guten Lebens' für alle Mitglieder einer demokratischen Gesellschaft (subjektorientierter Aspekt);

- ‚Zukunftsfähigkeit‘ durch nachhaltige kulturelle Bildung und verantwortliche Ressourcennutzung im lokalen wie globalen Horizont und analog der ökologischen Diskussion (sozial- und humanökologischer Aspekt);
- ‚Wertorientierungen‘ als permanent auszuhandelnder, zu begründender und zu vermittelnder offener Prozess mit methodischer Vielfalt, der auch der Tatsache eines immer wieder zu akzentuierenden Wertewandels Rechnung tragen muss (ethischer Aspekt);
- ‚Differenzierung‘ der Angebote nach interkulturellen und geschlechtsspezifischen Gesichtspunkten gemäß den Leitlinien des Kommunalen Kinder- und Jugendplans (Allg. Teil) und die Berücksichtigung der besonderen Lebenssituation von Deutschen und Nicht-Deutschen, Mädchen und Jungen und von jungen Menschen mit Behinderungen (Prinzip Vielfalt als Aspekt);
- ‚Kulturelle Kompetenz‘ zu Gunsten produktiver und rezeptiver Teilhabe am kulturellen Leben der Zeit und als Teil der Allgemeinbildung. Im Interesse des urbanen und interkulturellen Zusammenlebens ist die Zielsetzung ‚kulturelle Kompetenz‘ pädagogisch an den Qualifikationen ‚aktive Wahrnehmung‘ und ‚soziale Kreativität‘ orientiert (Bildungsaspekt);
- ‚Sicherung von Kunst- und Informationsfreiheiten‘ mit zeitgemäßen Formen und Inhalten und angemessenen Zugängen dazu für alle Kinder und Jugendlichen (ästhetischer und medialer Aspekt);
- ‚Qualitätssicherung und Organisationsentwicklung‘, Output- und Qualitätsorientierung und Effizienzsteigerung kommunaler Kinder- und Jugendkulturförderung (institutioneller und handlungsorientierter Aspekt).

Diese eher additive Zusammenstellung der Zielsetzungen für Kinder- und Jugendkulturarbeit ist notwendigerweise flexibel zu halten. Die jeweilige Akzentuierung, Prioritätensetzung und inhaltliche Präzisierung ist immer abhängig von den jeweils aktuellen Lebenslagen und Lebenswelten und der derzeitigen Dynamik sozialer und kultureller Entwicklungen – auch mit Blick auf die Jahrtausendwende und die damit verknüpften positiven und negativen Prognosen und Visionen.“ (vgl. a.a.O., S.18)

Die Fortschreibung 1999 des kommunalen Gesamtkonzepts des Koordinationsforums (KoFo) betonte gegenüber der Erstfassung von 1989/1990 die Erweiterung der Perspektive und Auftragslage so – auch als präzisierende öffentliche Legitimation einer verstärkten und über die bisherige traditionelle Medienerziehung/Medienpädagogik hinausgehende, erweiterte Medienbildung zwischen „Sinne & Cyber“:

„Die entscheidende kulturpädagogische Herausforderung der 90-er Jahre ist die Entwicklung neuer ‚multimedialer Spiel- und Lernwelten‘ und die globale elektronische Vernetzung – im Prinzip und auf Zukunft gesehen für jedermann.

Diese ‚digitale Revolution' und die ‚multimedialen Wunderwelten' verändern die Wahrnehmung der Wirklichkeit. Die erste, materiell-sinnliche Wirklichkeit ist der medialen, virtuellen, fiktiven Wirklichkeit nicht mehr vorgelagert, sondern eher parallel geschaltet. Kinder und Jugendliche leben heute meist gleichermaßen und gleichberechtigt in beiden Welten. Jugendzeit ist heute automatisch ‚Medienzeit'.

Die Chance kommunaler Angebote ist dabei, die Realität und Materialität der urbanen Lebenswelt (die ‚Stadt' als kulturelle und soziale Einheit) für Kinder und Jugendliche offen zu halten, weiter zu öffnen. Ziel und Methode dabei ist, ein zeiträumlich dichtes und anregungsreiches Netz von Spiel- und Lernmöglichkeiten zu knüpfen. Dieses Netz soll neue Wechselwirkungen herstellen zwischen dem lokal-authentischen Hier und Heute und dem globalen, digitalisierten Datenfundus, der überall und jederzeit abrufbar ist und selbst angereichert werden kann, so Technik und Kompetenz dazu vorhanden sind." (a.a.O. S.24)

Arbeitsgemeinschaft Inter@ktiv München

Gestartet mit je einem dicken Theorie-/Praxisevent 1995/1996 (vgl. Zacharias 1996/1997) ist – mit dem Rahmen des Kommunalen Koordinationsforums locker verknüpft – die „Arbeitsgemeinschaft Inter@ktiv" entstanden, ein freiwilliges Netzwerk zwischen Medienbildung und Medienkultur. Den „Kern" dieser AG Inter@ktiv bilden zehn zentrale Einrichtungen aus den kommunalen Feldern von Schule, Kunst und Kultur, Erwachsenenbildung, Sozial-, Jugend- und Medienarbeit mit einem erweiterten Kreis von ca. 40 Kultur-, Medien- und Bildungspartnern (siehe www.interaktiv-muc.de).

Schule, Kultur-, Medien- und Jugendarbeit wirken hier bereits seit vielen Jahren im Interesse verstärkter Medienbildung erfolgreich zusammen. Im Stadtratsbeschluss vom 27. März 2001 der LH München wurde dies so formuliert und auch einstimmig beschlossen:

„Inter@ktiv

Inter@ktiv fördert die Vernetzung und Koordination von (vorhandenen) Angeboten und Anbietern im Bereich der Arbeit mit Kindern und Jugendlichen mit Multimedia und Internet unter Beteiligung des Schul- und Kultus-, des Kultur- und des Sozialreferats sowie zahlreicher freier Träger. Inter@ktiv organisiert derzeit die Vernetzung und koordiniert Angebote für Kinder und Jugendliche im außerschulischen Bereich sowie Angebote im Bereich Fortbildung für Multiplikatorinnen und Multiplikatoren insbesondere des außerschulischen Bereichs und alle Interessierten. Inter@ktiv bietet eine Plattform für die Vernetzung schulischer, außerschulischer und kultureller Angebote und Anbieter/-innen. Steuergremium von Inter@ktiv ist derzeit die Arbeitsgemeinschaft (AG) Inter@ktiv. Sie besteht aus Vertreterinnen und Vertretern des Schul- und Kultus-, des Kultur- und des Sozialreferats sowie des JFF (Institut für Medienpädagogik in Forschung und Praxis), des Medienforums e.V., des Medienzentrums München, der Münchner Volkshochschule, der Pädagogischen Aktion Spielkultur und des SIN (Studio im Netz), Partnerinnen und Partner von Inter@ktiv (Anzahl im Herbst 2000: 41) vernetzen und koordinieren sich unter der Leitung der AG Inter@ktiv in der sog. Großen Runde.

Inter@ktiv steht für eine Reihe von Veranstaltungen, die in den vergangenen sechs Jahren jeweils in den Monaten Oktober und November stattfanden. In diesem Schwerpunkt von Inter@ktiv wurden bisher Angebote im Bereich Kinder- und Jugendarbeit mit interaktiven Medien für Kinder, Jugendliche, Multiplikatorinnen und Multiplikatoren und alle Interessierten gebündelt. Angedacht ist für die Zukunft, auch außerhalb dieser Schwerpunktmonate die Angebote stärker zu streuen.

Leitbild

Das Leitbild von Inter@ktiv ist wie folgt definiert:

- Medienkompetenz für alle mit sozialen, kulturellen, bildenden und technischen Anteilen
- Realisierung von Medienbildung als kommunaler Querschnittsaufgabe
- Kooperation, Information, Beratung zur aktuellen Medienentwicklung
- Veranstaltungsorganisation und Inhaltspräsentation für unterschiedliche Zielgruppen und Inhalte."

Nach der Gründungsphase ab 1995 und den ersten drei kommunal geförderten Jahren, die als Initiative und Organisationsstelle von der Pädagogischen Aktion/SPIELkultur e.V. getragen worden waren, haben SIN – Studio im Netz und das Medienzentrum München/JFF gemeinsam seit 2004 die Rahmenorganisation übernommen.

Kultur- und Schulservice München: Was ist]KS:MUC[?

Seit 2003/2004 nun arbeiten wir – auch im Verbund des *Kommunalen Koordinationsforums* und der *AG Inter@ktiv* – an einem vernetzenden Konzept für den *Kultur- und Schulservice München*]KS:MUC[, gemeinsam mit der Stadt Nürnberg]KS:NUE[und mit Unterstützung des Bayerischen Staatsministeriums für Unterricht und Kultus.

Aktivierende Jugendmedienarbeit mit Schulen, an Schulen, ausgehend von Schulen an Orten der Medienkultur und Medienpädagogik ist Teil dieses noch am Anfang stehenden perspektivischen Netzwerkprojekts, mit der Aufgabenstellung, bestätigt auch im Rahmen der kommunalen „Auftragslage", Leitlinien und Praxisbausteine für ein „mübi.net" (Münchner Bildungsnetzwerk) mit zu entwickeln, und mit folgender Programmatik:

Das kommunale Projekt „Kultur- und Schulservice München“]KS:MUC[versteht sich

- als themenfokussiertes kommunales Netzwerk *Kultur und Schule* im Kontext des Kommunalen Koordinationsforums Schule/Kultur/Soziales (KoFo),
- zusammen mit Münchner Einrichtungen und Einzelpersonen, Künstlern, LehrerInnen und KulturvermittlerInnen mit Engagement am Experiment *Kultur- und Schulservice München,*
- entsprechend dem Interesse von Kinder- und Jugend(kultur)einrichtungen an Schulkooperationen auf „gleicher Augenhöhe“ der Partner und Akteure aus Kunst/Kultur/Jugend/Familie/Soziales/Schule,
- zugunsten einer Qualifizierung der Stadt als „ganzheitliche Bildungslandschaft“, in der Kunst, Kultur und Medien eine immer wichtigere Rolle spielen,
- mit der Tendenz der Arbeit an der Kompatibilität/Komplementarität von vernetzten Vormittags- und Nachmittagsangeboten in und außerhalb des Ortes „Schule“ mit Angeboten an „dritten Orten“ in der ganzen Stadt,
- im Experiment beispielhafter Kooperationsprojekte („best practice“) zugunsten langfristiger kommunaler Agentur- bzw. Serviceleistungen (z.B. durch Information, Diskussion, Fortbildung, Veranstaltungen, Angebotsdateien, Foren und Börsen, Treffen u.a.), mit der Chance eines landesweit übertragbaren Modells für andere Kommunen,
- ohne einem Abbau z.B. des bisherigen Kunst- und Musikunterrichts Vorschub zu leisten – im Gegenteil: mehr kulturelle Bildung für alle Kinder in allen Schulen,
- sowie dabei „kulturelle Bildung“ sozial und interkulturell differenziert und in aller inhaltlich-ästhetischen Vielfalt zu ermöglichen, auch in der Spannung „formal – informell“ und von „Sinne bis Cyber“

Im Schaubild sehen die Struktur und die Handlungsbausteine folgendermaßen aus:

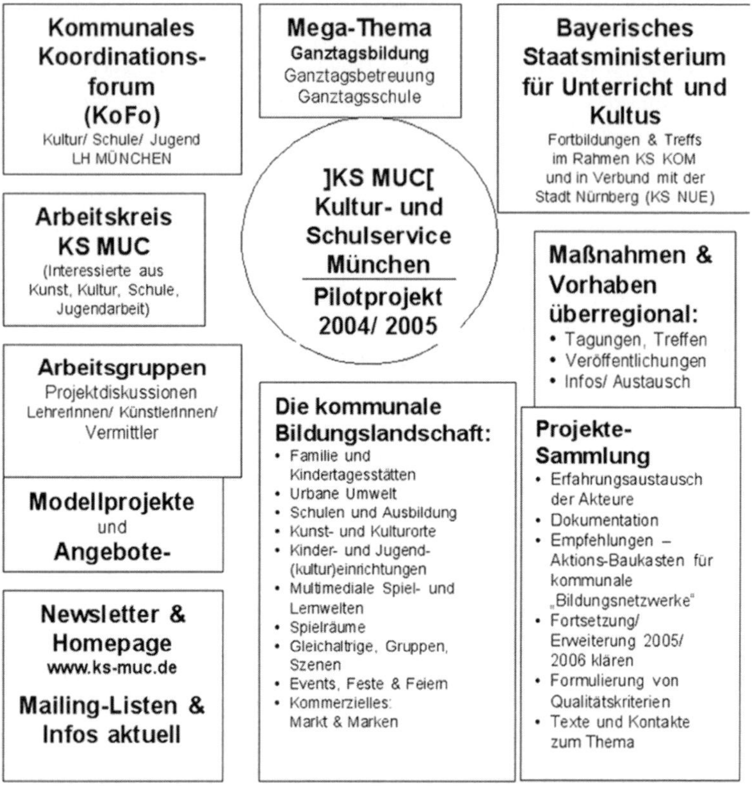

Die Münchner Organisationsstelle ist]KS:MUC[c/o PA/SPIELkultur e.V., Augustenstr. 47/Rgb., 80333 München, Tel. 089/2609208, Fax 089/268575, info@ks-muc.de

Weiteres einschließlich der Baustellen: Projekte (Archiv und im Angebot) sowie best-practice-Modelle, Literaturhinweise und Texte zum Thema sowie Aktuelles, Termine, Tagungen, Fortbildungen siehe www.ks-muc.de
Eine Mailingliste mit ca. 300 Eintragungen (Sommer 2004) wird regelmäßig mit aktuellen Neuigkeiten bedient.

]KS:MUC[: Praxis und Projekte vor Ort

Es geht im operativen und professionellen pädagogischen Geschäft, natürlich auch kultur- und medienpädagogisch, darum, ob alltagsverändernde praktische Wirkungen und Qualifizierungen erreicht werden: Erst dies macht Netzwerken und Kooperations-/Koordinierungsanstrengungen sinnvoll und substantiell. Strukturentwicklungen beginnen ja meist mit neuen Modellen und mit entsprechenden „Paradigmenwechseln“: Es geht darum, Sinnfälligkeit von Kooperationen und Synergien im Komplex Schule – Kultur – Medien – Bildung – Jugend zu veranschaulichen, Machbarkeit und Mehrwerte zu demonstrieren und zu vermitteln. Es gilt, reale und auch persönliche Kommunikation zwischen den unterschiedlichen Akteuren herzustellen, live und authentisch in einer konkreten fachlichen und politischen Situation, etwa der Ebenen von Stadt und Stadtteil, den unmittelbaren Lebenswelten der Kinder, Jugendlichen und Familien. Das gilt natürlich auch für medienkulturelle Kooperationsprojekte zwischen Schule und Medien-/Kulturarbeit.

Mit Verweis auf einige derartige Münchner Praxisadressen und Projektdokumentationen (www.spiellandschaft.de, www.pa-spielkultur.de, www.muc.kobis.de, www.kulturundspielraum.de, www.sin-net.de) kann die folgende Idealskizze zum „Design“ von best-practice-Projekten „Kultur & Schule“ Tendenzen andeuten, wohin eine programmatische Praxisentwicklung gehen kann. Entsprechend zu berücksichtigende Leitbegriffe sind dabei „Vielfalt der Lern- und Bildungsformen“, „Richtung Ganztag“, „Schlüsselkompetenzen mit, für, durch Kultur/Medien“, „Leitbild Bildungslandschaft“, „Kooperation und Koordination im Netzwerk“, „Querschnittsorientierung“ und „Balancen, Wechselwirkungen und Komplementarität zwischen Sinnenreich und Cyberspace“.

Im „best-practice-Selbstverständnispapier“ von]KS:MUC[heißt es:

„Im Rahmen von]KS:MUC[initiieren und organisieren wir vielerlei Modellprojekte von/mit unterschiedlichen Partnern/Anbietern bzw. beziehen wir besonders gelungene Projekte ein, nach Absprache,

- die in den schulischen Unterricht bzw. in schulische Veranstaltungen qualifizierend hineinreichen,
- die in der Summe die Bandbreite der Kunst- und Kultursparten sowie von künstlerischen und medialen Gestaltungsaktivitäten umfassen sollen,
- die die verschiedenen Schularten, Altersstufen und (Unterrichts-)Inhalte betreffen,
- die ein vielfältiges zeit-räumliches und methodisches Repertoire an Vermittlungsformen und Lehr-/Lern-Arrangements eröffnen und beispielhaft aufzeigen,
- die auch als Angebote an Schulen (Prinzip ‚Börse‘) vermittelt werden können.

Die drei Kriterien dieser „best-practice"-Modellprojekte sind:

- aktive Beteiligung von Schule und Lehrern im Rahmen des schulischen Bildungsauftrags,
- Einbeziehen von KünstlerInnen bzw. repräsentativer Kunst- und Kulturorte sowie besonderer ästhetischer, kultureller und medialer Orte, Ereignisse, lebensweltlicher Phänomene,
- aktive Moderation und organisatorische Begleitung durch Einrichtungen der Jugend- und Kulturarbeit bzw. von Personen und Trägern ‚kultureller Bildung'.

Dieses „Drei-Säulen-Modell" dient der qualifizierenden und vernetzenden kommunalen Kooperation entsprechend des Konzepts ‚Netzwerk Bildung' mit Beteiligung von Schule, Kunst/Kultur/Medien sowie Jugend/Soziales zugunsten der ‚Bildungslandschaft Stadt' als einer ganzheitlich-nachhaltigen ‚Kultur des Aufwachsens' in öffentlicher Verantwortung.

Weiter zu präzisieren und zu bearbeiten sind dabei:

- Ansagen zu ‚Qualitätsstandards', Methodenfragen dazu
- Ansagen und Systematisierung entsprechend zukünftiger ‚Angebote' für Schulen (Prinzip ‚Börse' bzw. ‚Service')"

Aktive Medien-/Kultur-/Jugendarbeit ist auch aufgrund des Interesses der Kinder und Jugendlichen daran und der Chance auf Verwirklichung von Partizipation dabei ein besonders geeignetes Feld und Verfahren entsprechender Kooperationen, so die zumindest in München pragmatische und durch Empirie gestützte Hypothese: Es gilt, diese (inhaltlichen, methodischen) Stärken auszubauen und dabei die (institutionellen, finanziellen) Defizite zu kompensieren bzw. auszugleichen – durch kooperativ-koordinierendes Netzwerken.

Literatur

- BKJ (Bundesvereinigung Kulturelle Jugendbildung) (Hrsg.) (2001): Medienpolitisches Positionspapier. Remscheid.
- BKJ (Bundesvereinigung Kulturelle Jugendbildung) und Deutscher Kulturrat (2004): Stellungnahme zur öffentlichen Expertenanhörung der Enquete-Kommission „Kultur in Deutschland" des Deutschen Bundestags zur kulturellen Bildung vom 8. März 2004 (siehe auch: www.bkj.de).
- Castells, Manuel (2001): Das Informationszeitalter 1: Der Aufstieg der Netzwerkgesellschaft. Opladen.
- Fritz/Karsten/Sting, Stephan/Vollbrecht, Ralf (Hrsg.) (2003): Mediensozialisation. Opladen.
- Hebecker, Eike (2001): Die Netzgeneration. Frankfurt am Main.

- Hurrelmann, Bettina (1994): Kinder und Medien, in: Merten/Schmidt/Weischenberg (Hrsg.): Die Wirklichkeit der Medien. Opladen, S. 377.
- Koordinationsforum Kinder- und Jugendkultur München (1999): Kommunales Gesamtkonzept Kinder- und Jugendkultur, Fortschreibung 1997/1998, Stadtjugendamt/Sozialreferat München.
- Postman, Neil (1985): Wir amüsieren uns zu Tode. Frankfurt am Main.
- Röll, Franz Josef (2003): Pädagogik der Navigation. München.
- Sander, Ekkehard (2001): Common culture und neues Generationenverhältnis. Die Medienerfahrungen jüngerer Jugendlicher und ihrer Eltern im Vergleich. München.
- Schäffer, Burkhard (2003): Generationen – Medien – Bildung. Opladen.
- von Hentig, Hartmut (1996): Bildung. München.
- von Hentig, Hartmut (1999): Jugend im Medienzeitalter, in: Gogolin/Lenzen (Hrsg.): Mediengeneration. Opladen.
- Zacharias, Wolfgang (Hrsg.) (1996): Interaktiv – Im Labyrinth der Wirklichkeiten. Essen.
- Zacharias, Wolfgang (Hrsg.) (1997): Interaktiv – Im Labyrinth der Möglichkeiten. Remscheid.
- Zacharias, Wolfgang (Hrsg.) (2000): Interaktiv – Medienökologie zwischen Sinnenreich und Cyberspace. München.
- Zacharias, Wolfgang (2001): Alles ist ästhetisch, irgendwie und sowieso, in: merz 3 /01. München.

■ ACHIM PUHL

Kooperation und Vernetzung – Was die Praxis braucht

Um es vorwegzunehmen: Geld erleichtert die Arbeit, eine gute Finanzausstattung ist jedoch noch lange nicht ausreichend für eine erfolgreiche Kooperation zwischen Schulen und außerschulischer Medienarbeit. Mit der Frage, welche Voraussetzungen benötigt werden, um eine geregelte und strukturelle Kooperation zwischen außerschulischen Trägern und den Schulen umzusetzen, beschäftigte sich die ExpertInnenbefragung des Instituts für Sozialarbeit und Sozialpädagogik e.V. (ISS-Frankfurt a.M.) im Auftrag der Gesellschaft für Medienpädagogik und Kommunikationskultur (GMK) mit finanzieller Unterstützung des Bundesministeriums für Familie, Senioren, Frauen und Jugend (BMFSFJ), die im Winter 2003/2004 vorgenommen wurde.

Kooperationen zwischen der Jugendarbeit und der Schule sind keine Erfindung jüngster Zeit. Dass die Umsetzung von strukturellen Kooperationen heute durch staatliche und Landesprogramme unterstützt wird, hat besonders vor dem Hintergrund der zunehmend flächendeckenden Einführung von Ganztagsschulen Relevanz. Was vorwiegend unter dem Schlagwort der „Vereinbarkeit von Familie und Erwerbstätigkeit" diskutiert wird, hat jedoch unmittelbar zur Folge, bestehende pädagogische Konzepte zu hinterfragen. Diese sind durch die Vorgaben in Rahmenlehrplänen bislang meist auf die Vermittlung von fachlichen Inhalten und – besonders in weiterführenden Schulen – nur marginal auf die Vermittlung von sozialen Inhalten ausgerichtet. Die ständig stattfindende Weiterentwicklung und die Veränderung methodischer Konzepte der letzten Jahre – wie beispielsweise die verpflichtende Einführung der Projektarbeit – vollziehen sich vorwiegend im Rahmen der Optimierung von Zugang und Aneignung fachlicher Fähigkeiten und Wissen.

Das Konzept der Ganztagsschulen jedoch erweitert den schulischen Auftrag. Betreuung, Persönlichkeitsbildung und Kompetenzförderung sind nur einige der neuen Anforderungen, denen sich die Schulen zukünftig stellen müssen. Die Suche nach neuen Lernmodellen reiht sich also im Bereich der Vermittlung von Lerninhalten in die PISA-Debatte ein. Für die Frage nach ganztägigen übergeordneten Lern- und Förderkonzepten bedeutet die Suche nach kooperativen Lernmodellen eine Hinwendung zu übergreifenden Bildungskonzepten.

Vor allem die Frage, wie eine Selektion von wenigen guten durch eine schulische Förderung möglichst vieler SchülerInnen ersetzt werden kann, ist mit dem System der Ganztagesschulen als struktureller Rahmen möglicherweise zu beantworten. Hierbei könnte das bislang weitgehend vorherrschende Lernen in formalisierten Strukturen aufgebrochen und durch informelle Lernmöglichkeiten ergänzt werden. Ganztagsschulen unter Integration der Einrichtungen der Jugendarbeit könnten den in der Bildungsdebatte lange geforderten Paradigmenwechsel hin zu einem veränderten Lernbegriff im Sinne des lebenslangen Lernens umsetzen.

- *Lebenslanges Lernen beinhaltet dabei vor allem folgende zwei Aspekte:*

- Auf der einen Seite steht die Anforderung, formale und informelle Lernsysteme zur Verfügung zu stellen. Wenn Ganztagsschulen Erlebnisräume, die bislang außerhalb der Schulen in der „Freizeit" der Kinder und Jugendlichen vorhanden waren, übernehmen möchten, müssen diese auch im Konzept der Ganztagsschulen eingebettet werden. Lernen muss also durch das Erleben von Auswirkungen des eigenen Handelns in Systemen und des Begreifens von gesellschaftlichen Zusammenhängen ermöglicht werden. Hierfür bedarf es des Arrangements von Erfahrungsräumen.
- Auf der anderen Seite werden pädagogische Konzepte benötigt, die sich weniger mit der Vermittlung von Wissen, als mit dem Aufbau von Kompetenzen beschäftigen. Da Kompetenzen jedoch personenzentriert sind und sich auf individuelle Handlungsoptionen beziehen, bedeutet dies, dass Lernen gleichzeitig pluralisiert und individualisiert werden muss.

Die möglichst optimale schulische Förderung bedeutet demnach die Integration unterschiedlicher Ansätze und das aktive Zusammenwirken der Einrichtungen, die an den Lern-, Bildungs-, Betreuungs- und Förderprozessen beteiligt sind. Integration meint hier den Aufbau von integrativen Strukturen und Prozessen wie auch die Bereitschaft der unterschiedlichen Beteiligten, gemeinsam Verantwortung zu übernehmen. Die Frage nach dem optimalen Weg von „Integration" wird jedoch als solche bislang nicht in den Mittelpunkt der Diskussion um Konzepte gerückt.

Die Medienarbeit stellt in der Entwicklung entsprechender Settings einen wichtigen Baustein dar. Gekennzeichnet ist sie vor allem durch die Freiwilligkeit, den Reiz, den Medien ausüben, und die nahezu unbegrenzten Ausdrucksformen auf der einen Seite, wie auch durch die Notwendigkeit des Erwerbs der Fähigkeit eines verantwortungsvollen und kompetenten Umgangs mit Medien auf der anderen Seite. Medienarbeit ist also Methode und Inhalt gleichzeitig, je nach Fragestellung und Position im didaktischen Konzept. Die Frage muss somit gestellt werden, welche Leistungen in der Entwicklung und Durchführung schulischer Aufgaben übernommen werden können.

Noch stehen wir in Deutschland, nicht zuletzt durch die Länderhoheit in Bildungsfragen und die Bundeshoheit bei der Kinder- und Jugendhilfe, vor der Situation, dass einheitliche Regelungen nur schwer umsetzbar sind. Zudem werden vorliegende Erfahrungen aus der Kooperationspraxis nicht systematisch ausgewertet, um daraus strukturelle Vorgaben und Umsetzungshilfen zu entwickeln.

Als einen ersten Schritt in diese Richtung können die nachfolgend dargestellten Ergebnisse der Befragungen gewertet werden. Auch wenn die Antworten und Einschätzungen weder repräsentativ sind, noch strukturell die unterschiedlichen Kooperationsbereiche von Schulen und außerschulischer Medienarbeit abdecken, zeigen sich in den Antworten in vielen Bereichen übereinstimmende Einschätzungen, die zur weiteren Diskussion und Planung der Umsetzung beitragen können.

Ein zentraler Bereich innerhalb der ExpertInnen-Interviews war die Frage nach der Kooperationsstruktur der beiden Systeme Schule und außerschulische Medienarbeit. Es zeigte sich deutlich, dass die Problematik der Annäherung und Ergänzung bzw. Abgrenzung beider Systeme bislang nicht einheitlich gelöst wurde. Auch scheinen die Erfahrungshintergründe und die Identifikation der Menschen mit ihren bisherigen Systemen nur langsam eine Annäherung zuzulassen. Es wurde bemerkt, dass bislang das Zusammenspiel unterschiedlicher fachlicher und methodischer Ansätze nicht ausreichend beantwortet ist. Sorge besteht seitens der außerschulischen Arbeit hinsichtlich einer möglichen „Einverleibung" durch das System Schule. Auch bei Schulen scheint die Befürchtung, dass ihr reguliertes System durch die andere Art des Zugangs der außerschulischen Einrichtungen ins Wanken geraten könnte, nicht ausreichend reflektiert und durch eine Ausdifferenzierung der Kooperationsverantwortung gelöst zu sein. Ausdruck des oftmals ungeklärten Zusammenspiels findet sich in der Tatsache, dass die Kooperationen meist von dem Engagement einzelner engagierter Lehrkräfte abhängen. Zwar sei die Medienarbeit in einigen Bundesländern und Kommunen bereits in Schulprofile und Lehrpläne integriert, eine praktische Auswirkung auf das Engagement der Schulen habe dies aber nur selten.

Bemängelt wird vor allem, dass der Stellenwert der Medienarbeit bei der Politik gering sei und auch viele SchulleiterInnen die Kooperation nur halbherzig unterstützten. Es werden zwar Kooperationen zugelassen, aber nicht konstruktiv gefördert. Die Berührungsängste haben sich in den letzten Jahren dennoch verringert. Es wurde darauf verwiesen, dass zahlreiche Projekte erfolgreich umgesetzt wurden, die zum Wohle der Kinder und Jugendlichen neue

Wege beschreiten. Diese lassen sich nicht einheitlich beschreiben und hängen sehr stark von der jeweiligen schulischen Situation sowie von den gewünschten Lernergebnissen ab.

Neben der häufig unklaren Position der Medienarbeit im Lernkontext und der damit verbundenen Anerkennung der fachlichen Arbeit liegt ein weiteres Problem in der Finanzierung. Diese wurde in den meisten Kooperationsprojekten als nicht zufriedenstellend bezeichnet. Übereinstimmend gefordert wurde eine einheitliche Regelung, damit eine hochwertige Arbeit gewährleistet werden könne. Schwerpunkte in der Finanzierung seien neben der technischen Ausstattung vor allem die Gehälter der MitarbeiterInnen bei Einrichtungen der Medienarbeit. Es wurde Unverständnis geäußert, warum diese mit meist befristeten und schlecht bezahlten Verträgen die gleiche pädagogische Arbeit leisten sollten wie im Regelfall finanziell gut abgesicherte Lehrkräfte. Im Kontext der allgemeinen wirtschaftlichen Lage wurde konstatiert, dass besonders in Zeiten von leeren Kassen eine Bereitschaft zur Investition meist nur unter der Maßgabe als realistisch eingeschätzt wird, dass der Mehrwert der Kooperation eindeutig feststellbar sei. Da jedoch oft argumentiert werde, dass Medienarbeit zwar eine entscheidende Voraussetzung zur Erlangung von Medienkompetenz sei, die Wirkung der Medienarbeit sich jedoch nicht direkt messen lasse, wird die Bereitschaft zur Finanzierung eher kritisch gesehen.

Eine mögliche Unterstützung der Legitimation der Medienarbeit wird in der wissenschaftlichen Untersuchung von kooperativen Bildungskonzepten gesehen. Die Erfahrungen legen dabei nahe, keine Einzelfallanalysen vorzunehmen, sondern übergreifend strukturelle Konzepte auszuwerten. Somit könnte die Einbindung der Medienarbeit in schulische Konzepte strukturiert und zumindest ansatzweise eine Wirksamkeitsanalyse vorgenommen werden.

Als wichtigste Voraussetzung für eine Kooperation wird die Klärung fachlicher und methodischer Fragen angesehen. In erster Linie müsse die Kooperationsmöglichkeit in den Rahmenlehrplänen vorgesehen werden, was auch eine engere Verzahnung von Kultus- und Sozialministerien auf Länderebene und die Kooperation von Jugendhilfeplanung und Schulentwicklungsplanung auf regionaler und kommunaler Ebene bedeute. Der Lehrplan müsse also entsprechende Freiräume zulassen, in denen sich Projekte entwickeln lassen. Gleichzeitig müsse die Planungsebene einen erweiterten Ansatz finden, der sich nicht nur auf das eigene System, sondern die Integration des jeweils anderen Systems bezieht. Entsprechende Vernetzungen seien die Voraussetzung für Kooperationen auf der Einrichtungsebene.

Vom Ansatz her wird eine Kooperation sowohl strukturell als auch fachbezogen als möglich erachtet. Ein einheitliches Vorgehen scheint aufgrund der Erfahrungen der ExpertInnen nicht sinnvoll zu sein. Vielmehr müssten unterschiedliche Wege verfolgt werden, die dann an den jeweiligen Bedarf der

Schulen und auch der SchülerInnen angepasst werden könnten. So könne es in einem Fall sinnvoll sein, Themeninhalte aus den Fächern medial nachzuarbeiten, in einem anderen Fall sei es eher wichtig, durch den Einsatz von Medienarbeit soziale Kompetenzen zu fördern. Für eine effektive Kooperation müssten daher Inhalte, Methoden und Lernsetting durch Lehrkräfte und MedienpädagogInnen gemeinsam erarbeitet werden.

Bezüglich der Einschätzung der Kompetenzen scheint es einen Unterschied zwischen den Anfragen seitens der Schulen und der Selbstwahrnehmung der medienpädagogischen Einrichtungen zu geben. Aufgrund der Antworten wird deutlich, dass häufig technikspezifische Anfragen an die medienpädagogischen Einrichtungen gestellt werden. Ihre eigenen fachspezifischen Kenntnisse sehen die Einrichtungen jedoch zusätzlich im Bereich der medienpädagogischen Ausbildung (Medienwissen, Medienpolitik, Medienwissenschaft und Medienforschung) und der Gestaltung pädagogischer Settings. Besonders werden dabei die pädagogischen Kenntnisse hervorgehoben. Diese böten bei Kooperationsprojekten bereits von Anfang an die Möglichkeit, Ideen in praktische Projekte umzusetzen. Auch könnten die unterschiedlichen Vorstellungen von Lehrkräften und SchülerInnen in die Projekte integriert werden. Weitere Schwerpunkte der pädagogischen Arbeit werden in der Motivation von Jugendlichen und in der Frage nach der Gestaltung von Gruppenprozessen gesehen. Insgesamt sei die pädagogische Arbeit auf die Persönlichkeitsbildung zugeschnitten. Durch die Gestaltung von kreativen Settings würden Lernprozesse angestoßen und Kompetenzerwerb ermöglicht, ohne dass die Jugendlichen diesen Prozess als Lernen definierten.

Besonders die Ausrichtung an den Bedürfnissen der Jugendlichen und die Vermittlung von spielerischem Umgang mit Wissen eröffnen neue Erfahrungswelten und ein induktives Vorgehen bei der Arbeit. Nicht immer werde diese scheinbare Ziel- und Planlosigkeit von den Lehrkräften als fachlich gleichwertig beurteilt. Die Orientierung der Lehrkräfte an festen Unterrichtsformen führe häufig zu Unverständnis bezüglich des anderen pädagogischen Konzepts und zu Schwierigkeiten im Kooperationsverlauf.

Dabei läge die Lösung in der jeweiligen Akzeptanz der Stärken des anderen Systems und in der Integration der unterschiedlichen Ansätze. In der Befragung werden die Stärken von Schulen vor allem in den dort existierenden Klassenverbänden gesehen. Dadurch könnten mehr Kinder erreicht werden, auch sei die Arbeit mit den Kindern intensiver und kontinuierlicher möglich. Meist bestehe ein persönlicher und langjähriger Kontakt zwischen Lehrkräften und Jugendlichen. Dadurch seien die personenbezogenen Stärken und Schwächen oft bekannt und könnten in den Projektverlauf eingebracht werden.

Eine weitere Stärke wird in der Fachlichkeit der Lehrkräfte gesehen. Dadurch sei es möglich, inhaltlich sehr intensiv an Projekten zu arbeiten und sich gegenseitig zu ergänzen. Auch böten die unterschiedlichen Fächer die Möglichkeit, an inhaltlichen Schwerpunkten anzuknüpfen, die im Rahmen des Lehrplans vermittelt werden.

Die Ergebnisse der Befragungen zeigen deutlich, dass die Erfahrungen aus durchgeführten Projekten inhaltlich und methodisch eher positiv bewertet werden. Die Kooperationsstruktur jedoch gilt bislang nicht als zufriedenstellend. Diese Einschätzung hat besonders vor dem Hintergrund Relevanz, dass zukünftig für eine strukturelle Kooperation eben die Schaffung gemeinsamer Strukturen und die Entwicklung von Prozessen in der Durchführung grundlegend notwendig sind. Dies wird durch die Einschätzung der Befragten unterstrichen, was die hauptsächlichen Hindernisse für eine strukturelle, also langfristig angelegte Kooperation ausmachen.

Die ungenügend abgeklärte finanzielle Situation und die grundsätzliche Frage nach der Finanzierung von Kooperationsmodellen stehen dabei an erster Stelle. Hier ist eine eindeutige und langfristig abgesicherte Lösung nötig. Die bislang vorgenommene Lösung der Finanzierung über die eigenen Haushalte oder die Ko-Finanzierung über einzelne Förderanträge sei keine Grundlage für den Ausbau der Kooperationen. Der politische Wille und die aktuelle Lage öffentlicher Haushalte werden jedoch als ausschlaggebende Gründe dafür gesehen, dass eine zufriedenstellende Lösung in nächster Zeit nicht zu erwarten sei.

Ein weiterer Punkt wird deutlich, nämlich, dass es einen grundsätzlichen Wandel im Lehr- und Lernverständnis geben müsse, um Kooperationen umzusetzen. Die projektorientierten Methoden der Medienarbeit sollten in den Schulen einen gleichrangigen Stellenwert erhalten. Dies betrifft auch die Frage, inwieweit Schulen bereit sein werden, sich mittelfristig von den Vorgaben der Unterrichtseinheiten im 45-Minuten-Takt zu lösen.

Damit in Verbindung steht die Frage, wer welche Kompetenzen bei Kooperationen übernimmt. Auch wenn nicht durchweg eine starre Regelung als positiv erachtet wird, scheint eine eindeutige Regelung die Kooperation eher zu erleichtern und eine Sicherheit für die Integration der Medienarbeit zu schaffen.

Letztendlich seien die Hindernisse zu Kooperationen jedoch zumeist festgefahrene Verhaltens- und Denkmuster. Diese können nach Einschätzung der Befragten nur dann verändert werden, wenn eine Vertrauensbasis zwischen den unterschiedlichen Einrichtungen hergestellt wird. Dies zu erreichen sei jedoch nur begrenzt möglich, da hierzu Ängste abgebaut und Einstellungen verändert werden müssten. Eine wichtige Voraussetzung für eine Entwicklung ist nach Einschätzung der ExpertInnen, das Engagement im Bereich der Öffentlichkeitsarbeit stark auszuweiten und den direkten Kontakt auf der Ebene der Lehrkräfte und Schulleitungen zu suchen. Dieser Weg von unten nach oben würde dann den aktuellen Prozess unterstützen, der über Bundes- und Landesinitiativen von oben angestoßen wird. Denn der lokale Bezug sei nach wie vor ausschlaggebend für die Ausgestaltung von Kooperationsmöglichkeiten. Hierzu wird gefordert, über lokale und regionale außerinstitutionelle AnsprechpartnerInnen die Vernetzung zu fördern und aktiv voranzutreiben.

Wenn man die Aussagen der Befragten, die über langjährige und umfangreiche Erfahrungen in Kooperationsprojekten verfügen, nun in den Gesamtkontext der aktuellen Debatten und Umsetzungen stellt, finden sich zahlreiche Bestätigungen für das in Deutschland geplante und teilweise bereits umgesetzte Vorgehen. Es wird aber auch deutlich, dass blinde Flecken existieren, die stärker in die weiteren Planungen integriert werden müssen.

Als grundsätzlich positiv ist mit Sicherheit zu bewerten, dass es in allen Bundesländern relativ flächendeckend Umsetzungen von Kooperationen zwischen außerschulischen Einrichtungen und Schulen gibt. Der Grad der Ausprägung ist dabei sehr unterschiedlich und reicht von der Einrichtung von Arbeitskreisen auf den verschiedenen Ebenen bis hin zur aktiven Umsetzung von Projekten mit einer entsprechenden finanziellen Ausstattung. Auch auf politischer Ebene lässt sich festhalten, dass in allen Bundesländern eine Öffnung der Schulen in den Sozialraum als wichtiges Leitziel behandelt wird. Dies reicht von der aktiven Begleitung und (teilweise finanziellen) Förderung des Prozesses in den Kommunen, Kreisen und Bundesländern bis hin zur politischen und monetären Unterstützung der Ganztagesschulen über den Bundeshaushalt („Zukunft Bildung und Betreuung 2003–2007").

Für das Jahr 2004 haben die Bundesländer dort Anträge zur Förderung von 2.809 Schulen mit Ganztagsangeboten eingereicht. Das Programm wird mit vier Milliarden Euro vom Bund finanziert (Pressemitteilung des Bundespresseamts vom 26. Juli 2004). Man kann also feststellen, dass es einen aktiven Prozess von oben nach unten gibt, der dazu beiträgt, dass die Grundlagen für Kooperationen durch politisch durchgesetzte Regelungen geschaffen werden. Für Schulen, die einen Antrag auf Förderung als Ganztagsschule gestellt haben, bedeutet dies eine finanzielle Absicherung auf der einen Seite und auf der anderen Seite die aktive Auseinandersetzung mit neu zu entwickelnden und stimmigen pädagogischen Konzepten. Die Finanzierung externer Leistungen wird in einigen Ländern weiter unterstützt, weil dort derartige Kosten vom Land übernommen werden. In Rheinland-Pfalz beispielsweise regeln mittlerweile 18 Rahmenvereinbarungen die Kooperation und die Vergütung von Leistungen der außerschulischen Träger. Davon abweichend kann die einzelne Schule Verträge abschließen, die eine höhere Finanzierungsbasis haben. Somit kann davon ausgegangen werden, dass die verhaltene Einschätzung hinsichtlich der finanziellen Umsetzung zumindest in einigen Bundesländern doch von der Realität korrigiert wird.

Betrachtet man jedoch bestehende Kooperationsvereinbarungen zwischen Land und Landesverbänden freier Träger genauer, sind diese weit von einer gleichberechtigten Kooperationsebene entfernt. Der Grund liegt in der Tatsache, dass die fachliche und administrative Verantwortung weiterhin die Schule trägt. Leistungen werden also von den Schulen nach deren Bedarf und Einschätzungen eingekauft. Der momentan verfolgte Weg heißt also, die Zuständigkeiten weiterhin eindeutig zu trennen und den Schulen die Verantwortung für die Ausgestaltung von Leistungen im Kontext von Bildung und Betreuung zuzuschreiben.

Dieses Vorgehen mag seine Berechtigung haben, um Veränderungen schrittweise einzuleiten. Gesamtgesellschaftlich ist der Weg jedoch nicht nachvollziehbar. Wenn man in den Blick nimmt, dass erstens die Ausgaben für die Kinder- und Jugendhilfe enorm sind, zweitens die Problemlagen der Vereinbarkeit von Familie und Beruf nicht von einer Institution allein gelöst werden können, drittens Ganztagsschulen eine weit umfassendere Verantwortung für das Leben und die Entwicklung von Kindern und Jugendlichen übernehmen müssen und viertens die Trennung in Funktionsbereiche bislang nicht zu einem Schulsystem geführt hat, welches im Vergleich zu anderen Ländern bestehen kann, muss zumindest überlegt werden, wie andere Strukturen diese Problemlagen besser in den Griff bekommen könnten.

Vorstellbar wäre hier eine kommunal orientierte Planung, die, unter Bereitstellung eines festgelegten Budgets, gemeinsame Aufgaben festlegt und umsetzt. Dabei müssten die beteiligten Einrichtungen gleichberechtigt in den Prozess einbezogen werden. Konkret bedeutet dies, kommunale Planungsprozesse einzuleiten, Strukturen zu verzahnen, Ziele festzulegen und Prozesse zur Umsetzung zu entwickeln. Durch ein derartiges integratives System könnten kommunale und regionale Problem- und Bedarfslagen eine Entsprechung in integrativen Förderprogrammen finden. Die Planungen würden somit die Blickrichtung verändern. Anstatt auf die Umsetzung allgemeingültiger Rahmenlehrpläne würde sich die Planungsperspektive auf den Sozialraum und die gezielte Förderung individueller Kompetenzen richten. Anstelle von getrennten Systemen der Kinder- und Jugendhilfe auf der einen Seite und der schulischen Bildung auf der anderen Seite würden die Kinder und Jugendlichen selbst in einem gemeinsamen Planungs- und Handlungsraum im Mittelpunkt stehen. Probleme könnten so eher erkannt, Hilfen aktiviert und Handlungsräume erschlossen werden, die zu einer Aktivierung individueller Fähigkeiten führen könnten.

Nicht nur für die Medienarbeit würde sich aufgrund eines solchen Szenarios die Bereitschaft und die faktische Möglichkeit zur Integration ihrer Kompetenzen in ein gemeinsames System erhöhen. Zugleich könnte ein erheblicher Druck von den Schultern der Lehrkräfte genommen werden. Es ist auch ihnen gegenüber letztendlich nicht fair, sie zur Verantwortung zu ziehen für Problemlagen von Kindern und Jugendlichen, die sie im momentanen System nur bedingt lösen können. Wenn wir also erkennen, dass häusliche Verwahrlosung zunimmt, sprachliche, emotionale und kognitive Fähigkeiten rückläufig sind und staatliche Transferleistungen für viele Familien in bestimmten Bezirken die Haupteinnahmequelle bilden, dann müssen auch Strukturen geschaffen werden, die zu einer gemeinsamen Veränderung der Situation beitragen können.

In manchen Kooperationsprojekten ist genau diese Sichtweise Grundlage für das Handeln der Befragten gewesen. Wenn dennoch geäußert wird, dass dieses Vorgehen nur dann möglich ist, wenn der Bewusstseinswandel sowohl bei den Einrichtungen als auch bei den Schulen bereits eingetreten ist, müssen alle gesellschaftlichen und politischen Kräfte genutzt werden, um den Prozess der Bewusstseinsbildung schneller voranzutreiben. Es muss auch überlegt werden, ob nicht das System selbst durch veränderte gesetzliche und vertragliche Rahmenbedingungen zu radikaleren Maßnahmen gebracht werden kann.

Stefan Welling/Herbert Kubicek/Susanna Krüger/
Björn-Eric Stolpmann

Koordination von Lernorten für Medienkompetenz

1. *Ausgangssituation*

In der Informationsgesellschaft avanciert das lebensbegleitende Lernen zu einer Schlüsselkompetenz, die zunehmend auch Wissen über die Nutzung der digitalen Medien erfordert. Lerngegenstände lassen sich beispielsweise per Internet erschließen, immer mehr Berufe verlangen Kenntnisse im Umgang mit den digitalen Medien, um nur zwei Beispiele zu nennen. Die dafür benötigten Kenntnisse werden unter dem Begriff der Medienkompetenz subsumiert. Um deren Vermittlung bemühen sich unterschiedliche Institutionen. In Bezug auf Jugendliche, die hier im Vordergrund stehen, sind insbesondere Schulen und Jugendeinrichtungen zu nennen, aber auch Bibliotheken, die Volkshochschule, Internet-Cafés und andere mehr. Viele von ihnen leiden unter permanenter Mittelknappheit und können neue Aufgaben nur übernehmen, wenn sie Mittel zu Lasten anderer Aufgaben umschichten.

Da liegt der Gedanke nahe zu untersuchen, ob nicht durch Kooperation der Ressourcenbedarf verringert bzw. vorhandene Ressourcen effektiver eingesetzt werden können. Effektiver heißt dabei, sowohl die Nachhaltigkeit der Vermittlung von Medienkompetenz bei den bisher erreichten Jugendlichen zu verbessern als auch solche Jugendliche zu erreichen, die die bisherigen Angebote nutzen, und hier eventuell spezielle Unterstützung zu gewähren. Ein solcher Kooperationsbedarf wurde bereits 2001 im Rahmen einer Untersuchung betreuter Internetzugangsmöglichkeiten in Bremen festgestellt (Kubicek/Welling 2001).

Die Überzeugung, durch Kooperationen Ressourcen bündeln und Mittel und Kräfte zielgerichteter einsetzen zu können, hat sich in den meisten Bildungsinstitutionen durchgesetzt. Zu nennen sind hier die vielfältigen Bemühungen der Jugendhilfeplanung, des Quartiersmanagements, von Schulen und Vereinen sowie die verschiedenen Formen der außerschulischen Bildungsarbeit. Diese Kooperationsbemühungen finden sich insbesondere:

a) zwischen Bibliotheken und Schulen, bei denen in vielen Kommunen eine punktuelle Zusammenarbeit erfolgt und verschiedene Projekte sich zum Ziel gesetzt haben, die Lesekompetenz von SchülerInnen durch Kooperation der beiden Lernorte zu verbessern (vgl. exemplarisch Bertelsmann Stiftung/MfSWKS 2003) oder

b) zwischen Jugendarbeit und Schulen, deren Arbeit sich seit den 1990-er Jahren verstärkt am Konzept der Lebenswelt- und Sozialraumorientierung ausrichtet und Kooperationen daher selbstverständlich integriert, wovon viele engagierte Einzelprojekte in ganz Deutschland zeugen (Deinet 2001) oder

c) bei der Entwicklung von lokalen Kooperationsverbünden zur Berufsbildungsqualifizierung Jugendlicher, die auch den gesetzlichen Vorgaben nachkommen, günstigere Rahmenbedingungen für die Abstimmung und Zusammenarbeit verschiedener Leistungsträger zu gewährleisten. Viele dieser Kooperationsverbünde tragen der Zunahme der Nutzung digitaler Medien in der Arbeitswelt Rechnung (Euler 2003).

Bisher scheint es aber kaum Projekte zu geben, die sich explizit mit der Kooperation derjenigen Lernorte befassen, die Medienkompetenz an Kinder und Jugendliche vermitteln. Dies gilt insbesondere für Netzwerke, die ressortübergreifend angelegt und institutionell abgesichert sind. Zwar stellen Projekte für die Zeit ihrer Förderung und Finanzierung durchaus einen Informations- und Erfahrungsaustausch her. Oftmals reichen schon gegenseitige Besuche und wenige gemeinsame Sitzungen aus, um in Projektberichten oder Evaluationen von ‚erfolgreichen' Netzwerken zu sprechen. Eine geregelte Institutionalisierung, die zu langfristigen Verbesserungen in der Zusammenarbeit führt, ist jedoch selten zu finden.

Warum es so schwer ist, Institutionalisierungen innerhalb eines Netzwerkes zu erreichen, die allen Beteiligten für ihre Zusammenarbeit nützlich sein könnten, hat mehrere Gründe. Erstens wird zu Beginn eines Vernetzungsprozesses oft nicht genügend geklärt, was man von diesem Prozess erwartet, ob dieser zum gewählten Zeitpunkt sinnvoll ist und welche langfristigen Konsequenzen er hat, vor allem, seitdem es modern geworden ist, von Netzwerken zu sprechen und die angeblichen ‚Selbststeuerungskräfte' als Allheilmittel gegen die knapper werdenden Mittel der öffentlichen Hand einsetzen zu wollen. Zweitens findet in den überwiegenden Fällen keine oder nur eine unzureichende Netzwerkanalyse (oder Stärken-Schwächen-Analyse) der vorhandenen Kompetenzen und Ressourcen vor Ort statt. Drittens ist meist nicht hinreichend geklärt, welche Rolle die verschiedenen Beteiligten und die Moderation im Vernetzungsprozess übernehmen sollen und können.

2. *Zielsetzung und Konzeption des Projektes*

Das Projekt *Koordination von Lernorten für Medienkompetenz* (KoLeMeKo) setzt bei der Vermittlung von Medienkompetenz für Kinder und Jugendliche an, wobei der Fokus auf die Koordination und Kooperation der mit dieser Aufgabe betrauten schulischen und außerschulischen Einrichtungen (Lernorte) gelegt wird. Damit sollen die Rahmenbedingungen der Medienbildung von Kindern und Jugendlichen durch die stärkere Kooperation verschiedener Lernorte bei der Planung und Durchführung computerunterstützter Angebote verbessert werden. Es ist regional auf die Freie Hansestadt Bremen beschränkt und institutionell vor allem auf die Lernorte, die sich in der Trägerschaft der Stadtgemeinde befinden: Schulen, Jugendfreizeitheime und Bibliotheken. Die Entscheidungen über deren Angebote zur Vermittlung von Medienkompetenz und den Einsatz der dazu erforderlichen Ressourcen werden zum Teil in der einzelnen Einrichtung, zum Teil aber auch vom jeweiligen Träger zentral getroffen. Im Stadtstaat Bremen sind dies der Senator für Bildung und Wissenschaft (SfBW) für die Schulen, der Senator für Arbeit, Frauen, Gesundheit, Jugend und Soziales (SfAFGJS) für die Jugendfreizeitheime und der Senator für Kultur für die Bibliotheken, in Städten der Flächenstaaten sind es die entsprechenden Dezernate oder Ämter.

Die Entscheidungen, die zur Erreichung effektiverer und effizienterer Vermittlung von Medienkompetenz besser koordiniert werden könnten, betreffen

1. die Beschaffung der dazu eingesetzten Hardware,
2. den Benutzersupport und die Wartung der Computer,
3. das Netzwerkmanagement (Telekommunikation, Nutzerverwaltung, Sicherheitsfunktionen),
4. Auswahl, Erstellung, Beschaffung inhaltlicher Angebote (Lernsoftware, Projekte),
5. Qualifizierung des Personals in technischer und pädagogischer Hinsicht.

Die ersten drei Entscheidungsbereiche werden stark von den Trägern beeinflusst. Für sie wurde ein Top-Down-Ansatz gewählt. Die beiden zuletzt genannten Punkte werden überwiegend vor Ort getroffen. Für sie wurde ein Bottom-Up-Ansatz gewählt. Dieser nimmt den Stadtteil zum Bezugspunkt.

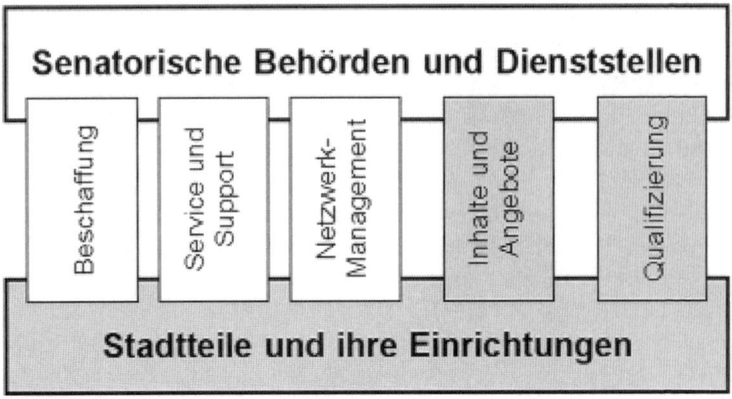

Abbildung 1: Entscheidungsfelder und -ebenen für eine Koordination der Lernorte für Medienkompetenz

Da das Projekt auf konkrete praktische Verbesserungen zielt, wird es durch eine Steuerungsgruppe unterstützt, bestehend aus VertreterInnen des SfBW, des SfAFGJS sowie der Stadtbibliothek Bremen. Die Gruppe war an der Auswahl der Pilot-Stadtteile beteiligt, berät das Projektteam in bildungsbereichsspezifischen Detailfragen und fungiert als politische Unterstützung des Projektes bei der Realisierung einzelner Projektaktivitäten.

Bei der Auswahl von Pilot-Stadtteilen war entscheidend, dass dort mindestens eine Jugendeinrichtung, eine Filiale der Stadtbibliothek und eine Schule angesiedelt sind, die über Computerarbeitsplätze verfügen, die anderen Bildungseinrichtungen zur Verfügung gestellt werden können, und dass es bereits eine institutionalisierte Kooperation zwischen mehreren Einrichtungen auf anderen Gebieten gibt. In beiden Pilot-Stadtteilen gibt es zudem Gebiete, in denen überdurchschnittlich viele Kinder- und Jugendliche aus bildungsbenachteiligenden Verhältnissen leben. Die Verbesserung ihrer Bildungschancen ist eine besondere Herausforderung im Projekt.

Im Folgenden sollen zunächst die Bemühungen um Verbesserungen auf der Ebene der senatorischen Behörden und Dienststellen und anschließend auf der Ebene der Stadtteile beschrieben werden.

3. Ressortübergreifendes IT-Management und die Tendenz zur ‚Verbetrieblichung'

Wie alle anderen Städte bemüht sich Bremen als Schulträger um eine moderne Medienausstattung seiner Schulen. Dazu gibt es ein eigenes Beschaffungsprogramm, ein Schulnetz mit Administration, einen Supportdienst, ein Qualifizierungsprogramm und die Bereitstellung von Beratung im Hinblick auf geeignete Unterrichtsinhalte und Unterrichtsgestaltung. Parallel dazu wurden die Filialen der Stadtbibliothek mit PCs für einen öffentlichen Internetzugang ausgestattet, die an ein eigenes Netz angeschlossen sind und den bibliotheksinternen Support in Anspruch nehmen. Immer mehr Jugendfreizeiteinrichtungen machen inzwischen computerunterstützte Angebote. Insbesondere Fragen der Netzwerkverwaltung und des technischen Supports sind dabei weitgehend ungeklärt.

Es liegt nahe zu fragen, ob nicht eine gemeinsame Beschaffung, Netzwerkverwaltung, Benutzerbetreuung und Qualifizierung effizienter ist und Mittel für die inhaltliche Gestaltung freisetzen könnte. Die Vermutung, dass dies so ist, war die Grundlage für die Förderung dieses Projektes aus Landesmitteln. In größere Unternehmen mit mehreren Sparten und Filialen ist ein integriertes IT-Management heute eine Selbstverständlichkeit. In der Verwaltung gelingt dies noch nicht immer über Dezernats- und Ämtergrenzen hinweg. Da wird zwar gern vom ‚Konzern' Stadt geredet. In der Praxis bleibt es aber oft noch bei den tradierten ‚Fürstentümern', die sich von niemanden in Fragen ihres Technikeinsatzes hineinreden lassen wollen. Dies gilt dann auch für den Einsatz von Technik, die Externen, in diesem Fall den Jugendlichen als Besuchern, angeboten werden soll. Gemeinsame Beschaffung verkompliziert zunächst die Abläufe, gemeinsame Netzwerkverwaltung scheitert an Problemen der Interoperabilität und Sicherheit. Gemeinsamer Support wäre noch vorstellbar, aber wirft Verrechnungsprobleme auf, die mit dem Stichwort ‚Verbetrieblichung' umschrieben werden.

Das Problem der ‚Fürstentümer' ist ein Einstellungs- und Verhaltensproblem, das es schon immer in großen Organisationen gab, dem man mit Methoden des Change Management abhelfen kann und das vor allem, wenn die wirtschaftlichen Vorteile klar und der Druck zur Einsparung groß ist, auch immer wieder einmal überwunden wird.

Das Problem der ‚Verbetrieblichung' entspringt demgegenüber einer sich selbst als modern und ökonomisch verstandenen Strategie und ist daher komplizierter. Es geht nämlich um das Argument, dass sich jede Dienststelle im Sinne der neuen Steuerungsmodelle wie ein Betrieb verhalten, sich auf die Kernaufgaben konzentrieren und die Aktivitäten über Kosten-Leistungsrechnungen steuern soll. In Bremen gibt es einen gut ausgebauten Benutzerservice für die Schulen, der in Form eines Vereins organisiert ist und für den Schul-Support vom SfBW finanziert wird. Früher hatte ein politisches Agreement zwischen Bildungs- und Jugendbehörde genügt, um auch die ca. zehn Jugendfreizeitheime vom Schul-Support-Service mitbetreuen zu lassen. Heute scheitert dies an der Kosten-Leistungsrechnung. Damals wäre es auch möglich gewesen, dass Jugendgruppen am Nachmittag einen gut ausgestatteten Computerraum einer Schule nutzen, so wie Sportvereine die Turnhalle nutzen. Heute geht beides nicht mehr. Im Sinne der ‚Verbetrieblichung' sind die Hausmeister der Bremer Schulen bei einem Eigenbetrieb beschäftigt. Wenn sie außerhalb der Schulstunden tätig sein sollen, müssen ihnen Überstunden bezahlt werden. Diese kann weder der Eigenbetrieb noch die Schule bezahlen, das Jugendfreizeitheim aber auch nicht, weil solche Posten gar nicht in seinem Budget vorkommen.

Es gibt gute Gründe für eine klarere Kosten- und Leistungsrechnung einzelner Dienststellen und auch für die Verselbstständigung in Form von Betrieben. Dies machen große Unternehmen in Form von Konzernen auch. Verrechnungspreise sind ein durchaus effektives Steuerungsmittel. Aber nur dann, wenn den potenziellen Nachfragern die Mittel zur Verfügung gestellt werden, um diese Preise bezahlen zu können. Das heißt, für den Support oder die Raumbenutzung dürfen die dem Bildungsressort unterstellten Einrichtungen erst dann Entgelte von Jugendeinrichtungen verlangen, wenn diese in deren Budget auch eingestellt sind. Anderenfalls wird das durchaus sinnvolle Ziel einer konzernähnlichen Steuerung diskreditiert, weil es nur als verdecktes Sparprogramm durch Leistungskürzung empfunden wird.

4. Netzwerkbildung auf Stadtteilebene

Bei dem Versuch der Verbesserung der Koordination zwischen den einzelnen Lernorten auf der Ebene des Stadtteils wirken einige dieser Probleme zwischen den Ressorts als Barrieren. Hinzu kommen anders gelagerte Schwierigkeiten, aber auch Freiräume, die von aktiven Personen erschlossen und genutzt werden können. Das Feld ist diffuser und muss daher zunächst strukturiert werden.

4.1 Die lokale Situations- und Netzwerkanalyse

Aus vielfältigen Erfahrungen mit der Netzwerkbildung auf ganz unterschiedlichen Gebieten weiß man: Für langfristige Erfolge, die helfen, die vorhandenen Ressourcen effektiver einzusetzen und die Arbeitsumstände der Beteiligten zu verbessern, bedarf es einer grundsätzlichen Klärung der Voraussetzungen vor Ort. Wer eine Veränderung der Kommunikationskultur über Institutionsgrenzen hinweg erreichen und damit den Informationstransfer effektiver gestalten will, muss mithilfe eines umsetzungsfähigen Gremiums die konkreten Ziele des gewollten Prozesses entwickeln, ein überschaubares Themenfeld identifizieren, bereits kooperierende Akteure herauskristallisieren, auf einen konkreten Handlungsdruck aufbauen und den absehbaren Nutzen für die Beteiligten deutlich herausstellen.

Daher wurde im Projekt KoLeMeKo zunächst eine lokale Situations- und Netzwerkanalyse durchgeführt, um die Stärken und Schwächen der Institutionen vor Ort zu identifizieren sowie die bestehenden Netzwerke herauszukristallisieren. Die Arbeitsinhalte sind für kommunale Akteure nicht neu. In den meisten Fällen geht es darum, die schon vorhandenen singulären Netzwerke mit ihrer Arbeit zu verknüpfen, ‚Lücken' zu entdecken und arbeitsteilig zu schließen. Eine solche Analyse muss offen und in Zusammenarbeit mit den Akteuren vor Ort erfolgen. Sie hilft, bereits Vorhandenes zu unterstützen und Schwierigkeiten in der derzeitigen Arbeit transparent zu machen. Kooperationshemmnisse und unausgewogene Kräfteverhältnisse treten zu Tage, die es zu benennen gilt. Auf Basis dieser Analyse lassen sich schließlich Maßnahmen und Initiativen zur Verbesserung der lokalen Situation entwickeln.

Die erforderlichen Informationen aus den beiden Pilot-Stadtteilen wurden mittels quantitativer (telefonische Einrichtungsbefragung) und qualitativer (ExpertInneninterviews) Instrumente erhoben. Neben den computerunterstützten Angeboten der verschiedenen Lernorte wurden die Interessen, Bedürfnisse und Schwierigkeiten der Akteure aufgenommen und analysiert. Daneben wurden die jeweiligen Stadtteilkonzepte und die darin festgeschriebenen Bildungsziele für die Konzeptentwicklung berücksichtigt. In den Konzepten sind die Interessen und Wünsche der Kinder und Jugendlichen im Stadtteil sowie die existierenden Angebote dokumentiert. Außerdem sind dort Themen und Ziele für die Kinder- und Jugendarbeit formuliert, die u.a. darauf abzielen, die Angebotsvielfalt und -qualität zu verbessern. In beiden Dokumenten hat die Verbesserung der Zusammenarbeit der verschiedenen Lernorte einen hohen Stellenwert.

Die beiden Stadtteile unterscheiden sich nach den so ermittelten Daten erheblich. Obwohl es in dem einen institutionalisierte Kooperationsgremien (z.B. in Form einer Stadtteilkonferenz unter Beteiligung von Schule und Jugendhilfe) gibt, sind bestehende Kooperationen zumeist auf das Engagement einzelner Personen zurückzuführen. Einzelne Schulen kooperieren mit Einrichtungen der Kinder- und Jugendhilfe, in einigen Fällen sind auch die digitalen Medien Gegenstand dieser Kooperationen. Die Sozialraumorientierung ist als handlungsleitende Maxime der Akteure präsent und schlägt sich in der Arbeit im Stadtteil nieder. Das Netzwerk bedarf jedoch einer besseren Steuerung, um gute Absichten und Ansätze weiterzuentwickeln und ressortübergreifend miteinander in Verbindung zu bringen. Es gibt zudem einen hohen Informationsbedarf auf der ‚mittleren' Planungsebene, einen an den Erfordernissen der Projektarbeit orientierten Qualifizierungsbedarf für die Nutzung digitaler Medien bei den MitarbeiterInnen, einen hohen Bedarf an technischem Support bei Computerproblemen und die Frage nach konkreter

Unterstützung bei der Initiierung von Kooperationen im Bereich der computerunterstützten Angebote.

Im Gegensatz dazu existieren in dem anderen Stadtteil zwar formell institutionalisierte Gremien zwischen Einrichtungen und Verwaltungen, diese werden aber nicht als tatsächliche Kooperationsgremien wahrgenommen. Der Austausch auf Einrichtungsebene erfolgt selbstorganisiert, generelle Kooperationsstrukturen existieren zwar zahlreich, computerunterstützte Angebote sind bislang aber kaum Gegenstand dieser Aktivitäten. Generell gilt für den zweiten Stadtteil, dass bestehende Kooperationen eher individuell statt institutionalisiert ablaufen. Kooperationen zwischen Schulen und Einrichtungen der Kinder- und Jugendhilfe sind die Ausnahme, die digitalen Medien spielen dabei kaum eine Rolle. Es ist ein Bedarf nach lokaler Bündelung von Informationen zu erkennen. Ebenso wünscht man sich verbesserte Kommunikationswege innerhalb der Behörden. Schließlich besteht ein hoher Qualifizierungsbedarf bei den MitarbeiterInnen und der starke Wunsch nach zusätzlicher Beratung. Bei den meisten Einrichtungen wird eine verschärfte Personalknappheit erlebt, die sich negativ auf die Angebotsplanung und -durchführung auswirkt. Das gilt für beide Stadtteile.

4.2 Vorgehensweise in der Netzwerkentwicklung

Die Entscheidung, ein Netzwerk zu ‚managen', geht über die Pflege und Verbesserung von Kommunikationsstrukturen hinaus. Sie erfordert die Entwicklung des informellen Beziehungsgeflechts (praktisch heißt dies, die lokale Analyse ernst zu nehmen und in einem längerfristigen Prozess die Weiterentwicklung des Beziehungsgeflechts zu forcieren), die relevanten Akteure stärker miteinander in Verbindung zu setzen und diese Beziehungen zu pflegen, Kooperationshemmnisse zu beseitigen, die Akteure mit neuen Ideen zu versorgen und die Umsetzung wissenschaftlich zu begleiten.

Im Fall von KoLeMeKo ging man nach Abschluss der lokalen Netzwerk- und Situationsanalyse (s. o.) dazu über, auf Basis der Ergebnisse eine einrichtungsübergreifende Strategie zu entwickeln, die die besonderen Belange der lokalen PartnerInnen vor Ort als konstituierend voraussetzt. Dabei ist es im Hinblick auf die Nachhaltigkeit der Unterstützungsleistungen wichtig, nicht in die Rolle des ‚Planers' zu verfallen, der den Akteuren von außen Konzepte ‚überstülpt'. Die Initiativen müssen vor Ort entwickelt und getragen werden, die Rolle der Moderation (in diesem Falle der wissenschaftlichen Begleitung) ist es, unterstützend tätig zu werden und Vorschläge zu unterbreiten. Nur so ist es möglich, die Etablierung dauerhafter Strukturen zu unterstützen. Im Projekt hat sich die Nähe des Projektteams zu den lokalen Schlüsselakteuren als wichtiges Erfolgskriterium erwiesen. Neben guter Planung befördert die Etablierung vertrauensvoller Beziehungen zu den Schlüsselakteuren den Vernetzungsprozess.

Erfahrungen aus anderen umfangreichen Kooperationsprojekten (z.B. INBAS 2000) und einschlägige Forschungsergebnisse (Diller 2001; Adrian 2003; Weyer 2000; Lipski 2003) zu Bedingungen erfolgreicher Netzwerkbildung belegen, dass ohne zielgerichtete gesteuerte Kooperation und Vernetzung die Wirkung der eingesetzten Mittel sehr gering bleibt. Entscheidend ist dabei vor allem die Frage, wer diese Vorgänge vor Ort moderiert und wer als Schnittstelle zwischen den verschiedenen Akteuren fungiert. Aus den Erfahrungen folgt, dass es bei Problemen der inhaltlichen und organisatorischen Abstimmung der Angebote einer Steuerung auf übergreifender Ebene bedarf, die Verbindlichkeit herstellt. Anstelle einer Vor-Ort-Beratung durch externe Fachkräfte wird im Projekt KoLeMeKo die Unterstützung und Begleitung der notwendigen Koordinierungs- und Abstimmungsprozesse durch Personen favorisiert, die durch ihre Arbeit bereits im Stadtteil verankert sind. Die ‚Kümmerer'-Funktion soll bis zum Ende des Projektes im Frühjahr 2006 soweit verstetigt werden, dass die entstehende ‚neue Kooperations- und Koordinationskultur' über diesen Zeitpunkt hinaus bestehen und sich weiterentwickeln kann.

Teilweise besteht die Hoffnung, dass neue technische Systeme zur Unterstützung von Kooperationsprozessen (CSCW = Computer-Supported Cooperative Work) diese Funktion übernehmen bzw. so auf die kooperierenden Partner verteilen, dass die Selbstorganisation ausreicht. Bisher ist dies jedoch in so lose gekoppelten Systemen wie einem Stadtteil oder Quartier nicht gelungen. Im Projekt KoLeMeKo nehmen wir die Bezeichnung CSCW wörtlich und entwickeln ein System, das den ‚Kümmerer' bei seiner Koordinationsarbeit unterstützen soll. Daher müssen zunächst dessen Aufgaben näher bestimmt werden.

4.3 Die Aufgaben des ‚Kümmerers'

Im Kontext der im vorangegangenen Abschnitt aufgeworfenen Anforderungen an die Netzwerkentwicklung ergeben sich für einen ‚Kümmerer' insbesondere vier Arbeitsschwerpunkte:

(1) Informationen bereitstellen

Viele Einrichtungen, die Angebote für Kinder und Jugendliche machen, wissen kaum etwas über Institutionen, die ähnliche Angebote im selben Quartier organisieren. Der ‚Kümmerer' sorgt dafür, dass die benötigten Informationen für die Planung, Abstimmung und Durchführung computerunterstützter Angebote für alle Akteure verfügbar sind. Diese Informationen müssen aufgenommen, aufbereitet und gepflegt werden. Die erforderlichen Daten sollten von den Einrichtungen in ein Informationssystem (s.u.) eingepflegt werden. Dazu werden die Institutionen nur bereit sein, wenn der erwartete Nutzen groß genug ist.

(2) Kontakte entwickeln und pflegen
Die Kommunikation zwischen den Akteuren bildet die Basis der Kooperation von Einrichtungen im Stadtteil. Gerade aufgrund bestehender Vorurteile gegenüber VertreterInnen anderer Bildungsbereiche als dem eigenen wird der ,Kümmerer' besonders in der Phase entstehender Koordinations- und Kooperationsprozesse gefragt sein, um zu helfen, zu unterstützen und gegebenenfalls zwischen Akteuren zu vermitteln. Dabei ist seine persönliche Präsenz als überparteiliche Instanz gefragt.

Um die Entstehung solcher Prozesse nicht dem Zufall zu überlassen, ist es wichtig, Strukturen zu schaffen, die die Kommunikation der verschiedenen Akteure im Stadtteil begünstigen (z.B. Möglichkeiten zum Austausch zwischen LehrerInnen und SozialpädagogInnen), aber auch die Kommunikation der Akteure im Stadtteil mit externen Akteuren (z.B. Verwaltung) und Unterstützungssystemen (z B. Medienzentren) befördern bzw. erleichtern. Aufgrund seines detaillierten Wissens kann der ,Kümmerer' zudem potenzielle Kooperationspartner aufeinander aufmerksam machen und zusammenführen.

(3) Prozesse moderieren und begleiten
Die Abstimmung individueller Angebotsplanungen sowie die Initiierung gemeinsamer Aktivitäten wird immer wieder der Moderation und Begleitung bedürfen, um die angestrebten Ergebnisse zu realisieren und Schwierigkeiten zu vermeiden oder aufzulösen. Der ,Kümmerer' im Stadtteil kennt viele der relevanten Akteure bereits und genießt bei ihnen das nötige Vertrauen, um als ModeratorIn und VermittlerIn anerkannt zu werden.

(4) Bedarfe analysieren und kommunizieren
Das frühzeitige Erkennen von Bedarfen und Interessen von Jugendlichen (z.B. Wünsche nach bestimmten Angeboten) und MitarbeiterInnen (z.B. nach bestimmten Qualifizierungsangeboten) ist eine wichtige Voraussetzung, um rechtzeitig auf entsprechende Veränderungen reagieren zu können. Der ,Kümmerer' fungiert als Bindeglied zwischen dem Stadtteil und den zuständigen Behörden (z.B. Kinder- und Jugendhilfe, Bildungsbehörde).

Aus dieser Aufgabenbeschreibung folgt, dass der ,Kümmerer' keine von außen eingesetzte Stelle oder Person sein sollte. Vielmehr sollte es sich um eine Funktion oder Rolle handeln, die bereits im Quartier tätige Stellen und Personen übernehmen sollten. In dem einen Fall ist es jemand aus dem Quartiersmanagement, der bereits mit vielen Lernorten im Stadtteil zusammengearbeitet hat, in einem anderen wurde ein Medienzentrum ausgewählt, dass bereits in unterschiedliche medienpädagogisch relevante Kooperationsbeziehungen eingebunden ist.

4.4 Das Informationssystem zum Ressourcenmanagement im Stadtteil (IRiS)

Im Rahmen von KoLeMeKo wird zur Unterstützung des ,Kümmerers' ein

Informationssystem zum Ressourcenmanagement im Stadtteil (IRiS) entwickelt und prototypisch umgesetzt. Durch das System sollen zum einen allgemeine Einrichtungsdaten (Name, Adresse, Kontaktdaten, Öffnungszeiten etc.) sowie Informationen zu den vorhandenen Ressourcen und Kompetenzen der Einrichtungen (Arbeitsschwerpunkte, technische Ausstattung etc.) verfügbar gemacht werden. Zum anderen sollen dort die computerunterstützten Angebote der Lernorte (mit Informationen zu Inhalten, VeranstalterIn, KooperationspartnerInnen, Veranstaltungsort, Zielgruppe(n), Termine, Planungsstand etc.) erfasst werden. Ergänzt wird das Informationsangebot durch die Bereitstellung relevanter Dokumente (Protokolle, Schulungsunterlagen, Arbeitsmaterialien etc.). Ein Teil dieser Informationen ist bereits über andere Stadt(teil)-Informationssysteme verfügbar. Auch wenn die Informationen dort meist nicht in der für KoLeMeKo benötigten Detaillierung existieren, sind Redundanzen zu vermeiden. Systemübergreifende Schnittstellen und gemeinsame nutzbare Datenbestände sind anzustreben.

Der Schwerpunkt von IRiS liegt auf der Planung und Abstimmung von Angeboten im Stadtteil. Die Erhebung der relevanten Angebotsdaten stützt sich auf ein Schema, das im Rahmen des Vegesacker Stadtteilkonzeptes entwickelt und für IRiS angepasst und erweitert wurde. Die Einrichtungen sollen die erforderlichen Daten dezentral in das System einpflegen. Erfahrungen mit der Nutzung von Informationssystemen lehren allerdings, dass die verschiedenen Einrichtungen immer wieder motiviert werden müssen, neue Informationen bereitzustellen bzw. bestehende zu aktualisieren.

Der Zugriff auf die bereitgestellten Informationen erfolgt aus verschiedenen Warten für die unterschiedlichen Zielgruppen. Während Jugendliche (und Eltern) beispielsweise auf die Stammdaten der Einrichtungen und deren laufende Angebote zugreifen können, ist es für den ‚Kümmerer' und die MitarbeiterInnen der Lernorte wichtig, auch auf geplante Angebote zugreifen zu können, um gegebenenfalls Abstimmungsprozesse einzuleiten und z.B. geeignete Kooperationspartner zu identifizieren. Für die Einrichtungen können historische Angebotsdaten darüber hinaus bei der Berichtlegung für Zuwendungsgeber oder der Antragstellung für neue Projekte und Angebote von Nutzen sein. Die zuständigen Behörden können durch sinnvoll aggregierte Daten ihr Controlling und die übergreifende Angebotsplanung verbessern.

Im Zuge der Anforderungsdefinition muss festgelegt werden, welche Daten die jeweiligen Gruppen einsehen dürfen. Besonders sensibel ist die Nutzung des Systems durch die verschiedenen Behörden. Entstünde der Eindruck, dass ein IRiS von diesen Institutionen dazu genutzt wird, die Einrichtungen zu kontrollieren und weitere Mittel einzusparen, ist zu Recht keine Systemakzeptanz durch die Lernorte zu erwarten.

5. Ausblick

Auf Grundlage der durchgeführten Analyse wurden in beiden Stadtteilen Institutionen und die dazugehörigen Personen identifiziert, die für die Übernahme der ‚Kümmerer-Funktion' prädestiniert sind. Sie müssen jedoch dazu von einem Teil der bisherigen Aufgaben entlastet werden. Sobald dafür die erforderliche Finanzierung gewährleistet ist, kann die Pilotierung in ihre entscheidende Phase eintreten. Aufgrund des immer noch sehr präsenten Ressortdenkens und der anhaltenden ‚Verbetrieblichung' der Behörden besteht zurzeit wenig Spielraum für die Zusammenarbeit der unterschiedlichen Ressorts. Der Impuls für eine verbesserte Kooperation der Lernorte für Medienkompetenz muss daher von den Akteuren vor Ort kommen. Ist er stark genug, besteht die Chance, dass mittel- bis langfristig eine Kooperationskultur entsteht, die die möglichst optimale Bildungsförderung von Kindern- und Jugendlichen über die Einzelinteressen von Ressorts und Einrichtungen stellt.

Literatur

- Adrian, L. (2003): Regionale Netzwerke als Handlungskonzept. Erfolg versprechender Weg einer innovationsorientierten Regionalentwicklung? Berlin.
- Bertelsmann Stiftung/MfSWKS (Ministerium für Städtebau und Wohnen, Kultur und Sport des Landes NRW) (2003): Medienpartner Bibliothek und Schule: Lese- und Informationskompetenz NRW, verfügbar unter http://www.medienpartner-nrw.de/downloads/projekt-beschreibung.doc
- Deinert, U. (Hrsg.) (2001): Kooperation von Jugendhilfe und Schule. Ein Handbuch für die Praxis. Opladen.
- Diller, C. (2001): Spuren der Re-Institutionalisierung: Ergebnisse einer empirischen Untersuchung von Regionalen Kooperationen in Deutschland. In: Planungsrundschau, 1.
- Euler, D. (Hrsg.) (2003): Handbuch der Lernortkooperation, Band 2: Praktische Erfahrungen. Bielefeld.
- Kubicek, H./Welling, S. (2001): Studie zur betreuten Internetnutzung im Land Bremen. Bestandsaufnahme – Defizitanalyse – Handlungsoptionen. Studie für die Bremer-Regionale-Informationsgesellschaft-Strategieentwicklung (BRISE). Bremen.
- INBAS (2002): Bessere Ausbildungschancen für alle! Abschlussbericht. Entwicklung einer Konzeption für lokale und regionale Netzwerke in der beruflichen Qualifizierung Jugendlicher und junger Erwachsener im Kreis Segeberg. Offenbach am Main.
- Lipski, J./Behr, A. (2003): Schule und soziale Netzwerke. Erste Ergebnisse der Befragung von Kooperationspartnern allgemein bildender Schulen. München.
- Weyer, J. (Hrsg.) (2000): Soziale Netzwerke. Konzepte und Methoden der sozialwissenschaftlichen Netzwerkforschung. München.

■ IDA PÖTTINGER

Ein Netz, das trägt.

Medi@Culture-Netzwerk in Baden-Württemberg

„Es ist kein Geheimnis, dass unsere Jugend bis hinab zu den frühkindlichen Altersstufen einen Großteil ihrer Erfahrungen der kontinuierlichen Teilnahme an Film-, Funk-, Fernsehdarbietungen verdankt. Seit der Heraufkunft und rapiden Verbreitung des Fernsehens ist die Kurve dieses Erfahrungserwerbs in beängstigender Weise angestiegen und die beunruhigte Öffentlichkeit sieht sich nach erzieherischer Hilfe bei pädagogisch sachverständigen Personen und Institutionen um." (HEIMANN 1961, S. 41) Medienpädagogik gibt es seit den 50-er Jahren, auch wenn sie früher Filmerziehung, Fernsehschule oder Medienkritik hieß. Sowohl in der Jugendarbeit als auch in der Schule schwankte man lange Zeit zwischen pädagogischen Ängsten und aufklärerischem Engagement. Einige Pädagoginnen und Pädagogen gründeten Vereine, die sich das, was wir heute Medienkompetenz nennen, zum Ziel gesetzt hatten.

Die wenigsten dieser Projekte und Projektträger im Medienbereich haben einen geraden Lebenslauf. Viele davon sind gewachsen, weil man die Notwendigkeit erkannte oder weil man sich versprach, durch ein Medienprojekt Geld, Subventionen oder Sponsorengelder zu bekommen. Es gab Phasen, da sprossen Medienprojekte wie Pilze aus dem Boden, und Phasen, in denen sie ums Überleben kämpften. Die Medien selbst bestimmten häufig die Konjunktur. Immer dann, wenn technische Neuerungen den Markt überschwemmten, oder nach tragischen Entgleisungen von „medienverwahrlosten" Jugendlichen wurde in der Öffentlichkeit lauthals nach Medienpädagogik gerufen. Populäre Kampagnen führten jedoch selten zu langfristigen, kontinuierlichen Finanzierungen. So war es nur wenigen freien, kommunalen oder kirchlichen Einrichtungen möglich, einen Stamm an Mitarbeitern zu beschäftigen und gezielte Medienarbeit nachhaltig aufzubauen.

Schulen, die wesentlich unflexibler auf neue Strömungen reagieren konnten, weil sie an Lehr- und Bildungspläne gebunden sind, ignorierten über lange Zeit medienpädagogische Themen. Zwar gab es vereinzelte Vorreiter, jedoch blieb Medienpädagogik lange Zeit abhängig vom Engagement und Wissenspotenzial einzelner Lehrkräfte. Diese machten spektakuläre Projekte, erarbeiteten gute Vorschläge, Handreichungen und Webseiten, auf denen sich Kolleginnen und Kollegen das nötige Know-how aneignen konnten, doch die rechte

Begeisterung für Medien fehlte im Allgemeinen. Medien wurden als Kulturfaktor nicht akzeptiert.

Die Lage hat sich verändert, auch in Baden-Württemberg. Seit sieben Jahren fördert das Kultusministerium die Arbeit mit Medien und ihre medienpädagogische Begleitung. Bisher liefen viele Unterstützungsprojekte getrennt und parallel, sowohl in der Lehrerfortbildung, bei der Durchführung von exemplarischen Unterrichtseinheiten, als auch in der Jugendarbeit. Die Notwendigkeit zur Zusammenarbeit ergibt sich theoretisch aus der Neudefinition des Bildungsbegriffs und praktisch aus dem Zusammenwachsen von Vormittagsunterricht und Nachmittagsbetreuung. Aus einem wildwüchsigen Aggregatszustand eine neue, gemeinsame Bewegung zu entwickeln, ist jedoch immer noch schwierig.

Medi@Culture, eines der Projekte der Medienoffensive II des Ministeriums für Kultus, Jugend und Sport, versucht diesen holprigen Weg zu gehen. Voraussetzung hierfür war zunächst eine Bestandsaufnahme all jener Institutionen, die sich um Medienbildung kümmern.

Medienbildung – eine typische Querschnittsaufgabe

Freilich ist es nicht ganz einfach, einen Überblick über bereits vorhandene private, gemeinnützige, kommunale und vom Land getragene Institutionen zu gewinnen. Folgende Träger sind in Baden-Württemberg (und mit großer Wahrscheinlichkeit auch in anderen Bundesländern) mit von der Partie:

- Kultusministerium: Das Ministerium erstellt Bildungspläne, legt die Unterrichtsorganisation fest und gibt Leistungsstandards bei Schulabschlüssen und zentralen Prüfungen vor. Es organisiert oder koordiniert die Lehrerausbildung und -fortbildung, den Schulhausbau sowie Betreuungsangebote in Schulen außerhalb des Unterrichts. Im Zuständigkeitsbereich des Ministeriums liegen Schule und außerschulische Jugendarbeit mit dem Ziel, die Jugend in die Entwicklung von Gesellschaft und Politik einzubeziehen und ihre Zukunftschancen zu wahren. Im Projekt „Medienoffensive Schule II“ geht es sowohl um technische als auch um pädagogische Aspekte der Medienbildung;
- Sozialministerium: Im Bereich der sozialen Jugendhilfe fördert das Sozialministerium insbesondere Maßnahmen der Mobilen Jugendarbeit, der Jugendsozialarbeit an Schulen und der Integration ausländischer und ausgesiedelter Jugendlicher. Diese Angebote leisten wichtige Beiträge zur Prävention gegen Arbeits- und Perspektivlosigkeit, Gewalt und Sucht. Medienarbeit, soweit sie im Rahmen von „Wissenskluft“ oder „Gender“ notwendig ist, wird von hier aus gefördert;
- Institutionen auf Landesebene (z.B. Landesmedienzentrum, Landesjugendring, Landesvereinigung Kulturelle Jugendbildung, Landeszentrale für politi-

sche Bildung, Aktion Jugendschutz Baden-Württemberg...): Sie fördern Medienpädagogik in Form von Aus- und Fortbildungen oder Sachmitteln wie Soft- und Hardware, aber z.T. auch in Form von Projekten;

- Landesanstalt für Kommunikation: plant und fördert seit 1968 die Rundfunklandschaft in Baden-Württemberg. Sie lizenziert private Radio- und Fernsehveranstalter, vergibt Frequenzen und ist auch zuständig für die Förderung von Medienpädagogik. Sie fördert überdies Projekte und vergibt Preise für gute journalistische und medienpädagogische Arbeiten;
- Stiftungen (Landesstiftung, Jugendstiftung, Stiftung Medienkompetenz) unterstützen seit Jahren auch handlungsorientierte Medienprojekte;
- Kommunen (Kulturamt, Kreismedienzentren, Stadt- und Kreisjugendringe) fördern zeitlich gebundene Projekte;
- Vereine mit medienpädagogischer Zielsetzung (z.B. Jugendhilfswerk e.V. Freiburg, e-tage e.V. Ulm): Diese setzen kontinuierlich Projekte in die Tat um
- Vereine mit dem Ziel Jugendarbeit sind meist Antragsteller für begrenzte Projekte, wobei sie ihre Aufgabe vor allem in der Integration von Jugendlichen und weniger in der Medienbildung sehen.

Medi@Culture – Medienkulturarbeit und Medienbildung

All diese Institutionen verfolgen verschiedene Teilziele, auch wenn das große Ziel Medienkompetenz überall das gleiche sein mag. Medi@Culture, ein Projekt des Kultusministeriums im Rahmen der „Medienoffensive Schule II", macht den Versuch, die verschiedenen Energien zu bündeln und eigene Anstöße zu liefern. Grundlage des Konzepts sind hierbei folgende Überlegungen:

Einerseits leben Kinder und Jugendliche heute ganz selbstbestimmt in einer Medienkultur: Sie lesen, surfen im Internet, spielen am Computer, chatten, recherchieren im Internet und rechnen mit Tabellenkalkulationsprogrammen. Andererseits beziehen sie auch – bewusst oder unbewusst – ihre Weltanschauung, ihre Zukunftspläne und ihr Styling aus den Medien.

Der Medienmarkt folgt medientechnischen und ökonomischen Regeln, die zunächst für Kinder und Jugendliche nicht durchschaubar sind – in allen Fällen ist unsere Kultur, d.h. unser Umgang mit Menschen und Dingen, mit betroffen. Aufgrund gesellschaftlicher und vor allem familiärer Strukturveränderungen müssen Schulen und außerschulische Einrichtungen heute immer mehr die Funktion von Erziehung und Bildung übernehmen. Dazu gehört auch die Vermittlung von sachgerechtem, kreativem und sozial verantwortlichem Umgang mit Medien, sprich Medienkompetenz.

Medi@Culture nimmt diese Herausforderung an und versucht Kinder und Jugendliche nicht zu kritisieren, sondern ihnen einen bewussteren Umgang mit Medien zu erleichtern. Aus diesem Grund bewegt sich das Angebot von Medi@Culture auf verschiedenen Ebenen. Es bietet Informationen, setzt auf kulturellen Austausch mit anderen Ländern, bringt praktische Unterstützung und pflegt Kontakte mit Einrichtungen außerhalb der Schule.

- Medi@Culture–Praxis fördert die aktive und kritisch-reflektierende Mediennutzung durch das kreative Gestalten eigener Medienproduktionen im schulischen und außerschulischen Bereich.
- Medi@Culture–online bietet ein umfangreiches, multimediales Informationsangebot zur Medienkultur und Medienbildung im Internet und führt die Ergebnisse aus den anderen beiden Teilprojekten in einem zentralen Online-Portal zusammen. – Mit dem Teilprojekt European Medi@Culture-online wird Medi@Culture-online durch einen europäischen Aspekt erweitert.
- Medi@Culture–Netzwerk sorgt für die Vernetzung der Teilprojekte von Medi@Culture, verknüpft schulische und außerschulische Aktivitäten und fördert Synergien zwischen medienpädagogisch tätigen Einrichtungen und Projekten.

Mit der Erkenntnis, dass Medien Bestandteil unserer Kultur sind, wird der Begriff Medienerziehung weniger wichtig. Medienerziehung setzt die Vorstellung von einem eindeutigen Menschenbild voraus, das als Ziel der Erziehung definiert werden könnte. Aber die Gesellschaft wandelt sich in solch rasendem Tempo, dass es fast unmöglich ist, Menschenbilder in eine praktikable Leitlinie für die Erziehung zu übersetzen. Vor allem die Digitalisierung, aber auch strukturelle Veränderungen haben längst neue Bedürfnisse und Verhaltensweisen geschaffen, hinter die nicht mehr zurückgegangen werden kann. Es bleibt nur die Flucht nach vorn in eine verantwortbare Medienkultur, die allerdings auch gestaltet werden muss. Auszüge aus dem Konzept von Media@Culture verdeutlichen diesen Ansatz:

- In der Medienerziehung steht oft die Beschränkung übermäßigen Medienkonsums im Vordergrund, Medi@Culture akzeptiert die Nutzung aller Medien durch Kinder und Jugendliche zuerst einmal als Ausgangspunkt pädagogischen Handelns, fragt nach den Medienerfahrungen, den Bedürfnissen und dem subjektiven Sinn des Medienhandelns der Kinder und Jugendlichen und entwickelt davon ausgehend erweiterte Handlungsmöglichkeiten.
- Medienerziehung versteht sich komplementär zur literarischen Bildung, Medi@Culture betrachtet auch Bücher als Medien und betrachtet die Medien prinzipiell als gleich„wertig“ (Bücher sind nicht per se besser als andere Medien, sondern es kommt darauf an, was drinsteht – es gibt auch Trivialliteratur und indizierte Schriften). Lesen ist nicht die einzige rezeptive „Kulturtechnik“.
- Medi@Culture ist Lernen durch Handeln und Gestalten, Medienerziehung dagegen ist immer noch weitgehend kognitiv-rezeptiv ausgerichtet („Medienkunde“).

- In der Medienerziehung geht es oft nicht wirklich um die Inhalte der Medien und ihre Bedeutung für die Kinder und Jugendlichen, sondern sie werden zu pädagogischen Zwecken „benutzt". Medi@Culture dagegen akzeptiert die inhaltliche Dimension der Medien (z. B. das Interesse der Jugendlichen an Soaps, weil diese Themen wie Liebe und Partnerschaft behandeln).
- Genauso ernst nimmt der Medi@Culture-Ansatz die „Sprache" der Medien, auch wenn sie in spezifischen Ausprägungen nicht dem Geschmack der Erwachsenen entspricht.

Grundlage von Medi@Culture ist also eine umfassende Medienbildung, die sowohl in der Schule als auch außerhalb ihren Platz hat.

• *Medi@Culture-Netzwerk – ein Netz mit 65 Knoten*

Innerhalb der Medienpädagogik und -erziehung existieren viele Institutionen, Vereine, Gruppierungen, die sich Medienkompetenz auf die Fahnen geschrieben haben. Die große Zahl an Institutionen sowie die Vielfältigkeit an Einzelprojekten und Veröffentlichungen stellen sich für alle an der Medienbildung Beteiligten als eine unübersichtliche Landschaft dar. Zeit, Geld und Energien gehen dadurch verloren. Während auf manchen Gebieten das Angebot sehr groß ist und die Träger sich gegenseitig Konkurrenz machen, werden andere Themenbereiche und Bevölkerungsgruppen von der Medienerziehung nicht bedacht. Konkret geht es in diesem Projektbereich um die Vermittlung von Kontakten, Kooperationen, die Initiierung gemeinsamer Maßnahmen und Projekte, um Erfahrungsaustausch und natürlich auch um die Vernetzung der vorgenannten Projektbereiche untereinander sowie nach außen. Auf diese Weise können sehr viel mehr Ressourcen erschlossen werden als durch Einzelmaßnahmen. Für die Elternarbeit z. B. existieren eine Reihe von sehr gut ausgearbeiteten Konzepten und Strukturen, nur sind diese untereinander noch kaum verbunden, so dass entsprechende Angebote entweder aus räumlichen, technischen oder organisatorischen Gründen nicht stattfinden können oder auch gar nicht erst bei den Zielgruppen bekannt werden.

In Zusammenarbeit mit außerschulischen Einrichtungen, die sich aufgrund der Marktverhältnisse immer schon stärker an den Bedürfnissen von Kindern und Jugendlichen orientieren mussten, können Schulen auch den neuen Bildungsplänen eher gerecht werden.

Die beschriebenen Arbeitsbereiche haben sich relativ selbstständig entwickeln können. Für die Ideen sind passende Strukturen entwickelt worden. So besteht Medi@Culture-Netzwerk in der Hauptsache aus einem Organisationsbüro. Von hier aus werden Kontakte nach außen aufgenommen und gepflegt. In einem Koordinationskreis mit Vertretern vieler Institutionen des Landes werden Informationen ausgetauscht und Schwerpunkte der Arbeit besprochen. In regional organisierten Kooperationskreisen werden konkrete Kontakte zwischen Schulen und außerschulischen Trägern, die in irgendeiner Weise Medienarbeit betreiben, geknüpft.

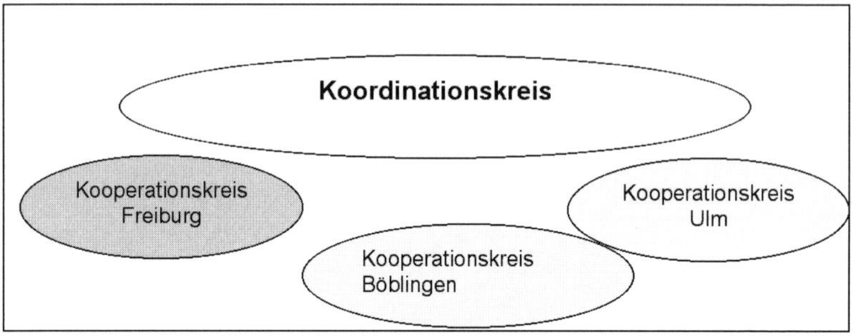

Glücklicherweise gibt es in Baden-Württemberg noch Landes-, Kreis-, und Stadtmedienzentren. Da das Landesmedienzentrum mit der Durchführung des Projekts Medi@Culture vom Kultusministerium beauftragt wurde, bot es sich an, diese Struktur zu nutzen. Als Basisstation dienen jeweils Kreis- oder Stadtmedienzentren, die flächendeckend über das ganze Bundesland gestreut sind. Da es 65 Kreis- und Stadtmedienzentren gibt, musste zunächst eine Auswahl getroffen werden. Die ersten sogenannten Kooperationskreise wurden in Freiburg, Überlingen und Ulm eingerichtet. Mittlerweile kam noch Böblingen hinzu, weitere werden folgen. Im Abstand von ca. einem Monat werden in den Räumen eines Kreismedienzentrums (KMZ) Lehrerinnen und Lehrer und Projektleiter aus dem medienpädagogisch tätigen Umfeld eingeladen. Um ein Beispiel zu nennen: In Freiburg treffen sich regelmäßig die Leiter des KMZ, eine Lehrerin, die vom Oberschulamt für außerschulische Kooperationen zuständig ist und gleichzeitig an einer Grundschule unterrichtet, eine Kreisjugendpflegerin, ein Vertreter des Stadtjugendrings, jeweils eine Ansprechpartnerin einer Medienwerkstatt und einer Videowerkstatt, ein regionaler Referent der Aktion Jugendschutz, ein Vertreter der Pädagogischen Hochschule und ein Lehrer, der an einem sozialpädagogischen Gymnasium das Fach Medienpädagogik unterrichtet.

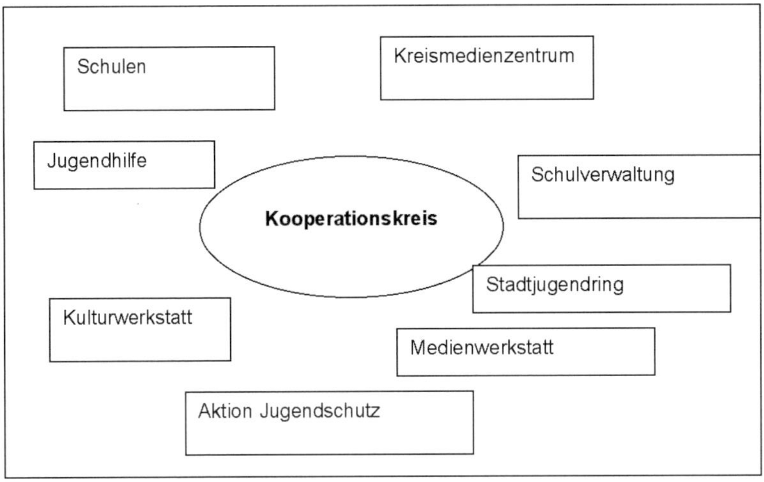

Win – win für alle Beteiligten
Wünschenswert wäre es, wenn an möglichst vielen Standorten Baden-Württembergs die Zusammenarbeit ebenso fruchtbar wäre wie in Freiburg. Wenn es gelänge, in den nächsten Jahren alle Kreismedienzentren dazu zu bewegen, interessierte Lehrkräfte und außerschulische Partner an einen Tisch zu bringen, dann würde die medienpädagogische Arbeit in der Schule Auftrieb bekommen. Denn in diesem Kreis erhalten sie jene Unterstützung, die ihnen seit langem in der praktischen Arbeit gefehlt hat:

- Kontakte zu medienpädagogischen Profis (Referenten, Videospezialisten etc.),
- Ideen für geeignete Medienprojekte (Hörspiel, Videokonferenzen etc.),
- Partner für die Umsetzung gemeinsamer Projekte (Medienwerkstätten, Jugendzentren),
- Hintergrundwissen über neue medienpädagogische Zielsetzungen,
- Konkrete Hilfestellung bei organisatorischen Problemen (auch in Hinblick auf die Ganztagsangebote),
- Hilfestellung bei technischen Problemen (z.B. Softwarebedienung),
- Beratung bei pädagogischen Problemen (z.B. Gruppenarbeit mit Medien),
- Informationen über finanzielle Unterstützung bei Medienprojekten.

Einige der Kooperationskreise haben in den letzten Monaten in Zusammenarbeit mit dem Netzwerkbüro eine ganztägige Fachtagung auf die Beine gestellt, eine Projekt- und Kooperationsbörse gegründet und gemeinsame Projekte zwischen Schulen und außerschulischen Partnern realisiert. Dies geschah auf unterschiedliche Weise:

- Flyer: Jede Region erstellte für Schulen eine Liste außerschulischer Einrichtungen, die Adressen, Schwerpunkte und Kontaktpersonen enthält. Die Verbreitung erfolgt über die Kreismedienzentren.
- Webseiten: Auf den Webseiten von www.mediaculture-online.de werden nach Regionen getrennt Adressen, Schwerpunkte und Kontaktpersonen der außerschulischen Einrichtungen aufgelistet. Außerdem gibt es Links zu den bereits durchgeführten Medienprojekten. Zur besseren Erreichbarkeit werden vom Landesbildungsserver aus Links auf diese Seiten gesetzt.
- Tagungen: In mehreren Städten wurden ganztägige Fachtagungen zum Thema „Kooperation zwischen schulischer und außerschulischer Medienarbeit" durchgeführt.
- Projekte: Zusammen mit außerschulischen Einrichtungen werden konkrete Projekte realisiert.

Diese Maßnahmen sollen dazu führen, dass Schulen zielgerichtet auf außerschulische Partner zugehen können. Denn erst jetzt stellen sich Lehrerinnen und Lehrer die Frage, wie sie die konkrete Forderung nach Öffnung der Schule, Medienbildung im Unterricht und Betreuungsangebote am Nachmittag in die Praxis umsetzen können.

Kooperationen gelingen jedoch nicht immer gleich gut. Zwar besteht ein allgemeines Interesse, aber der Vorbehalt, sich zusätzlich einen Arbeitskreis – und sei er nur kurzfristig – aufzuhalsen, ist im Augenblick sehr groß. Flächendeckende Kooperationskreise einzuführen, würde einen Stab von Mitarbeitern voraussetzen, den es vorerst nicht gibt. Da aber viele Anzeichen dafür sprechen, dass auch in Baden-Württemberg bei Eltern und Schulen das Interesse an Ganztagsbetreuung zunimmt, wären die Kooperationskreise geeignete Pools von Personen, die regelmäßige und professionelle Medienarbeit am Nachmittag anbieten könnten. Vorerst ist jedoch die Frage der Finanzierung solcher Angebote noch nicht geklärt.

Das baden-württembergische Kooperationsmodell hat versucht, aus Erfahrungen anderer Bundesländer zu lernen. Zusammenarbeit wird nicht verordnet und im Hau-Ruck-Verfahren übergestülpt. Persönliche Kontakte und das Gespräch über unterschiedliche Zielsetzungen von Schule und außerschulischen Partnern werden gepflegt. Die daraus resultierenden Kooperationen zeigen, dass die Forderung nach Gleichwertigkeit von Schulen und außerschulischen Partnern, nach „gleicher Augenhöhe" und Vertrauen, resultierend aus der besseren Kenntnis der jeweiligen Arbeitsbedingungen, durchaus erfüllt werden können.

Dabei ist pädagogische Medienarbeit ein Dauerprojekt. Es gibt zwar immer neue technische Errungenschaften, aber keine wird die Welt in den nächsten Jahren so nachhaltig verändern wie die Digitalisierung unserer nächsten

Umgebung. Kinder und Jugendliche leben in einer Medienkultur, und als verantwortlicher Pädagoge hat man sich dieser Herausforderung zu stellen.

Literatur

- Heimann, Paul (1961): Film, Funk, Fernsehen in der Lehrerbildung, abgedruckt in: JFF-Institut für Medienpädagogik in Forschung und Praxis, Von der Filmerziehung zur Medienkompetenz. München 1999.

■ Doris Kellermann/Jens Lipski

Wie wird das Internet in der Schule genutzt – welche Anknüpfungspunkte ergeben sich für die Jugendarbeit?

In diesem Beitrag sollen Ergebnisse des Projekts „Schule und soziale Netzwerke“ vorgestellt werden. Bei diesem Projekt handelt es sich nicht um ein reines Medienprojekt, Daten zur Internetnutzung wurden vielmehr im Rahmen einer Befragung zur Öffnung von Schulen erhoben. Ausgehend von der Annahme, dass allgemein bildende Schulen zur Erfüllung ihres Bildungs- und Erziehungsauftrags vermehrt auf die Zusammenarbeit mit anderen Einrichtungen und Personen angewiesen sind, war es das Ziel des Projekts, die Nutzung von außerschulischen Ressourcen durch allgemein bildende Schulen zu erfassen.

Vor diesem Hintergrund stellten sich zwei grundlegende Fragen:

- Wie weit kooperieren allgemein bildende Schulen in Deutschland mit anderen Personen und Einrichtungen?
- Welche Auswirkungen haben diese Kooperationen auf das schulische Leben und den schulischen Unterricht?

Zur Beantwortung der ersten Frage wurden Schulleiter/innen allgemein bildender Schulen und ihre Kooperationspartner mit schriftlich zu beantwortenden Fragebögen befragt (insgesamt ausgewertete Fragebögen: 5.238). Neben den Themen Kooperation mit Betrieben, Kooperation mit Schulsozialarbeit, Kooperation mit anderen Schulen war die Nutzung des Internet ein Thema dieser schriftlichen Befragung. Das Projekt ging davon aus, dass die Nutzung des Internet im weiteren Sinne eine Öffnung der Schulen nach außen darstellt. Das Internet wurde auch als ein Themenbereich mit aufgenommen, da es als Lern- und Sozialisationsraum, als Kommunikations-, Partizipations- und Kulturraum vielfältige Bildungsmöglichkeiten beinhaltet.

Um herauszufinden, welche Auswirkungen die Kooperationen auf das schulische Leben und den Unterricht haben, wurden Leiter, Lehrer, Eltern und Schülergruppen 25 ausgewählter Schulen zu den Auswirkungen der oben genannten Themenbereiche mündlich interviewt. Interviews zur Nutzung des Internet wurden in diesem Zusammenhang jeweils an einer Grundschule, einer Hauptschule, einer Realschule, einem Gymnasium und einer Modellschule des Bertelsmann-Netzwerks der Medienschulen durchgeführt. Diese Schulen wurden durch ein Zufallsverfahren ausgewählt. Es fanden Einzelinterviews mit Schulleitern, Lehrern und Eltern sowie Gruppendiskussionen mit Schülern statt.

- *Die Nutzung des Internet an allgemein bildenden Schulen*

Eine wesentliche Voraussetzung für die Möglichkeiten der Internetnutzung, die eine Schule hat, ist durch die Anzahl der Internetzugänge gegeben. Wenn man eine Klassengröße von 25 bis 30 Schülern annimmt und weiter, dass die Computer in der Regel in einem Computerraum konzentriert sind, kann man davon ausgehen, dass für eine Internetnutzung im Unterricht mindestens 10 Computer mit Internetanschluss vorhanden sein sollten. Diese Voraussetzung ist allerdings nur bei 16 Prozent der von uns befragten Schulen gegeben (mehr als 20 Internetzugänge haben sogar nur 9 Prozent der Schulen). Bei immerhin 81 Prozent der Schulen stehen weniger als 9 Computer mit Internetzugang zur Verfügung. Nur sehr wenige der befragten Schulen haben überhaupt keinen Internetzugang (3 Prozent insgesamt; dabei 5 Prozent der Grundschulen).

Da die Computer in der Regel im Computerraum konzentriert sind, ist die Nutzung mit organisatorischem Aufwand verbunden (Führen eines Belegungsplans, Organisation des Umzugs der Klassen). Optimale Arbeitsvoraussetzungen wie z.B. Computerinseln im Klassenraum sind eher die Ausnahme. Dieses Ergebnis findet sich auch in einer Befragung des Bundesministeriums für Bildung und Forschung (BMBF) zur IT-Ausstattung allgemein bildender und berufsbildender Schulen wieder: In den Sekundarschulen I und II korrespondiert die Einrichtung informationstechnischer Fächer mit einer Konzentration der Computer in eigenen Computerräumen bzw. Computerkabinetten. In den Grundschulen, die keine solchen speziellen Fächer haben, sind die Geräte mehr über die Klassen- und Fachräume verteilt (BMBF 2003, S. 32). Diese größere Verteilung der Geräte über die Klassenräume führt offenbar zu einer etwas stärkeren Verankerung der neuen Medien im Unterricht. „Unterricht mit neuen Medien findet in vielen Schulen in NRW statt. Vor allem in den Grundschulen, in denen zumeist Medienecken in den Klassenräumen eingerichtet sind, ist der Computer in erstaunlich hohem Maß im Unterricht verankert. In den weiterführenden Schulen, die zu einem großen Teil über Computerräume verfügen, findet dies keine lineare Fortsetzung.“ (e-initiative.nrw 2003, Fußnote 5, S.2)

Die Zugangsschwierigkeiten, die Schülerinnen und Schüler haben, spiegeln sich auch in den Antworten auf die Frage wieder, durch wen das Internet in welcher Intensität genutzt wird[1]. Am häufigsten wird das Internet durch Schulleiter und Lehrer genutzt (66 Prozent). Es folgt mit abnehmender Häufigkeit: die Nutzung durch Schüler unter Lehreranleitung (50 Prozent) bzw. die Nutzung im Unterricht (35 Prozent), dann bei Projektarbeiten (33 Prozent) und für die Außendarstellung der Schule (26 Prozent). 11 Prozent der Schulen nannten außerdem weitere Nutzungsmöglichkeiten, unter anderem: Computer-AG / Internetcafé, Verwaltung/Sekretariat, Schulung/Lehrerfortbildung, Schulzeitung, Berufswahl/Bewerbung.

Die Internetnutzung durch Schüler ohne die Anleitung durch Lehrer (12 Prozent) spielt in den Schulen noch eine sehr geringe Rolle. Dies wurde auch durch die Gespräche an den Schulen bestätigt. Privater Zugang zu den Computern in den Computerräumen ist für die Schülerinnen und Schüler praktisch kaum möglich. Für die Kinder zugängliche Computer außerhalb dieser Räume haben entweder keinen Internetanschluss oder lassen eine unbeobachtete Nutzung nach eigenen Interessen in Wirklichkeit kaum zu. Fast alle interviewten Schülerinnen und Schüler ziehen es daher vor, zu diesem Zweck auf ihre Computer zu Hause auszuweichen, zumal die privaten Geräte meist besser ausgestattet sind. Die Gespräche mit den Schulvertretern ergaben, dass das freie Surfen im Internet für Schülerinnen und Schüler auf Grund der rechtlichen Rahmenbedingungen kaum möglich ist und es bei vielen Lehrern noch Unsicherheiten hinsichtlich der Aufsichtspflicht (Jugendmedienschutz) gibt. In einigen Schulen hat eine Verständigung über problematische Internetseiten (z.B. Sex- und Gewaltthemen) auf offizieller Ebene noch nicht stattgefunden. In der Unterrichtspraxis hat der Medienschutz oft Vorrang vor der Medienpädagogik, d.h. der Aufgabe, Kinder im Umgang mit problematischen Angeboten zu begleiten. Da die Medienpädagogik einen Schwerpunkt der außerschulischen Jugendmedienarbeit darstellt, wäre in diesem Bereich eine verstärkte Zusammenarbeit zwischen Jugendhilfe und Schule sinnvoll.

Wie bzw. durch wen das Internet genutzt wird

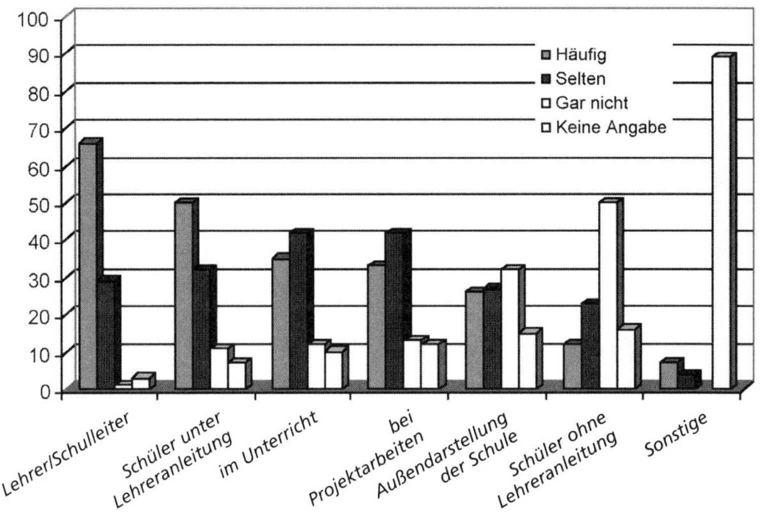

Die Gespräche an den ausgewählten Schulen bestätigten, dass die Nutzung des Internet durch Lehrer zur Unterrichtsvorbereitung weit verbreitet ist. Die Befragten schätzten, dass ein Viertel bis ein Drittel der Lehrer das Internet zur Unterrichtsvorbereitung nutzt. Die Unterrichtspraxis hat sich allerdings durch die Einführung von Computer und Internet an der Schule kaum geändert. Wenn dieses Medium im Unterricht überhaupt verwendet wird, dann offenbar hauptsächlich in der Weise, dass Schüler Aufträge durchführen, d.h. im Internet nach Informationen recherchieren (Schüleraussage: „besseres Lexikon") oder in Bezug auf schulische Arbeiten über das Internet miteinander oder mit dem Lehrer kommunizieren (z.B. Hausaufgaben mailen, korrigierte Aufgaben zurückbekommen).

Interessant ist, dass die Nutzung des Internet an Schulen durch die Einführung von Projektarbeiten stark zunimmt. Die Leiter der befragten Haupt- und Realschulen berichteten übereinstimmend, dass die Nutzung des Internet sich durch Projektarbeiten im Rahmen von Projektprüfungen (Prüfung des Produkts wie auch des Herstellungsprozesses) verdoppelt hat. Bei Projektarbeiten und der Herstellung von Projektpräsentationen würden schätzungsweise 70 Prozent der Schülerinnen und Schüler Computer und Internet einsetzen, obwohl die Verwendung dieser Mittel keine Anforderung der Projektprüfung ist. Auch die kleineren Projekte im Rahmen des Unterrichts und die (meist einwöchigen) Großprojekte bieten vermehrt Anwendungsmöglichkeiten für Computer und Internet. Wie schon im Unterricht wird auch bei Projektarbeiten das Internet vor allem als Informationsquelle genutzt.

Inwieweit diese Recherchen als Auftrag oder eher nach eigenen Zielsetzungen der Schülerinnen und Schüler durchgeführt werden, hängt weitgehend vom Charakter der Projekte ab. Bei Projekten im Rahmen von Projektprüfungen haben die Schülerinnen und Schüler die größten Gestaltungsmöglichkeiten. Sie wählen Themen und Inhalte nach ihren persönlichen bzw. nach Gruppeninteressen aus. Auch die Bearbeitung geschieht meist in Eigenregie, individuell oder in der Gruppe.

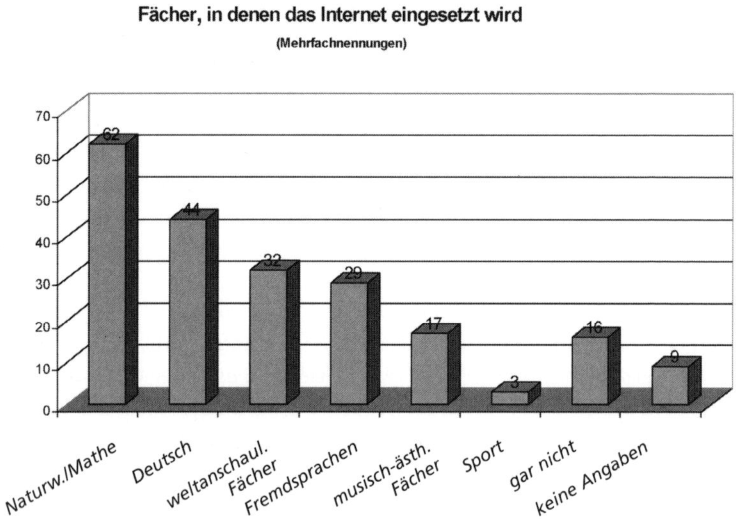

Wenn das Internet im Unterricht eingesetzt wird, dann an erster Stelle in der Fächergruppe Naturwissenschaften/Mathematik (62 Prozent), an zweiter Stelle kommt es im Deutschunterricht (44 Prozent) zum Einsatz. Auch in weltanschaulich/religionskundigen Fächern (32 Prozent) und in den Fremdsprachen (29 Prozent) spielt das Internet eine Rolle. Die Befragung des BMBF zur IT – Ausstattung allgemein bildender und berufsbildender Schulen kommt zu ähnlichen Ergebnissen: „Das Internet wird in den Grundschulen in den Kernfächern Sachunterricht und Deutsch sowie in den Arbeitsgemeinschaften und in Mathematik am meisten genutzt. In den Sekundarstufen I und II findet der Interneteinsatz am häufigsten in Informatik und den Naturwissenschaften statt, gefolgt von Arbeitsgemeinschaften, den Gesellschaftswissenschaften und Deutsch." (BMBF 2003, S.8)

Während in der außerschulischen Medienarbeit die kreative/künstlerische Beschäftigung mit dem Internet weit verbreitet ist, hat die Internetnutzung in musisch-ästhetischen Fächern an den Schulen noch eine eher geringe Bedeutung. Dies liegt sicherlich auch an der Softwareausstattung der Schulen, die eine kreativ/künstlerische Beschäftigung mit dem Computer kaum erlaubt. Oft sind die Geräte nur mit der üblichen Anwendungssoftware (in der Regel Office-Paket von Microsoft) oder aber mit Lernprogrammen ausgestattet. Die Computer- und Internetnutzung im kreativ/künstlerischen Bereich bietet vielfältige Anknüpfungsmöglichkeiten für eine Zusammenarbeit zwischen Schule und Jugendhilfeeinrichtungen.

Zusammenfassend lässt sich festhalten, dass nur bei sehr wenigen Schulen gute technische und organisatorische Voraussetzungen für eine eigenständige Arbeit der Schüler mit dem Internet gegeben sind. Das Internet kommt in der Regel nur in speziellen EDV-Fächern zum Einsatz, in denen die Kinder den Umgang mit dem Computer, d.h. der üblichen Anwendersoftware und dem Internet, lernen können. Im Unterschied zu diesem speziellen Unterricht spielen in den übrigen schulischen Fächern Computer und Internet eine eher untergeordnete Rolle. Die Internetnutzung an den Schulen ist weitgehend von einer instrumentellen Sichtweise des Internet geprägt. Im Vordergrund der Nutzung stehen die Anwendung von Computerprogrammen und die Informationsrecherche.

Der Einsatz des Internet wird weitgehend durch die in der Schule übliche Arbeitsweise bestimmt. Da das Ziel von Schule vor allem in der Generierung von Wissen bei Kindern und der Unterricht in der Regel in der Vergabe von Aufträgen besteht, wird das Internet in den schulischen Fächern überwiegend in der Weise verwendet, dass Schülerinnen und Schüler zu einem von der Lehrkraft vorgegebenen Thema nach Informationen im Internet recherchieren. Dies gilt auch für Projektarbeiten, wenngleich dort eher Formen einer eigenständigen Recherche vorzufinden sind. Eine Unterrichtsentwicklung durch die neuen Medien hat bisher kaum stattgefunden.

Die drei didaktischen Merkmale der Medien, nämlich Interaktivität, Multimedialität und Vernetzung (vgl. Schnoor 2001, S. 206), kommen im Schulalltag nur ansatzweise zur Geltung. Von der Möglichkeit der Vernetzung der Schule mit der Außenwelt machen bisher vor allem die Lehrkräfte im Rahmen ihrer Unterrichtsvorbereitung Gebrauch. Obwohl Schülerinnen und Schüler übereinstimmend ein starkes Interesse an einem Austausch mit Personen und Institutionen außerhalb der Schule zeigten, beschränkte sich die Kommunikation über das Internet im Rahmen der Schule bisher eher auf interne Arbeitsabläufe. Ansätze zu einer Öffnung zur Außenwelt über das Internet schliefen meist nach kurzer Zeit wieder ein.

Untersuchungen zur Medienkompetenz von Schülern zeigen, dass für den Einsatz der neuen Medien an Schulen die Balance zwischen guter Ausstattung mit Hard- und Software, ausreichender Kompetenz der Lehrkräfte und einem entwickelten schulischen Medienkonzept entscheidend ist. Das Potenzial der neuen Medien wird nur unvollständig genutzt, wenn die Schulen erst mit Hard- und Software ausgestattet werden, dann Lehrerfortbildungen angeboten werden und erst später der Aspekt der Medienanwendung in den Lehr- und Unterrichtsplan eingebaut wird (vgl. Informationsdienst Wissenschaft/10, 2002). Nach vorliegenden Untersuchungen besteht zur Zeit in Deutschland noch ein Ungleichgewicht zwischen der relativ guten Ausstattung der Schulen mit Hard- und Software und der Kompetenz der Lehrkräfte, diese Mittel auch zu nutzen (BMBF 2003, Hunneshagen et al. 2000).

Für die Nutzung des Internet spielt offenbar die Frage eine besondere Rolle, inwieweit die Schule ein Konzept zur Anwendung dieses Mediums im Rahmen ihrer Arbeit entwickelt hat. Als wichtigsten Grund, der Lehrkräfte daran hindern kann, das Internet für schulische Belange zu nutzen, nannten im Jahr 2000 dazu befragte Lehrer, dass für eine sinnvolle Nutzung des Internet im Lehrplan nicht genug Zeit vorgesehen sei. An zweiter Stelle wurde als Grund eine nicht ausreichende Zahl an internetfähigen Schülerarbeitsplätzen angegeben. Als dritter Punkt wurde von den Lehrkräften der Umgang mit problematischen Inhalten des Internet als ein pädagogisches Problem gesehen. An vierter Stelle wurde mangelnde Internet-Kompetenz der Lehrkräfte als Grund für den geringen Einsatz des Mediums genannt (Hunneshagen et al. 2000, S. 172).

Möglicherweise bietet der schulische Unterricht aber auch einfach nicht den Rahmen, um das Potenzial des Computers und speziell des Internet voll zur Entfaltung kommen zu lassen (vgl. Brockmeyer 2001, S. 190). Die Erfahrungen mit der Projektarbeit deuten an, dass Arbeitsformen, bei denen die Wissensaneignung nicht Selbstzweck, sondern Mittel zur Erreichung bestimmter Ergebnisse (z.B. eines Produkts) ist, einen besseren Rahmen für die Anwendung dieses Mediums bieten und auch eine gute Grundlage für die Zusammenarbeit von Schülern mit der Außenwelt abgeben.

Die wissenschaftliche Diskussion über die Bildungsmöglichkeiten des Internet als Lern- und Sozialisationsraum, als Kommunikations-, Partizipations- und Kulturraum hat viele Schulen offenbar noch nicht erreicht. Die Begegnung der Kinder mit diesen Welten findet bisher weitgehend außerhalb der Schulen statt.

- *Aspekte der außerschulischen Jugendmedienarbeit*

Interaktivität, Multimedialität und Vernetzung sind Aspekte, die die außerschulische Jugendmedienarbeit kennzeichnen.

Spielaktionen und andere Veranstaltungen werden im Internet präsentiert, es wird gechattet und gemailt, eigene Homepages werden erstellt. Kinder- und Jugendliche gehen auf Forschungstouren, sie sammeln Information, bereiten diese auf und machen ihre Perspektive deutlich (z.B. durch das Erstellen von Online-Kinderstadtteilplänen, das Aufnehmen von Online-Radio-Sendungen, das Verfassen von Buchkritiken, das Schreiben eigener Geschichten etc.). Somit kann im Idealfall eine gegenseitige Wissensvermittlung stattfinden (peer to peer teaching). Der Computer wird als Kommunikations- und Produktionsmittel genutzt.

Projekte der Jugendarbeit im Bereich Internet versuchen in der Regel, die ganze Bandbreite der Nutzungsmöglichkeiten des Internet auszuschöpfen. Neben kommunikativen Austauschprozessen (E-mailen, Chatten, Vernetzung von Projekten) haben es sich viele Projekte zum Ziel gesetzt, die Lebens- und Erfahrungswelt von Jugendlichen abzubilden (z.B. die Projekte, die 1997 in München durch den Förderfonds für Projekte der Jugendarbeit im Bereich Multimedia und Internet ins Leben gerufen wurden – vgl. Moser 1999, S. 10 f.). Dies bedeutet auch, dass Kinder- und Jugendliche bei der Entwicklung der Projekte miteinbezogen werden.

Im Bereich der Jugendarbeit stehen kreative Aspekte der Internetnutzung im Vordergrund, das Internet wird zur Auseinandersetzung von Kindern und Jugendlichen mit ihrer Lebensrealität genutzt.

- *Zusammenfassung*

Die unterschiedlichen Arbeitsweisen von Schule und Jugendhilfe zeigen sich auch bei der Nutzung des Internet. Schule orientiert sich vorwiegend am Curriculum, die Internetnutzung beschränkt sich hauptsächlich auf die Unterrichtsvorbereitung und die Informationsrecherche. Jugendhilfe orientiert sich in ihrer Arbeit an den Lebenslagen der Schüler, die Internetnutzung ist folglich in der Regel stärker lebensweltbezogen, sie integriert kreative und künstlerische Aspekte.

Die Begegnung von Kindern mit den virtuellen und auch kommerziellen Welten des Internet findet bisher weitgehend außerhalb der Schule statt. Es stellt sich die Frage, ob im Sinne der propagierten Vorbereitung auf das Leben es auch Aufgabe der Schule sein sollte, Kinder und Jugendliche bei ihrer Wanderung durch die verschiedenen Welten des Internet zu begleiten.

Wenn Schulen in Zukunft die vielfältigen Nutzungsmöglichkeiten des neuen Mediums mit ihren Auswirkungen auf Unterricht und Schulorganisation aufgreifen wollen, können sie dabei sicherlich vom Erfahrungsschatz außerschulischer Träger profitieren. Zum Beispiel auf dem Gebiet der Medienpädagogik oder im Bereich der kreativ-künstlerischen Auseinandersetzung mit Computer und Internet. Die geplante Ausweitung der Schule auf ein Ganztagsangebot bietet gute Voraussetzung für eine verstärkte Zusammenarbeit mit Jugendhilfeeinrichtungen, die sich mit Medienarbeit beschäftigen.

Es könnte allerdings durchaus passieren, dass Schulen sich in Zukunft ganz vom Internet abkoppeln und die Kommunikation und der Wissenstransfer nur noch über schulinterne bzw. schulspezifische Netze laufen. Der Aufbau kommunaler Schulnetzwerke und die Netzwerke von Lehrern zur Unterrichtsvorbereitung deuten zumindest eine Entwicklung in Richtung von „Schulen am Schulnetz" an.

Anmerkung

• 1) Da bei einzelnen Fragen Mehrfachnennungen (häufig, selten, gar nicht) möglich waren, kann im einen oder anderen Fall die Summe der Prozentwerte mehr als 100 betragen.

Literatur

- Bundesministerium für Bildung und Forschung (2003): IT-Ausstattung der allgemein bildenden und berufsbildenden Schulen in Deutschland. Bonn.
- Brockmeyer, R. (2001): Schulentwicklung, Bildungsdiskussion und Neue Technologien – Bilanzierende Anmerkungen. In: Herzig, B. (Hrsg.): Medien machen Schule. Bad Heilbrunn/Obb., S. 189–203.
- e-initiative.nrw (2003): Erste Ergebnisse der wissenschaftlichen Erhebung des IFS an Schulen in NRW/Begleitevaluation der e-initiative.nrw.
- Hunneshagen, H./Schulz-Zander, R./Weinreich, F. (2000): Schulen am Netz. Veränderung von Lehr- und Lernprozessen durch den Einsatz Neuer Medien. In: Rolff/Bos, u.a.: Jahrbuch der Schulentwicklung. Daten, Beispiele und Perspektiven. Weinheim und München.
- Informationsdienst Wissenschaft (2002): Medienkompetenz von Schülern: Sozialer Hintergrund muss nicht entscheidend sein. Bonn: Bundesministerium für Bildung und Forschung.
- Lipski, J./Behr, A. (2003): Schule und soziale Netzwerke. Erste Ergebnisse der Befragung von Kooperationspartnern allgemein bildender Schulen. München: Deutsches Jugendinstitut.

- Lipski, J./Kellermann, D. (2002): Schule und soziale Netzwerke. Erste Ergebnisse der Befragung von Schulleitern zur Zusammenarbeit allgemein bildender Schulen mit anderen Einrichtungen und Personen. München: Deutsches Jugendinstitut.
- Marotzki, W. (2002): Zur Konstitution von Subjektivität im Kontext neuer Informationstechnologien. In: Bauer u.a. (Hrsg.): Weltzugänge: Virtualität, Realität, Sozialität. Baltmannsweiler, S. 45–61.
- Moser, S./Dreyer, D. (Hrsg.) (1999): Brieftauben im Internet. Kinder- und Jugendprojekte rund ums Internet. München..
- Schnoor, D. (2001): Neue Medien: Wie Schulen eine neue Lernkultur entwickeln können. In: Herzig, B. (Hrsg.): Medien machen Schule. Bad Heilbrunn, S. 205–225.

II Stichwort: Ganztagsschule und neue Lehr-/Lernkultur

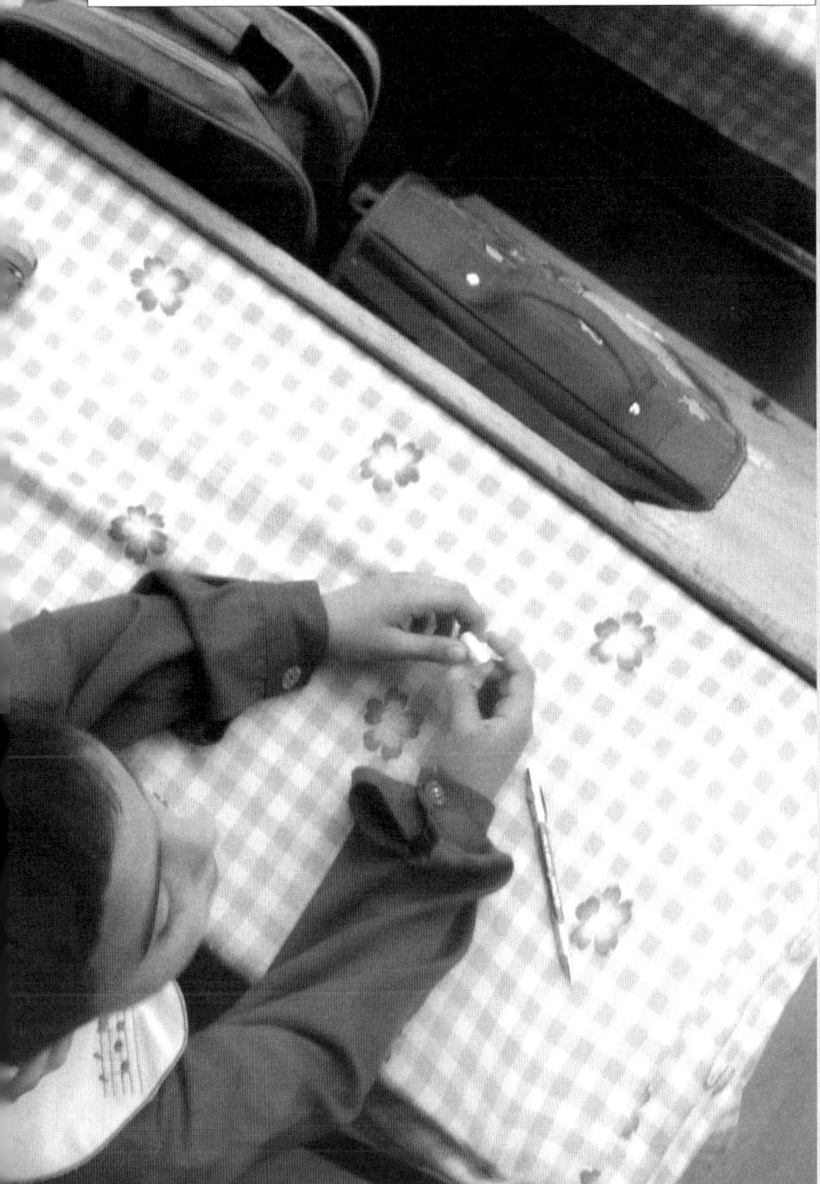

■ Bernward Hoffmann

Alles Schule oder was?

Medienpädagogik zwischen Jugendhilfe und Ganztagsgrundschule

Die Debatte um die „offene" Ganztagsgrundschule – hier mit dem Fokus auf die Bildungslandschaft in Nordrhein-Westfalen – stellt eine Herausforderung für die Medienpädagogik dar. Das „offen" steht ja für Kooperation und neue Konzepte. Ist das eine Chance für Medienpädagogik, und wenn ja, für welche? Kann sie sich über den Kooperationspartner Jugendhilfe in einer „neuen" Schule besser etablieren? Dieser Frage geht der folgende Text nach. Der Autor lehrt Medienpädagogik an einer Fachhochschule für Sozialwesen, vertritt also eher den Blickwinkel der offenen Kinder- und Jugendarbeit bzw. der Jugendhilfe.

Seit dem Impuls „PISA" (Programme for International Student Assessment) ist erneut klar: In deutschen Schulen gibt es ein vergleichsweise hohes Leistungsgefälle zwischen den besten und den schwächsten Schülern; das schulische Bildungssystem schreibt den sozialen Status fort; die Förderung der schwachen Schüler gelingt nur sehr unzulänglich. Diese in einer repräsentativen Erhebung unter 15-jährigen Schülern (bzw. Neuntklässlern) gewonnenen Einsichten wirken sich auch als Anfrage an die Grundschule aus. Der Erlass zur offenen Ganztagsschule in NRW beginnt mit folgendem Satz: „Die offene Ganztagsschule soll durch die Zusammenarbeit von Schule, Kinder- und Jugendhilfe und weiteren außerschulischen Trägern ein neues Verständnis von Schule entwickeln." Das Plädoyer für eine offene Ganztagsschule kann insofern positiv als Versuch gesehen werden, Schule neu zu denken und grundlegend zu verändern. Dieses kann nur in Kooperation mit anderen Trägern, insbesondere der Kinder- und Jugendhilfe geschehen. Die NRW-Bildungsministerin Ute Schäfer formulierte es so: „PISA zeigt uns, dass wir mit unseren Bildungsanstrengungen früher beginnen und unsere Kinder mit ihren Begabungen und Interessen stärker fördern müssen. Und das kann nur gelingen, wenn wir alle, die Bildung und Erziehung von Kindern leisten, d.h. alle Lehrkräfte in den Schulen und alle Mitarbeiterinnen und Mitarbeiter der Kinder- und Jugendhilfe gemeinsam für das Projekt ‚Offene Ganztagsgrundschule' gewinnen. Die offene Ganztagsgrundschule – das ist ein Projekt auf dem Weg zu einem ganztägig geöffneten Haus des Lernens, ein Projekt, das Bildung, Erziehung und Betreuung im Dreiklang verwirklicht." (Schäfer 2003)

1. Ein Blick zurück

Ein knapper Blick zurück soll andeuten, dass nicht alles völlig neu gedacht und erfunden werden muss. In Deutschland war im 19. Jahrhundert eine ganztägige Organisation der Schule allgemein üblich. Unterricht fand von 8 bis 12 und von 14 bis 16 Uhr statt. Dazwischen gingen Kinder und Lehrer für eine Mittagspause nach Hause. Aber diese Schule war auf Unterricht konzentriert. Und das gesellschaftliche Umfeld kannte keine Jugendhilfe. Wenn es gut ging, war der Dorfschulmeister Lehrer und Sozialpädagoge in einem. In Deutschland setzte sich Ende des 19. Jahrhunderts die Vormittagsschule durch (in den angelsächsischen Ländern wurde die Ganztagsschule mit neuen Elementen angereichert und zu einer modernen Ganztagsschule weiterentwickelt).

Die Reformpädagogen forderten und erprobten Modelle einer Ganztagsschule, die sich von der Unterrichts-Schule erheblich unterscheiden sollte (Beispiele: Lietz-Schulen, Ernst Kapff „Die Erziehungsschule" 1906; Wald- und Freiluftschulen, Berlin ab 1904; Arbeitsschulbewegung). Auch hier war – in der Rückschau – sozialpädagogisches Gedankengut integriert.

Einige zentrale Strukturentwürfe der reformpädagogischen Ganztagsschulentwürfe fasst folgendes Zitat zusammen: „Mittagsmahlzeiten und Freizeitangebote; Arbeitsgemeinschaften und Neigungsgruppen; Förderunterricht; Integration der Hausaufgaben in die Schule; neue Unterrichtsformen (‚offene' Unterrichtsgestaltung, Gruppenarbeit; Projekte); flexible Stundenplangestaltung und Rhythmisierung; enge Kooperation mit Eltern; Intensivierung des Schullebens; Ausgestaltung als Lebensraum; Öffnung der Schule zum ‚Leben'; Ausbau des schulischen Beratungswesens; mehr Gelegenheit für Schüleraktivitäten; Wandlungen der Lehrerrolle." (Ludwig 2003, S. 18) Das sollte den Diskutierenden um eine offene Ganztagsgrundschule bekannt vorkommen.

In der Nazizeit wurden diese Ideen unterdrückt; sie lebten nur in einigen Enklaven weiter, z.B. in Adolf Reichweins Schulmodell in Tiefensee; Reichwein, der als Außenseiter 1944 in Berlin-Plötzensee umgebracht wurde, wird auch als ein Vater der Medienpädagogik gehandelt.

Debatten um und Argumente für die Ganztagsschule sind in der Nachkriegszeit niemals abgerissen bzw. ausgeblieben, aber aus verschiedenen Gründen hat sich die Vormittagsschule als Regelschule durchgesetzt (z.B. Anlehnung an Arbeitszeitreduzierungen, Fünf-Tage-Woche, wirtschaftlicher Aufschwung, Freizeit-Ideologie). In den 80-er und 90-er Jahren wurden beide Felder – das Schulwesen und die Jugendhilfe – ausdifferenziert. Veränderte Lebensbedingungen führten zur Forderung nach additiven Betreuungsangeboten, gewandelte Bildungsanforderungen zur Forderung nach mehr Unterricht. Beide Stränge führten zur Etablierung eines Systems von Betreuungs- und Förderungsangeboten (Horte), die ein wichtiges Aufgabenfeld der Jugendhilfe wurden.

Veränderte gesellschaftliche Bedingungen legen nach einer Zeit starker Differenzierung heute neue Kooperationen nahe.

- Die Zahl der Alleinerziehenden und der voll berufstätigen Eltern kleiner Kinder hat stark zugenommen.
- Soziale Bezüge im nachbarschaftlichen Umfeld sind eher schwächer geworden.
- Mit den gestiegenen Erziehungsanforderungen und der vermehrten Zahl als verhaltensauffällig wahrgenommener Kinder ist die herkömmliche Schule überfordert. Die Maßnahmen der Jugendhilfe als überwiegend freiwillige Angebote außerhalb der Schule greifen nur bedingt. Die offene Kinder- und Jugendarbeit erreicht beispielsweise nur teilweise diejenigen, die in besonderer Weise Unterstützung und Förderung bräuchten.
- Die Ressourcen für offene Angebote und Maßnahmen der Jugendhilfe werden knapper.
- Die Ausweitung der Medienangebote und vor allem der Kommerzialisierung von Freizeitangeboten stellen eine doppelte Herausforderung dar: Einerseits muss Medienkompetenz gefördert werden, um mit der Vielfalt der Medienangebote positiv umgehen zu können; andererseits sind Pädagogen gefordert, in den unterschiedlichsten Varianten kommunikativer Problemlagen produktiv einzugreifen. Die traditionelle Schule ist mit beiden Aspekten der Medienpädagogik überfordert.
- Angesichts dieser nur grob umrissenen Herausforderungen bleibt oft „die Schule die einzige oder bedeutendste Institution, die stabile soziale Kontakte stiften und Integration gewähren, soziales und interkulturelles Lernen ermöglichen kann und bildungsmäßige Lernformen bereitstellt.“ (Holtappels 2003, S. 10) Aber sie tut dies bislang in einem tradierten Bildungsverständnis.

Medienpädagogik ist zwar in den vergangenen drei Jahrzehnten in Gestalt der Förderung von Medienkompetenz politisch in vieler Munde, spielt aber bei den Debatten um eine veränderte Schule kaum eine Rolle. Im Bereich der Horte und vor allem in der offenen Kinder- und Jugendarbeit haben sich medienpädagogische Projekte aber weit gestreut und in großer Vielfalt integriert.

Zur Begründung von Medienpädagogik in der offenen Ganztagsgrundschule taugt die Pisa-Studie wenig. Weder wird dort die Konkurrenz der Medienwelten für schulisches Lernen behauptet oder bewiesen, noch wird die untersuchte Lesekompetenz auch multimedialer Texte in Zusammenhang mit Medienkompetenz gebracht (vgl. genauer Kübler 2002; Bachmair 2002). Beides aber ist für das aktuelle Verhältnis von (Grund-)Schule und Medienpädagogik zentral:

- Nach wie vor wird der Medienkonsum der Kinder herangezogen, wenn Schuldige für schulische Probleme, Lerndefizite und Verhaltensprobleme gesucht werden. (Und ein Zusammenhang ist ja auch nicht völlig von der Hand zu weisen, aber nur dann, wenn man soziale Herkunft und die sonstigen Umfeldbedingungen hinzunimmt.)

- Computer und Internet werden über „e-nitiativen“ im schulischen Bereich gefördert, weil die Kompetenz zu deren Nutzung als zentrale Schlüsselqualifikation gesehen wird (fast gleichgesetzt mit Medienkompetenz) und weil diese Medien dem Lesen, Schreiben und der Wissensvermittlung nahe stehen (vgl. www.e-nitiative.nrw.de: „Die e-nitiative.nrw – Netzwerk für Bildung-fördert das Lernen mit neuen Medien in Schulen und Bildungseinrichtungen.“).

Letzteres wird durch PISA gestärkt. Finnland, als Sieger in diesem internationalen Bildungsranking, zeigt, dass und wie sich PC/Internet mit Lesen und Bildung vertragen. Gleichzeitig belegt PISA für Deutschland einen gravierenden Zusammenhang von Lesekompetenz und Bildungsschicht und ein hohes Leistungsgefälle zwischen starken und schwachen Schülern. Das Positivbeispiel Finnland zeigt aber auch, dass Lernen mit Spaß, offene und praktische Lernkonzepte, Ganztagsangebote... erfolgreicher sind. Und da haben medienpädagogische Projekte viel zu bieten.

• 2. *Anmerkungen zum Konzept der Offenen Ganztagsgrundschule*

In NRW gehen derzeit ca. 800.000 Kinder in 3.400 Grundschulen; für sie standen zuletzt etwa 44.000 Hortplätze zur Verfügung; Schule „von acht bis eins“ betreute ca. 130.000 Kinder; hinzu kamen etwa 35.000 niedrigschwellige Plätze in „Dreizehn plus“ und „Schülertreff“. Ziel für die offene Ganztagsgrundschule (Zeit: 8 bis 16 Uhr) ist es, bis 2007 ca. 200.000 Plätze zur Verfügung zu stellen. Diese werden nicht zu den derzeit vorhandenen Betreuungsplätzen hinzukommen, sondern werden sie weitgehend ersetzen. Schon aus diesem Grund kommt die Jugendhilfe an der Ganztagsschule nicht vorbei; aber Zwang ist keine gute Voraussetzung für Kooperation.

Die offene Ganztagsgrundschule verfolgt die Ziele:

1. Vereinbarkeit von Familie und Beruf (= Betreuung, familienpolitisches Ziel);
2. Verbesserung von Bildungsqualität und Chancengleichheit (= „neues“ pädagogisches Konzept), Förderung von besonders leistungsstarken ebenso wie benachteiligten Kindern (= Jugendhilfe);
3. Kooperation: Ganztag aus einer Hand, mit einer Finanzierung, mit einem Ort für die Anmeldung zum Ganztag, zur einfachen Orientierung für Eltern. Federführend sollen dabei die Schule und die Schulverwaltung sein.

Das erste Ziel braucht keine neue Schulpädagogik und kein neues Schulkonzept. Die bestehenden „additiven“ Betreuungskonzepte („verlässliche Grundschule von acht bis eins“; „dreizehn Plus“, „Schülertreffs“) könnten bei Bedarf quantitativ ausgeweitet werden. Sie sind relativ einfach zu organisieren und kostengünstig ohne eine enge Kooperation mit der Schule und ohne eine Veränderung der Zielsetzung und Organisation von Schule zu gestalten. Als additives Modell kann man sie natürlich der Ganztagsschule zuschlagen, allerdings ohne besondere Kooperations- oder pädagogisch innovative Qualitäten. Seit PISA werden die Betreuungsmodelle negativ gesehen und „Bildungsqualität“ gefordert. – Zitat der Ministerin: „Zu vielen Kindern fehlt zu Hause der Kontakt mit einer förderlichen Lernumgebung. In Nordrhein-Westfalen wächst jedes siebte Kind in relativer Armut auf. Da kann und muss Schule reagieren. Schule muss zum Lern- und Lebensort für Kinder werden, vor allem für diejenigen, die es zu Hause schwerer haben als andere. (...) Unser Ziel heißt Chancengleichheit: Chancengleichheit für die Mütter und Väter, die Familie und Beruf vereinbaren wollen und müssen; Chancengleichheit für die Kinder, die alle ein Recht auf gute und nachhaltige Bildung und Erziehung haben.“ (Schäfer 2003) Da ist die Jugendhilfe gefragt.

Das finanziell aufwändige Hort-Modell mit seiner umfassenden pädagogischen Konzeption ließe sich produktiv in eine Ganztagsgrundschule integrieren. Damit würde die Stigmatisierung (Katrin muss noch in den Hort, Klaus darf schon nach Haus) gemildert. Die Strukturen wären für Eltern praktikabler, wenn es einen Ort für Schule, Betreuung, Förderung, kreative Zusatzangebote und Hilfemaßnahmen gäbe. Eine Vielfalt von Kooperationspartnern für den Nachmittagsbereich ist von der Sache her wohl wünschenswert, organisatorisch aber im Interesse einer Vernetzung schwierig. Vielleicht sollte hier das Jugendamt der Kooperationspartner sein, der wie im bisherigen außerschulischen Bereich die Angebote koordiniert. Allerdings bliebe bei einem solchen Konzept eine Trennung zwischen schulischem Unterricht am Vormittag und ergänzenden Angeboten am Nachmittag. Ein pädagogisch innovatives Konzept ist das nicht. Medienpädagogische Projekte könnten im Nachmittagsbereich vielleicht Fuß fassen; aber eine Verzahnung zur Medienpädagogik im Unterricht wäre strukturell schwierig.

Konsequenter wäre eine wirklich veränderte Ganztagsgrundschule, die die unterschiedlichen Angebote im Mix mit Unterricht über den Tag verteilt. In einer solchen „gebundenen“ Ganztagsschule wechseln sich Stunden im Klassenverband und offene Angebote, Konzentrations- und Entspannungsphasen ab.

Erst dann wäre ohne Aussonderung individuellere Förderung von Schülern möglich. Eine Pädagogik der Vielfalt könnte unterschiedliche Lernvoraussetzungen berücksichtigen. Die Verknüpfung von Unterricht und Zusatzsowie Freizeitangeboten würde eine Lösung vom 45-Minuten-Takt ermöglichen und Raum für freien Unterricht und Projekte geben. Kreative Freizeitangebote könnten einbezogen werden. Ebenso wäre Zusammenarbeit mit sozialen und kulturellen Einrichtungen sowie Betrieben vor Ort möglich. Und dann könnten Konzepte medienpädagogischer Projektarbeit auch im Schulkontext greifen. Aber ein solches Konzept setzte echte Kooperationsbereitschaft der Berufsstände voraus. Und ohne finanziellen Mehraufwand für das Gemeinwesen wird das kaum zu haben sein.

• *3. Kooperation*

Kooperation zwischen Schule und Jugendhilfe ist gefordert. Aber Zusammenarbeit kann nicht einfach nur für gut erklärt oder gar verordnet werden. Kooperiert wird nur, wo sich dies für alle Seiten lohnt. Kooperation muss sowohl Lehrern als auch Jugendarbeitern helfen, zentrale Tätigkeiten ihrer Berufsrollen zu verbessern. Für beide Gruppen muss die Arbeit eher leichter als schwerer werden, der Spaß an der Arbeit und die subjektive Arbeitsbelastung müssen sich positiv entwickeln (vgl. Schweitzer 2000). Und dieser Kooperations-„Profit" muss auch in Richtung Medienpädagogik weitergedacht werden.

3.1 Schule

Einige Schlagworte deuten die Schwierigkeiten, aber auch Chancen an, die eine Kooperation mit sich bringt:

- Schule ist der ältere und mächtigere Partner.
- Schule ist Pflicht. Weil jedes Kind dorthin muss, fällt eine Stigmatisierung für die Grundschule weg. Sie ergibt sich erst aus der differenzierten Weiterführung der Schullaufbahn.
- Kooperation mit der Jugendhilfe war bislang in den Schulgesetzen nicht verankert.
- Das Schulsystem ist sehr hierarchisch geordnet und durch Lehrpläne reglementiert.
- Das Prinzip Unterricht ist noch immer bestimmend, der Erziehungsgedanke untergeordnet[1].
- Lehrer sind i.d.R. Beamte. Sie leben ohne die Drohungen betriebsbedingter Kündigungen oder nicht verlängerter Projekte.
- Die Lehrerschaft ist derzeit in Deutschland überaltert. Mit sozial- oder medienpädagogischen Zusatzaufgaben sind sie vielfach überfordert.

- Viele Lehrer gelten als nicht sehr innovationsfreudig und den Medien positiv zugewandt; sie sind an den Vormittag als Haupt-Arbeitszeit gewöhnt. Kann man sich vorstellen, dass wirklich breite Teile der Lehrerschaft auf gleicher Augenhöhe mit Sozialpädagogen und Erziehern kooperieren?
- Wie reagieren Lehrer, vor allem Grundschullehrer mit ihrer Allround-Kompetenz, wenn nachmittags jetzt der Kunst-, Musik- oder Medienprofi in die Schule kommt? Wenn Musik, Kunst, Sport und Medien verstärkt von Kooperationspartnern angeboten werden, besteht dann nicht Gefahr, dass sie im Unterricht ausgedünnt werden? – Medienpädagogik darf nicht aus dem Unterrichtskontext abgeschoben werden.
- Schule als umfassender Lebens- und Erfahrungsraum von Kindern und Jugendlichen? Ist das Wunschziel aus der Perspektive von Kindern und Jugendlichen?

Vor allem die Grundschule hat sich in den letzten Jahren deutlich gewandelt. Der Vorurteilsblick von außen (von der Jugendhilfe) trifft nicht länger. Frontalunterricht, Inhaltszentrierung, starres Zeitschema, am Schüler vorbei... – diese Klischees stimmen nicht mehr. Die Grundschule ist seit längerem auf einem Veränderungsweg hin zu einer pädagogisch offenen Schule. Allerdings gibt es noch keine echte Kooperation mit der Jugendhilfe. Und nicht alle Teile der derzeitigen Lehrerschaft gehen diesen Weg bereitwillig mit; das dürfte eines der größten Problemfelder zumindest der näheren Zukunft sein. – Nochmals ein Zitat der Ministerin: „Offene Ganztagsschulen bieten mehr Zeit, um eine neue Lern- und Lehrkultur zu entwickeln, weil sie mehr Zeit für Kinder bieten, weil sich die dort arbeitenden Menschen mehr Zeit für Kinder nehmen können und nehmen. Sie schaffen einen breiteren Raum für Bildung, Erziehung und Betreuung. Wir wollen mit der offenen Ganztagsgrundschule ein ganztägig geöffnetes Haus des Lernens schaffen (...)“ (Schäfer 2003) Auf solche Proklamationen sollte die Bildungs- und Finanzpolitik verpflichtet werden.

3.2 Jugendhilfe

Der Begriff „Jugendhilfe“ fasst vielschichtige Bereiche zusammen: Kinder- und Jugendarbeit, Jugendsozialarbeit, erzieherischen Kinder- und Jugendschutz, Jugendberufshilfe sowie die diversen Angebote der Erziehungshilfe und der Hilfe in sozialen Problemlagen. Grundlage ist das Sozialgesetzbuch VIII, auch als KJHG (Kinder- und Jugendhilfegesetz) bekannt: „Jeder junge Mensch hat ein Recht auf Förderung seiner Entwicklung und auf Erziehung zu einer eigenverantwortlichen und gemeinschaftsfähigen Persönlichkeit.“ (§1 Abs.1) Jugendhilfe wird zum überwiegenden Teil von gesellschaftlichen Gruppen und Verbänden („freien Trägern“) geleistet; von staatlicher Seite sind die Jugendämter zuständig.

Auch hier einige Schlagworte, die für eine Kooperation zu bedenken sind:

- Die Angebote der Jugendhilfe haben überwiegend eine offene Struktur und sind von Freiwilligkeit geprägt.
- Kennzeichnend sind kleine Gruppen, häufig wechselnde Zusammensetzung, andere Zeitstruktur.
- Die Jugendhilfe muss um ihr Klientel potenziell werben.
- Es gilt das Subsidiaritätsprinzip für eine Vielfalt „freier" Träger.
- Jugendhilfe ist gesetzlich verpflichtet, mit Schule zu kooperieren (§ 81 KJHG).
- Die Mitarbeiter – vor allem ErzieherInnen und SozialpädagogInnen – leben in instabileren und meist schlechter bezahlten Angestelltenverhältnissen.
- Jugendhilfe gewinnt ihre Identität häufig aus der Abgrenzung von Schule (außerschulische Angebote).
- Schwerpunkte in der offenen Kinder- und Jugendarbeit liegen auf kreativen und selbstbestimmten Angeboten.

In einem Kommentar zum KJHG hieß es 1997 zum Aufgabenbereich Jugendarbeit: „Jugendliche brauchen einen Ort, wo sie ungestört sein können. Wo sie musizieren, üben, spielen, ihren Hobbys nachgehen – etwa die eigenen Fotos entwickeln, Theater spielen oder eine Umweltaktion vorbereiten. Und sie brauchen einen Platz, wo sie sich mal ‚austoben', wo sie ihre Feste feiern können." (Bundesministerium 1997, 34) Ein Zitat der Ministerin lässt sich dem entgegenstellen: „Kinder erleben in Deutschland einen zweigeteilten Tag: Schule am Vormittag, viele verschiedene Aktivitäten außerhalb der Schule am Nachmittag. Oft höre ich: gut, dass es die Angebote des Nachmittags gibt, das ist ein Gegengewicht zur Schule mit ihren bürokratischen Organisationsformen. Das ist der falsche Ansatz: wir machen Schule nicht dadurch besser, dass wir am Nachmittag eine Gegenwelt schaffen. Schule wird nur dann besser, wenn wir Unterricht und außerunterrichtliche Angebote zu einem schlüssigen Ganzen verbinden." (Schäfer 2003)

Was kann die Kinder- und Jugendhilfe der offenen Ganztagsgrundschule anbieten? Sie hat für die Förderung einzelner Schüler und kleiner Gruppen erfolgreiche Ansätze entwickelt und bringt aus dem Bereich der Jugendsozialarbeit auch Erfahrungen mit lern- und verhaltensschwierigen Kindern mit. Mit diesen Angeboten können Schüler jenseits der traditionellen Schule positive Lernerfahrungen machen, die gerade auch im kreativen Bereich persönlichkeitsfördernd und -stärkend wirken; das ist eine produktive Herausforderung an überkommene Lernkonzepte der Schule. Die Angebote der Jugendhilfe waren immer schon am Gemeinwesen und Sozialraum orientiert; auch das kann sich positiv auf Schule auswirken.

Was sind umgekehrt die Nachteile, wenn sich Jugendhilfe auf Schule einlässt? Ein bekannter Slogan sagt: „Alles was Schule anfasst, wird Schule".

Entsprechend wäre zu fragen, ob der Rahmen Schule, so wie ihn ja auch Schüler erfahren, nicht den kreativen Freiraum einschränkt. Muss nicht die Jugendhilfe ihre Andersartigkeit (grundlegendes Prinzip der Freiwilligkeit; keine Benotung; hohe Selbstbestimmung der Kinder und Jugendlichen; ganzheitliches Bildungsverständnis...) aufgeben, um in der Schule Fuß fassen zu können? Werden nicht durch eine so konzipierte neue Schule auch noch die letzten kleinen Freiräume der Kinder verplant und pädagogisch kontrolliert?

In den Konzepten zur offenen Ganztagsschule wird eine „Kooperation auf gleicher Augenhöhe" beschworen. Doch wie gesagt: Kooperation kann nur gelingen, wenn alle Seiten davon profitieren. Was aber heißt das konkret? Wer plant? Wer hat was zu sagen? An welchem Ort in wessen Verantwortung findet das statt?

Leider sind die Konzepte einer veränderten Ganztagsschule nicht von unten gewachsen, sondern von oben entwickelt worden. Und sie denken vom Lernort Schule aus. Offene Kinder-/Jugendarbeit ist fast gezwungen, sich auf die Ganztagsschule einzulassen, weil ihr sonst ein wichtiger Teil ihrer Klientel fehlt.

Kooperationsverträge sollen Einzelheiten regeln. Kern bleibt jedoch die Schule als „ganztägig geöffnetes Haus des Lernens". Musikschulen, Sportverbände, Wohlfahrtsverbände sind kompetente Partner für Rahmenvereinbarungen (sie profitieren hinsichtlich der Rekrutierung von Mitgliedern/Teilnehmern) und haben solche Verträge bereits abgeschlossen.

Medienpädagogik hat keine vergleichbare Lobby (ebenso wie Jugendkunstschulen, Theaterpädagogik...) Deshalb braucht sie den Weg über die Träger der Jugendhilfe. Und sie sollte ihrerseits Kooperationen mit Musikschulen und Jugendkunstschulen suchen, weil es wichtige inhaltliche Überschneidungen gibt.

• 4. *Medienpädagogik vor den Toren der offenen Ganztagsgrundschule*

Nicht zuletzt haben die Diskussionen um die Aspekte des Begriffs Medienkompetenz deutlich gemacht, dass Medienpädagogik nicht teilbar ist: hier Lernen als Aneignung von Wissen mit und über Medien (Mediendidaktik und Medienanalyse/-kritik), dort praktisches Lernen über Projektarbeit.

Medien werden in der Schule genutzt, vielfältig, aber eher in mediendidaktischer Weise, als Hilfsmittel des Lernens. Als Unterrichtsgegenstand, als Teil der Alltagswelt, als kreatives Gestaltungsmittel spielen Medien in Schule weniger eine Rolle, es sei denn, ein Lehrer interessiert sich dafür und nimmt einige Lehrplan-Empfehlungen an dieser Stelle ernst. Solche Medienpädagogik findet bislang eher in Projektwochen und Sonderveranstaltungen statt.

Was sich verstärkt etabliert hat, sind Computer- und Internetnutzung (e-nitiative); diese Medien passen besser zur Wissensdimension von Schule, sie nutzen zu können ist als Schlüsselkompetenz weitgehend anerkannt, berücksichtigt aber wenig die Art und Weise, wie und wofür Kinder, Jugendliche und Erwachsene diese Medien faktisch im Alltag nutzen.

Schaut man sich den neuen Lehrplan für die Grundschule NRW[2] an, dann kann man dort einen anderen Kurs lesen. Zwar kommt das Wort Medienpädagogik explizit dort nicht vor; aber Medienerziehung wird als bedeutsamer schulform- und schulstufenübergreifender Aufgabenbereich in einem Einleitungskapitel benannt. Zwar gelten Lese- und Schreiberziehung und der verstehende Umgang mit Texten als „leitende Prinzipien des gesamten Unterrichts." (MSJK 2003, S. 16) Aber: „Durch die Gestaltung des gesamten Schullebens stellt die Schule über den Unterricht hinaus eine breite Palette anregungsreicher, strukturierter und offener Lernsituationen bereit." (ebd.) Fächerübergreifendes Lernen wird ausdrücklich gefordert. „Aus vielen Bereichen, die in den Lehrplänen schwerpunktmäßig einem Fach zugeordnet werden, können fächerübergreifende Themen oder auch Projekte entwickelt werden." (ebd.) Eigenständiges und selbstverantwortliches Lernen in Gruppen soll u.a. in Projektarbeit gefördert werden.

Im Einleitungskapitel, Absatz 4.4, heißt es zu Medien: „Die Informations- und Kommunikationstechnologien sind ebenso wie die traditionellen Medien Hilfsmittel des Lernens und Gegenstand des Unterrichts. Der Unterricht in der Grundschule vermittelt den Schülerinnen und Schülern demnach eine Orientierung über wichtige Informationsmöglichkeiten und leitet sie an, die Informations- und Kommunikationsmedien sinnvoll zu nutzen. Indem die Medien selbst zum Gegenstand der Arbeit im Unterricht werden, erfahren die Schülerinnen und Schüler Möglichkeiten und Beschränkungen einer durch Medien geprägten Lebenswirklichkeit. Die systematische Arbeit mit Medien trägt dazu bei, die Medienkompetenz der Schülerinnen und Schüler zu entwickeln."

Realisiert wird das einerseits als „Umgang mit Texten und Medien" im Fach Deutsch. In diesem Fach ist das eher rezeptiv und auf Sprache orientiert angelegt – „aus Texten und Medien Informationen zu entnehmen, sie zu deuten und zu reflektieren" (ebd., S. 30), Reflexion des Umgangs mit Texten und Medien -, umfasst aber auch den Gedanken, „mit Texten und Medien spielerisch und experimentierend umzugehen und kulturbezogene Projekte miteinander zu verwirklichen" (ebd.). Dabei ist an Computer als Hardware ebenso gedacht wie etwa an Audiomedien oder Video. Orientiert ist das in diesem Fach auf die Schlüsselkompetenzen Lesen und Schreiben – durchaus auch als Voraussetzung für einen kompetenten Umgang mit Medien.

„Der Unterricht im Fach Sachunterricht nutzt die Möglichkeiten der Informationsbeschaffung, die die Medien bieten." (S. 59) Das Ziel heißt hier, „grundlegende Fähigkeiten im Umgang mit traditionellen und neuen Medien erwerben“ (S. 63). Dabei ist sowohl die kritische Untersuchung und Bewertung von Medienangeboten wie das eigene Erstellen von Medienprodukten im Blick.

Auch der Musikunterricht ist angehalten, Medien zur Informationsbeschaffung und zu individualisiertem Lernen zu nutzen; die Anliegen dieses Faches lassen sich mit anderen Fächern gut verbinden. Im Fach Kunst gehören die technisch-visuellen Medien zum Gegenstandsbereich. Gerade hier sollen Lernorte des außerschulischen Umfeldes einbezogen werden. Auch hier wird nachdrücklich die eigene Gestaltung mit Medien hervorgehoben. Als angezielte Fähigkeiten und Fertigkeiten wird genannt, „sich mit ästhetischen Prozessen, Objekten und Bildarten der Alltagswelt, der Kunst, der Mode, der Werbung und der Medien auseinandersetzen“ (S. 123).

Dieser knappe Überblick zeigt, dass im Lehrplan viele Ankerpunkte für Medienpädagogik vorhanden sind; die Diskutanten über die Dimensionen von Medienkompetenz sollten eigentlich alle wichtigen Aspekte von der Medienanalyse über die -kritik bis zur eigenen kreativen Gestaltung wiederfinden.

Die Frage ist nur, wie sich die vielfältigen Erfahrungen mit Projekten praktischer Medienarbeit (vgl. Hoffmann 2004, S. 295–305; vgl. auch Baacke u.a. 1999) in der Jugendhilfe in das Lernkonzept der neuen Ganztagsgrundschule wirklich integrieren lassen. Dabei sind Konzepte und Projekterfahrungen der Kinder- und Jugendsozialarbeit, die sich also um eher problematische Kinder kümmert, leider eher Mangelware und werden auch in der Medienpädagogik nicht besonders wahrgenommen.

Dem integrativen Gedanken des Lehrplans – Medien als Thema zwischen den Fächern Deutsch, Musik und Kunst – kommt die Konzeption von Medienpädagogik in der Ausbildung der Sozialpädagogen entgegen. Dort wird das Fach in der Regel dem Fachkomplex „Ästhetik und Kommunikation“, inzwischen auch „Gestaltungspädagogik“ (vgl. Hoffmann 2004) genannt, zugeordnet, der in weitem Sinn integrative kreative und medienpädagogische Anliegen vertritt. Leider hat sich in der Praxis nicht immer ein Miteinander der Bereiche einer Gestaltungspädagogik entwickelt. In vielen Jugendzentren wurden im letzten Jahrzehnt Computerräume und Medienwerkstätten eingerichtet. Im Rahmen der Medienkompetenzdebatte waren dafür Förder- und Projektgelder zu bekommen. Aber man kann ja nicht alles machen und vor allem nicht finanzieren. Deshalb wurden mancherorts dafür Werkstatträume abgebaut (Holzwerkstätten, Mal- und Zeichenräume, Keramik- und Tonwerkstätten, Fotolabore...).

Wenn man die vorhandenen Kooperationspartner für die Ganztagsschule nochmals aus Pädagogen- und aus Kinder-Perspektive vergleicht, wird die Herausforderung für Medienpädagogik vielleicht deutlicher:

Musik
Pädagogen-Perspektive: Musik wird als erziehungsförderlich betrachtet; Musik lernen ist ein gesellschaftlicher Wert, ihre ausgedehnte Bedeutung ist zumindest für die Kindheit (Spielzeit, bevor das eigentliche Leben beginnt) allgemein akzeptiert. Die medienpädagogische Dimension spielt dabei nur eine geringe Rolle: Musik auch der Kinder ist zu einem hohen Anteil Medien-Musik!
Kinder-Perspektive: Musik macht Spaß und ist „in" auf dem Markt der Idole und Emotionen. Wenn die kindliche Medienwelt sich auch in der Schule ohne erhobenen Zeigefinger spiegelt, dann macht auch Schule Spaß. Vor allem das Selbermachen von Musik, ob mit Orff-Instrumenten oder mit dem Music-Maker am Computer, macht Spaß.

Sport/Bewegung
Pädagogen-Perspektive: Sport ist gesund und für die Entwicklung förderlich. Er ist auch ein Gegenmittel gegen Hamburger und Süßigkeiten, die man sowieso nicht verhindern kann.
Kinder-Perspektive: noch macht Bewegung Spaß und ist oft gar nicht zu unterdrücken. Sport verbindet sich mit Spiel und das ist schön. Wenn Bewegung mehr Abwechslung in die Schule von 8 bis 16 Uhr bringt und ein Kind nicht mehr so lange still sitzen muss, um so besser.

Die Wohlfahrtsverbände als Kooperationspartner von Seiten der Jugendhilfe funktionieren vor allem kompensatorisch: Sie verwalten Defizite und schaffen gelegentlich Abhilfe. Der Kinderhort ist in diesem Zusammenhang ein überzeugendes Förderkonzept. Aber neben den Hilfeaspekten tragen sie u.U. auch zur Stigmatisierung und Festschreibung bei: das eine Kind muss noch in den Hort, das andere kann/darf schon nach Hause. Gezielte Förderung im Schulkontext würde wahrscheinlich Leistungsunterschiede angleichen und manche absteigende Lernkarriere verhindern.

Und Medienpädagogik?
Pädagogen-Perspektive: Fitmachen für die Medien- und Berufswelt; Bewahren vor schädlicher Mediennutzung und Vermittlung entsprechender Normen; Aufklären über Medienmanipulationen; sinnvolle und kreative Mediennutzung in Projekten.
Kinder-Perspektive: Wenn aus Kindersicht „gute" Alltags-Medien (spannende Filme, lustige Computerprogramme, anschauliche Internetseiten und Multimedia-CDs...) auch in der Schule vorkommen, erhöht das die Motivation und den Spaß am Lernen. Wenn man damit selbstbestimmt arbeiten darf, so erhöht das nochmals die Motivation. Wenn man Medien selbst gestalten darf, dann ist das toll und man lernt viel Nachhaltiges dabei.

Kinder haben, so sagen alle medienpädagogischen Projekterfahrungen mit aktiver Medienarbeit, Spaß an kreativer und aktiver Medienarbeit.

• 5. *Konsequenzen*

Medienpädagogik in der offenen Ganztagsgrundschule hat viele Facetten und könnte das Haus des Lernens entscheidend bereichern.

Natürlich sind Angebote der e-nitiative (Computer in der Grundschule... zahlreiche Bücher sind in den letzten Jahren unter dem Stichwort „Grundschule/Kinder und Computer/Internet" erschienen...) sinnvoll und gehören zur Medienkompetenz. Aber sie drohen den Raum einseitig zu besetzen, der möglicherweise einer Medienpädagogik zugestanden wird.

- Auch der Ausgleich von Defiziten im Medienzugang ist Schul-Aufgabe. Und Medien können hervorragende Helfer zum Ausgleich von diversesten Lern-Defiziten sein; kein personaler Mathe- oder Worttrainer ist so geduldig wie ein gutes Computerprogramm. Um diese Felder müsste sich die Medienpädagogik (etwa in Gestalt ihrer Organisation GMK) stärker kümmern.
- Auch mehr Selbstverständlichkeit einer guten Mediendidaktik – vor allem in Richtung einer Individualisierung und Verselbständigung des Lernens – ist wünschenswert. Die notwendige Integration Pädagogik mit und Pädagogik über Medien muss immer wieder deutlich gemacht werden. Das ist eine wichtige Nahtstelle für die Kooperation von Lehrern und Jugendarbeitern.
- Aber spannend wird es doch erst, wenn auch Projekte bisheriger außerschulischer Medienpädagogik, also die Vielfalt der Projekte kreativer Medienarbeit, in der Ganztagsgrundschule einen pädagogischen Lernort finden würden, der mit der unterrichtlichen Nutzung und Thematisierung von Medien verknüpft wird. Dazu könnte und sollte das „ganztägig geöffnete Haus des Lernens" Raum bieten.
- Eine entsprechende praktische Medienpädagogik mit Kindern darf sich nicht auf die technischen Medien fixieren, sondern muss sich dem gesamten kreativen Ausdrucks- und Erfahrungsbereich ein- und zuordnen, also Kooperationen etwa zu Musikschulen und Jugendkunstschulen, zu Theater- und Spielpädagogik und auch zu Sport und Tanz knüpfen.

In einer anderen, einer neuen Ganztagsgrundschule hätte Medienpädagogik mit ihrem Projektansatz aktiver Medienarbeit eine gute Chance. Sie müsste über Träger der Jugendhilfe als Kooperationspartner in die offene Ganztagsschule gebracht werden. Nötig wäre eine Qualifizierung von ErzieherInnen und SozialpädagogInnen, die in diesem Bereich arbeiten werden, möglichst in gemeinsamen Fortbildungskonzepten mit LehrerInnen. Vielleicht kann über gute gemeinsame Fortbildungskonzepte die Fähigkeit und Bereitschaft zur Kooperation wachsen. Die Kinder würden es danken.

Anmerkungen

•1) „Der Unterricht ist der Kern der schulischen Arbeit. Er dient dem Aufbau einer Wissensbasis, der Entwicklung grundlegender Kompetenzen und der Anbahnung von Schlüsselqualifikationen." Kap. 4 des NRW-Lehrplans für die Grundschule; vgl. auch Absatz 4.3 „Erziehender Unterricht".

•2) Zur Erprobung veröffentlicht, vgl. Ministerium für Schule, Jugend und Kinder des Landes NRW 2003.

Literatur

- Baacke, Dieter u.a. (Hrsg.) (1999): Handbuch Medien: Medienkompetenz. Modelle und Projekte. Bonn.
- Bachmair, Ben (2002): Kulturelle Ressourcen. Teil 1: Medien und Lesekompetenz nach PISA, in: medien praktisch 4/2002, S. 17–21.
- Bundesministerium für Familie, Senioren, Frauen und Jugend, Kinder- und Jugendhilfegesetz (Achtes Buch Sozialgesetzbuch), (1997) 8. Aufl. Bonn.
- Gilles, C. (2003): Offene Ganztagsschule und Jugendhilfe: Informationen, Ideen und Planungsanregungen zu einem bildungsorientierten Modell, in: SGB VIII. Online-Handbuch.
- Hoffmann, Bernward (2003): Medienpädagogik. Eine Einführung in Theorie und Praxis. Paderborn.
- Hoffmann, Bernward u.a.: (2004): Gestaltungspädagogik in der Sozialen Arbeit. Paderborn.
- Holtappels, Heinz Günter (2003): Ganztagsschule als Antwort auf PISA? Lerndefizite und Strukturprobleme im Schulsystem als Herausforderung für ganztägige Schulkonzepte, in: SchulVerwaltung spezial Nr. 1/2003, S, 100–13.
- Kübler, Hans-Dieter (2002): PISA und die Medienkompetenz. Warum empirische Begründungen mehr als dringlich sind, in: medien praktisch 2/2002, S. 4-7.
- Ludwig, Harald (2003): Am Anfang stand die Ganztagsschule. Historische Entwicklung und reformpädagogische Ursprünge der heutigen Ganztagsschule in Deutschland, in: SchulVerwaltung spezial Nr. 1/2003, S. 17–19.
- MSJK (2003) = Ministerium für Schule, Jugend und Kinder des Landes NRW: Deutsch, Sachunterricht, Mathematik, Musik, Kunst, Evangelische Religionslehre, Katholische Religionslehre. Grundschule, Richtlinien und Lehrpläne zur Erprobung, (Schriftenreihe Schule in NRW Nr. 2012). Düsseldorf.

- Reichel, Norbert (2003): Auf dem Weg zur offenen Ganztagsschule. Einige Anmerkungen zu einer Konsequenz aus PISA, die es auch ohne PISA geben müsste, in: SchulVerwaltung NRW Nr. 2/2003, S, 46–47
- Schäfer, Ute (2003): Die offene Ganztagsgrundschule – ein großer Schritt zum Haus des Lernens. Rede in Hagen am 24.07.2003, online im Internet: www.bildungsportal.nrw.de/BP/ Ministerium/Ministerin_Schaefer/Reden/2003/Hagen.html
- SGB VIII. Online-Handbuch, hg. v. Ingeborg Becker-Textor und Dr. Martin R. Textor, online im Internet: http://www.sgbviii.de
- Schweitzer, Jochen (1998): Gelingende Kooperation. Systemische Weiterbildung in Gesundheits- und Sozialberufen. Weinheim.
- Schweitzer, Jochen (2000): Ungleiche Partner – Wann lohnt sich die Zusammenarbeit von Jugendhilfe und Schule? – Überarbeitete Fassung eines Vortrages bei der Fachtagung „Jugendhilfe und Schule“, Marburg 21. März 2000, online im Internet: www.jugendhilfe-schule.de/grafiken/impulsreferat_schweitzer_2000.pdf

■ Andrea Müller-Goebel

Medienbildung in der Ganztagsschule: Konzepte und Erfahrungen aus Rheinland-Pfalz

„Seit Pisa“ – der neuen bildungspolitischen Zeitrechnung – ist bundesweit die Forderung nach mehr Ganztagsschulen laut geworden, scheint doch die umfassende Bildung und Betreuung auch im Nachmittagsbereich – zumindest vordergründig – der Schlüssel zum Problem, die Antwort auf alle Fragen der Bildungsmisere zu sein. Dies umfassend zu diskutieren, ist hier nicht der passende Ort.

Fakt ist jedoch, dass eine Kooperation zwischen allen an der Bildung von Kindern und Jugendlichen Beteiligten nicht nur sinnvoll, sondern zwingend notwendig ist, um langfristig zum Erfolg zu führen. Finnland – oft bemüht und herangezogen – ist auch hier Beispiel. Schule ist dort Lebensraum, Teil des kommunalen Lebens, hier wirken Lehrer und Sozialarbeiterinnen, Kinderärzte und Psychologinnen... zum Wohle des Kindes, des Jugendlichen zusammen.

In Rheinland-Pfalz wurde die Debatte um die Errichtung von Ganztagsschulen schon vor einigen Jahren, nicht zuletzt auch als familien- und sozialpolitische Maßnahme, angestoßen. PISA hat dieser Diskussion weiteren Auftrieb gegeben – wen wundert´s? Bis zum Schuljahr 2005/2006 sollen es insgesamt 300 „Ganztagsschulen der neuen Form“ sein. 163 sind es bislang – Zwischenziel also erreicht.

Die Kooperationen zwischen außerschulischen Einrichtungen und Schulen gehen bald in die dritte Runde. Erste Erfahrungen wurden gesammelt, Wege eingeschlagen und wieder verlassen. Wie sehen diese Kooperationsstrukturen in Rheinland-Pfalz also aus?

• *Rahmenbedingungen*

Seit dem Schuljahr 2002/2003 existiert folgendes Modell für den Ganztagsschulbetrieb (im Folgenden auch: GTS)

- Angebote an vier Tagen pro Woche bis 16 Uhr,
- fakultatives Angebot am Nachmittag (Belegung jedoch verbindlich für ein Schuljahr),

• das Zusatzangebot richtet sich verbindlich nach vier konstitutiven Elementen (s.u.),
• die personelle Besetzung, für deren Finanzierung insgesamt rund 130 Mio. Euro zur Verfügung gestellt wurden, folgt einem verbindlichen Schlüssel:

Viele Schulen haben durch die Aufstockung von Verträgen das Mindestmaß an

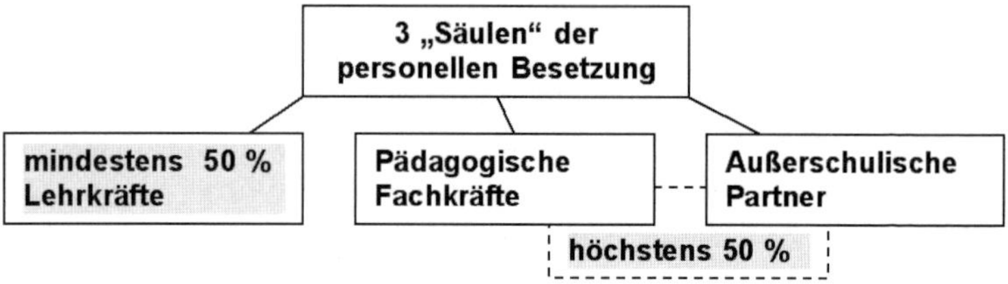

Versorgung durch die eigenen Lehrkräfte erreicht. Das Zusammenwirken mit pädagogischem Personal aus dem außerschulischen Bereich ist jedoch unverzichtbar, um
• den Erfahrungsraum Schule zu öffnen und lebendig werden zu lassen,
• neue Impulse zu gewinnen und
• eine ganzheitliche Sichtweise auf die Schülerin/den Schüler einzunehmen,
• lebensweltliche Orientierung zu gewährleisten.

Eine Einbeziehung aller Kolleginnen und Kollegen in die Planung, z.B. im Rahmen von Gesamtkonferenzen, ist wichtig und notwendig – allein, es gestaltet sich in der Praxis manchmal schwierig, da außerschulische Partner mitunter in ein anderes zeitliches Raster eingebunden sind.

• *Medienbildung in der Ganztagsschule – eine neue Chance?*

Medienpädagogisches Arbeiten im Halbtagsbereich stößt bekanntermaßen auf eine Reihe von Widerständen – das ist in Rheinland-Pfalz sicher nicht anders als im übrigen Bundesgebiet: mangelnde Vorerfahrungen, zu enges zeitliches und inhaltliches Korsett durch Stunden- und Lehrplanvorgaben, zu viel Aufwand für Vorbereitung und Durchführung, keine oder unzulängliche Technik etc.

In der „neuen GTS" ergeben sich unzweifelhaft pädagogische Freiräume, die insbesondere für aktiv-kreative Schaffensprozesse im Medienbereich nutzbar zu machen sind. Die anfängliche Euphorie mancher Medienpädagoginnen und -pädagogen musste jedoch wieder ein Stück zurückgenommen werden, zu sehr waren und sind die Schulen in der Startphase ihres GTS-Daseins mit baulichen, strukturellen und logistischen Problemen befasst.

Bei näherem Hinsehen stehen außerdem auch weiterhin Einschränkungen in der Gestaltbarkeit von Zeit und Raum – ähnlich wie im Vormittagsbereich – im Wege: Nach dem Mittagessen und einer angemessenen Erholungspause müssen z.B. die „Haus"aufgaben erledigt werden (deren Bedeutung in der GTS kontrovers diskutiert wird und die sicher eine Neudefinition erhalten müssen). Die verbleibende „Nettozeit“ bis 16 Uhr beträgt dann oftmals nur noch eine Zeit-Stunde. Bei deren Ausgestaltung wird sorgsam erwogen zwischen „medialen“ und „non-medialen“ Aktivitäten. Also ebenfalls nichts Neues! Aber positiv besehen: für medienpädagogisch aufgeschlossene Lehrerinnen und Lehrer sowie deren außerschulische Partner grundsätzlich eine Stunde regelmäßig mehr für die Medienarbeit!

Im Vormittags- wie im Nachmittagsbereich gilt hier: Wer will – der kann! Wer kann – der muss! Nach zwei Jahren Ganztagsschule in Rheinland-Pfalz lässt sich eindeutig konstatieren: Die bewährten und tragfähigen Konzepte im Nachmittagsbereich sind oft auch Medienkonzepte. Dazu zählen:

- Computer- und Videoclubs, gemeinsam gestaltet mit Einrichtungen der Jugendarbeit,
- Internet-Cafés,
- Kinderradio-Projekte,
- Fotoaktionen,
- Kinderkino,
- Konzepte des „Multimedialen Schulfernsehens“ als Teil des Schulprofils und der Schulkultur.

Mitunter arbeiteten diese Projekte schulischer und außerschulischer Partner auch konzentriert auf gemeinsame Ziele und öffentliche Präsentationen und Aktionen hin, z.B. Kinder- und Jugendmedienwochen oder Aktionswochen der Jugendkultur.

Davon abgesehen, dass sich Schülerinnen und Schüler durch die Arbeit mit Medien in besonderem Maße motivieren und aktivieren lassen, sind Lehrerinnen und Lehrer durch das GTS-Konzept viel eher bereit, externe Erfahrungen nutzbringend einzubinden und mit neuen Partnern auszugestalten. Doch näher besehen, gibt es auch im außerschulischen Bereich nicht gerade ein Überangebot an medienpädagogischen Konzepten.

Das Prinzip der Freiwilligkeit (das oft auch im Sinne von Beliebigkeit und geringerer Ernsthaftigkeit fehlinterpretiert wird) wirkt mitunter als Hemmschuh und unterteilt die Schülerschaft in „uns da draußen“ und „ihr da drinnen“, in diejenigen, die ihre außerunterrichtliche Zeit so gestalten können, wie sie mögen, und diejenigen, die auch nachmittags „hinter Schulmauern“ bleiben (müssen). Viele Medienprojekte setzen offene Arbeitsweisen voraus und bieten die Chance, über schulische Grenzen hinaus und in die Stadt, die Kommune hinein zu arbeiten. Befragungen bei Schülerinnen und Schülern haben gezeigt, dass dies zum Erfolg und zur Akzeptanz medienspezifischer Angebote beiträgt.

Ein hoher Prozentsatz der neuen Ganztagsschulen hat mittlerweile vom additiven auf ein rhythmisiertes GTS-Modell – die Einrichtung genuiner GTS-Klassen – umgestellt, wo der Wechsel von Arbeits- und Entspannungs- oder anderen, freieren Phasen ein wirklich schülergerechtes und effektives Arbeiten ermöglicht. In diesem Modell hat medienpädagogisches Arbeiten eher die Chance, sich als fächerübergreifendes Unterrichtsprinzip zu etablieren.

Die vier konstitutiven Elemente der Ganztagsschule in Rheinland-Pfalz

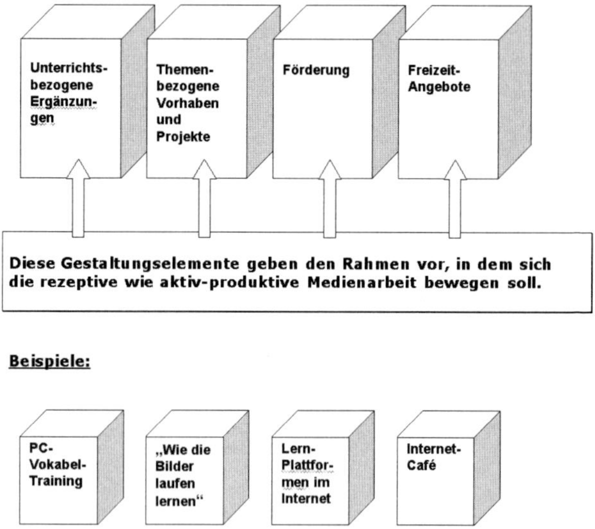

Die Kategorien erweisen sich nicht immer als trennscharf – vor allem bei medienpädagogischen Arbeitsformen, die ein vielschichtiges „Kompetenzenbündel“ ansprechen und heranbilden.

- *Woher kommen die Kooperationspartner?*

Viele Schulen greifen – auf kommunaler Ebene – auf bewährte Kooperationspartner zurück, die ihnen schon aus anderen Zusammenhängen bekannt sind, Kontakte werden oft von Einzelpersonen initiiert. Dies ist jedoch keine verlässliche Basis, auf Dauer gesehen, denn mit einzelnen Menschen verschwinden oft auch Kooperationen. Welche Möglichkeiten gibt es außerdem?

- *Kooperationsvereinbarungen*

Die Landesregierung hat mit Landesorganisationen und Dachverbänden Kopperationsverträge geschlossen, so z.B. mit
- dem Landessportbund,
- dem Landesverband der Kreismusikschulen,
- den kirchlichen Organisationen,
- der Landeszentrale für private Rundfunkveranstalter (als Anbieter qualifizierter medienpädagogischer Zusatzangebote),
- u.a.m.

Gegen einen Festbetrag entsenden diese Institutionen eigenes Personal, mit einem zuvor klar umrissenen pädagogischen Angebot, in eine zuvor festgelegte Anzahl von Schulen. Schwierigkeiten ergeben sich mitunter aus der Ehrenamtlichkeit vieler Tätigkeiten, die für die GTS eigentlich interessant wären: Die Menschen stehen im relevanten Zeitrahmen bis 16 Uhr einfach nicht zur Verfügung, da sie berufstätig sind!

Die Grundlagen für eine Kooperationsvereinbarung mit dem Landesjugendring werden zur Zeit erarbeitet und sollen im Jahre 2005 zur Verhandlung kommen.

- *Eigene Verträge der Schulen*

Jede GTS erhält – je nach Größe und Angebotsprofil – ein eigenes Budget, mit dem Personal „eingekauft" werden kann: Schule und außerschulischer Partner sind hier unmittelbar auch Vertragspartner. Hier spielen wiederum die o.g. persönlichen Kontakte eine wesentliche Rolle. Schulleitungen oder Lehrerinnen und Lehrer gehen vielfach direkt auf außerschulische Partner – wie Jugendkunstschulen oder -zentren, Sportvereine, den Förster – zu und akquirieren Angebote für den Nachmittagsbereich.

Aber auch der umgekehrte Weg ist vielfach zu beobachten: Nach Bekanntwerden der Errichtungsoptionen für neue Ganztagsschulen in der Tagespresse schießen Angebote bislang unbekannter Anbieter ins Kraut, vom Indianercamp einer privaten Initiative über die Kleintierfreunde bis hin zum Numismatiker, der den Nachwuchs für sein Hobby begeistern möchte. Medienangebote hingegen sind eher selten. Hier muss die Schule im Einzelfall entscheiden, ob ihnen das Angebot relevant – und der Anbieter qualifiziert genug erscheint.

- *Börse außerschulischer Partner*

Um die Kooperationsmöglichkeiten in übersichtlichere Bahnen zu lenken und es den Schulen zu ermöglichen, sich einen breiten Überblick über das Angebot zu verschaffen, haben die pädagogischen Service-Einrichtungen in Rheinland-Pfalz im Jahr 2003 erstmals eine „Börse außerschulischer Partner" ausgerichtet. Hier präsentierten sich kooperationswillige Einrichtungen den Schulen des Landes – und Hunderte Teilnehmerinnen und Teilnehmer nahmen dieses Angebot wahr. Dieses Konzept hat sich als sehr erfolgreich erwiesen: Persönliche Kontakte wurden gestiftet, Gespräche und Verhandlungen geführt und direkte Absprachen für eine Kooperation getroffen. Auch im Rahmen dieser „Börse" zeigte es sich, dass medienpädagogische Angebote bislang eher noch selten anzutreffen sind.

Um das kreative und motivationale Potenzial von Medienarbeit verstärkt in das Bewusstsein aller Beteiligten zu rufen, hat das LMZ ein Konzept zur „Medienbildung in der GTS" erarbeitet, das offen für schulische und außerschulische Partner ist und das Angebot zu systematisieren versucht.

- *Unterstützungs- und Rahmenkonzept des LMZ zur Medienbildung in der GTS*

Angespornt durch die positiven Erfahrungen sowohl mit einzelnen Schulen auf dem Weg zu einem medienpädagogischen Schulprofil und/oder zur Ganztagsschule, als auch im Rahmen der landesweiten Ganztagsschul-Foren und der „Börse außerschulischer Partner", haben die Referentinnen und Referenten des LMZ ihre Erfahrungen zusammengetragen und ein vierstufiges Unterstützungskonzept und -angebot entwickelt. Außerdem erschien es notwendig, ein konzentriertes und systematisiertes Angebot zu schaffen, das die potenziellen Partner zusammenführt, Kooperationen anbahnt und ihnen gemeinsame Qualifikations- und Entwicklungsmöglichkeiten eröffnet.
Diese vier Stufen bauen wie folgt aufeinander auf:

1. *Modulares Fortbildungskonzept: „Zoom auf... Lernen mit Medien"*

A. Überblicksveranstaltung:
Erfolgreiche medienpädagogische Arbeitsformen und Projekte unterschiedlicher Komplexität als Einstieg in darauf aufbauende

B. Modulare Studientage:
Modul 1: Unterrichtsbezogene Ergänzungen:
„Üben und Vertiefen mit schüleraktivierenden Medien und Arbeitsmaterialien" und Materialien

Modul 2: Themenbezogene Vorhaben und Projekte:
„Schülerorientierte Formen des Gestaltens, Produzierens und Publizierens in der Ganztagsschule“
Modul 3: Förderung:
„Fördern, Fordern und Differenzieren mit Medien – Individualisierung und Unterstützung von Lernprozessen“

In den Jahren 2002 bis 2003 waren diese Module noch nach Medienkategorien strukturiert, doch durch die zunehmende Konvergenz der Medien hat sich das Konzept selbst überholt, so dass eine Neuorientierung unter pädagogischen und methodisch-didaktischen Gesichtspunkten und in Anlehnung an die konstitutiven Elemente der GTS erfolgte: Diese kommt der Herangehensweise in der Alltagspraxis eher entgegen.

Diese Fortbildungsreihe ist grundsätzlich offen für schulisch und außerschulisch arbeitende Pädagoginnen und Pädagogen. Bewährt hat sich eine Besetzung in Zweierteams (2 TN pro GTS), um nachhaltiger an der eigenen Schule arbeiten zu können. Bislang konnten rund 150 Teilnehmerinnen und Teilnehmer dazu begrüßt werden. Im Frühjahr 2004 haben sich erneut 75 Kolleginnen und Kollegen zum dritten Durchlauf angemeldet und ihre Qualifizierung als „Moderatoren für Medienbildung“ in Angriff genommen.

Wer alle Module komplett durchlaufen hat, bekommt – neben einem Zertifikat – prioritäre Unterstützung und Begleitung durch das LMZ-Team (s. Punkt 3).

2. Entwicklung eines Medien- und Materialienpools
Um Ganztagsschulen inhaltlich ein Stück weit zu entlasten, entwickelt das LMZ in Kooperation mit Schulpraktikern Medien und Materialien, die für den moderierten, methodisch-didaktisch reflektierten und begründeten Einsatz konzipiert sind. Zunehmend werden jedoch auch Online-Plattformen und Selbstlehrkonzepte berücksichtigt, wie z.B. die auf dem Bildungsserver abgelegten „Computer-Grundkurs“-Module, die klar didaktisch strukturiert sind und erst nach einer Erfolgskontrolle das Weiterarbeiten gestatten. Dieser Computer-Grundkurs enthält Material für ein gesamtes Schuljahr und kann durch seine spezifische Aufbereitung im Nachmittagsbereich auch erfolgreich von außerschulischen Kräften durchgeführt und begleitet werden.

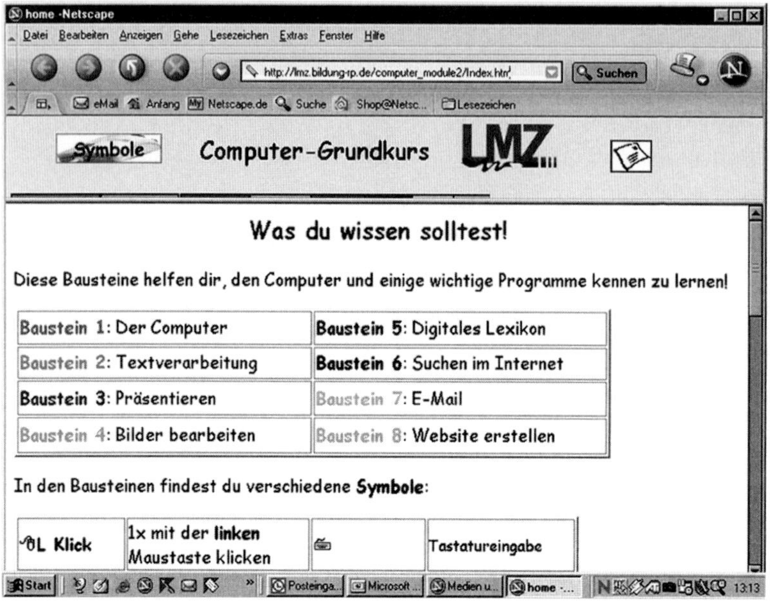

Interessante Erfahrung: Mehr und mehr Erwachsene nutzen diesen Kurs auch für sich selbst, sei es zum Einstieg oder zum Auffrischen bereits vorhandener Kenntnisse.

Dieser Kurs ist einer von 50 Praxisbausteinen auf der CD-ROM „Medienbildung in der Ganztagsschule", die einen Medienbrowser enthält. Sie steht den Ganztagsschulen wie auch allen anderen interessierten Schulen und Einrichtungen in Rheinland-Pfalz kostenfrei in je einem Exemplar zur Verfügung.

Die Bausteine sind von unterschiedlicher Komplexität, ermöglichen den einfachen Einstieg in die medienpädagogische Arbeit in kleinen Einheiten ebenso wie die Konzeption von medienspezifischen AGs als Zusatzangebot im Nachmittagsbereich. Sie verstehen sich als „Startkapital" für die weitere Arbeit und als Ideenpool.

Der beigefügte Medienbrowser ermöglicht die individuelle Ergänzung um eigene Materialien, die damit auch komfortabel verwaltet werden können.
Es ist geplant, die nächsten Bausteine auf der GTS-Homepage zu veröffentlichen. Einige Themenschwerpunkte sind bereits in Vorbereitung.

Der Umgang mit dem Medien- und Materialienpool ist auch Gegenstand bei den Modularen Studientagen (s. Punkt 1).

• *3. Nachhaltige Begleitung und Unterstützung*

Ganztagsschulen, die Kolleginnen und Kollegen für die Teilnahme an allen vier Studientagen vom Unterricht freistellen, um medienspezifische Schwerpunkte an ihren Schulen zu entwickeln, eigene Initiativen anzustoßen und auf diese Art Impulse für die Schul- und Qualitätsentwicklung setzen, erhalten durch das LMZ besonders intensive Unterstützung, und zwar in Form von
- praktischer Hilfe durch das „MedienMobil" (technische Ausstattung und personelle Unterstützung),
- kontinuierlicher Begleitung und Beratung,
- Dokumentation der laufenden Arbeit und ihrer Ergebnisse auf dem Bildungsserver und auf der GTS-Homepage,
- Auszeichnung besonders kreativer und innovativer Ideen und Projekte,
- Fortbildung „nach Maß" vor Ort – Studientage für Medienteams – schulintern oder in der Region
- für die verschiedenen Medienbereiche (Leseförderung, Print, Audio, Video, Fotografie, Multimedia und Internet),
- für die unterschiedlichen Bedingungen und Interessen vor Ort (konzipiert je nach Ausstattung, Vorkenntnissen, Schwerpunkten im Schulprofil),
- für bestimmte pädagogische Zielsetzungen (Gewaltprävention, Pausengestaltung, Unterrichtsergänzung, Förderung von begabten und/oder schwachen Schülerinnen und Schülern),
- für bestimmte Fachgebiete (z.B. Naturwissenschaften und Sprachförderung oder Sachbereiche, z.B. Medientechnik, Schulmediothek...).

• 4. *Medienpädagogische Modellprojekte mit Pilotcharakter an ausgewählten Ganztagsschulen*

4.1. Multimediales Jugendprojekt „CU – TV & Net":
Fernsehen und Internet – von Jugendlichen – für Jugendliche
Medienverbund

Im Mittelpunkt des Projektes „CU" (sprich: See you), das derzeit im Raum Koblenz angesiedelt ist, steht die Produktion eines regelmäßigen Jugendmagazins, welches im Offenen Kanal ausgestrahlt wird. Der Name ist also doppeldeutiges Programm: Sehen und gesehen werden, lautet die Devise. Begleitend dazu wurde ein Internet-Auftritt (http://www.cu-tv.net.ms) entwickelt. Er dient als eine Art Portal und bietet allen Schulen weiterhin die Möglichkeit, im Rahmen eigener computerpädagogischer AGs und weiterer Nachmittagsangebote ihre Sicht von CU – TV & Net darzustellen. Themen, die in der Sendung angesprochen werden, können vertieft, im Netz weiter diskutiert und internetgerecht dargestellt werden.

Neben den Themen der Sendungen stehen auch Downloads von Videodateien und andere medienspezifische Angebote (kreative Rubriken, Foren etc.) zur Verfügung. Sowohl Struktur als auch Design folgen den Vorgaben der Jugendlichen und wurden mit Hilfe eines Mediengestalters, der im „CU"-Projektteam mitarbeitet, entwickelt. Vorausgegangen war ein Workshop zur Analyse gängiger Websites für Jugendliche: Was gefällt uns (nicht) – und wie möchten wir es selbst machen?

Da das Angebot mit dem regionalen, von einem kommerziellen Anbieter betriebenen und stark besuchten Jugendportal (www.g8way.de) verlinkt ist, besuchen mehr und mehr Jugendliche außerhalb der Projektschulen das Angebot.

Kooperationspartner bei „CU"
Es kooperieren hier bislang
- vier Ganztagsschulen (davon zwei Hauptschulen in sozialen Brennpunkten),
- zwei außerschulische Einrichtungen (Jugendkunstwerkstatt Koblenz e.V., Kath. Familienbildungsstätte Koblenz).

ABER: Grundsätzlich ist das Magazin für interessante Beiträge von außen offen – wovon Schulen und Jugendgruppen auch regen Gebrauch machen.

Die Koordination erfolgt durch das „CU"-Projektbüro im LMZ, in dem zunächst zwei Diplom-Pädagogen, dazu ein Team aus Studierenden sowie der o.g. Mediengestalter per Werkvertrag mitgearbeitet haben. Inzwischen konnte eine dritte Dipl.-Stelle eingerichtet werden – ein Erfolg, der den Kurs des Projektes bestätigt. Diese MitarbeiterInnen bilden das Kernteam, in dem immer wieder auch Praktikantinnen und Praktikanten unterschiedlicher Studienrichtungen (z.B. der Sozialarbeit und der Sozial- und Heilpädagogik) mitgearbeitet haben und noch arbeiten.

Unterstützt wird das Projekt in erheblichem Umfang vom rheinland-pfälzischen Ministerium für Bildung, Frauen und Jugend, der Landeszentrale für private Rundfunkveranstalter und dem Medienkompetenzforum Südwest. Das Landesmedienzentrum bringt darüber hinaus erhebliche Finanzmittel und Eigenleistungen aus dem „laufenden Haushalt" ein.

Die Erstausstrahlung der jeweils neuesten Sendung erfolgt im Rahmen einer „Sendeparty", ein „Event", zu dem grundsätzlich alle Koblenzer Jugendlichen eingeladen sind. Werbung erfolgt über die Tagespresse und auf Handzetteln.

Leitlinien

Die Grundprinzipien lassen sich wie folgt darstellen:

- Die Lebensweltorientierung steht im Mittelpunkt.
- Eigene Themen erfordern eigene Darstellungsformen.
- Partizipation muss von Anfang bis Ende des Produktionsprozesses stattfinden.
- Nur die Vernetzung von GTS- und außerschulischer Jugendkultur- Arbeit gewährleistet ein ganzheitliches Arbeiten.

Die wichtigsten Zielsetzungen von „CU" sind dabei:

Auf der Schülerseite:

- Ausbildung sozialer Schlüsselkompetenzen,
- Überwindung eingeschliffener Rollen,
- Kritische Reflexion der medialen Umwelt,
- Ausbau sprachlicher und organisatorischer Kompetenzen.

Auf der Institutionenebene:

- Vernetzung von Schule und außerschulischer Jugendarbeit,
- Integration kontinuierlicher, produktiver Medienarbeit in Schulen
- Erweiterung des Schulprofils zur ‚Medienschule',
- Medienarbeit an der Schule ohne Mehraufwand für Lehrkräfte.

Der Erfolg gibt uns Recht: Nicht nur Schülerinnen und Schüler haben erstaunliche Entwicklungen vollzogen, auch die Wahrnehmung von außen wird intensiver, das Interesse an einer Mitarbeit und weiteren institutionellen Vernetzungen größer, so dass das LMZ ein Folgekonzept zur landesweiten Implementation des „CU TV & Net"-Konzeptes erarbeitet hat. Dieses – wie auch der Projektbericht – kann beim LMZ Rheinland-Pfalz gerne angefordert werden.

4.2. „‚Ohrenspitzer' – Hörabenteuer in der Schule"

Das Projekt *Ohrenspitzer*, an dem sich bislang 20, nach einer Ausschreibung „offiziell ernannte", Projektschulen sowie eine Reihe von Schulen auf freiwilliger Basis beteiligen, wird gemeinsam mit der „Stiftung Zuhören", dem SWR sowie der Stiftung „Medienkompetenzforum Südwest" durchgeführt und soll hier nur schlaglichtartig umrissen werden. Es verfolgt u.a. folgende Ziele:

- Einrichtung fester Hörclubs an Schulen,
- Förderung des Hörens und Zuhörens als Grundlage für Kommunikation und Lernen,
- Förderung der Lese- und Sprechfähigkeit, der allgemeinen Sprachkompetenz und der Konzentrationsfähigkeit,
- Ermöglichen neuer affektiver, kreativer und sozialer Erfahrungen,
- Zuhörförderung für eine Verbesserung des Unterrichts und der Schulkultur.

Hörclub-Schulen erhalten:

- einen Koffer mit einem Grundkanon ausgewählter Hörspiele und didaktisch-methodische Anregungen für die Nutzung – eingebunden in ein medienpädagogisches Konzept,
- Kontinuierliche Begleitung durch Fortbildung und Unterstützung (auch bei Produktionsprozessen) für die Betreuer,
- Impulse für die Schule und Vernetzung mit anderen Hörclub-Schulen und außer- sowie vorschulischen Partnern.

Die Resonanz ist groß, und unterdessen haben sich auch Fachberatungen für Kindertagesstätten in das Konzept eingeklinkt. Definitiv werden 20 weitere Schulen und sicher eine Reihe außerschulischer Partner im Schuljahr 2004/2005 folgen, da „Hörabenteuer" auch sehr gut im Kursbereich verschiedenster Einrichtungen umzusetzen sind.

Auch aus dem bundesweiten Projekt „Lernort Kino" heraus hat das LMZ ein eigenes Konzept der Schülerfilmarbeit in der GTS entwickelt: Ein schulinternes Team fungiert als „Entwickler" und Anbieter für Kinoveranstaltungen in den Kommunen und Kleinstädten, in denen kein Kino mehr vorhanden ist, und wirkt in die Stadt hinein.

- *Erste Erfahrungen und Ausblick*

- Nach knapp zwei Jahren „Ganztagsschule der neuen Form" in Rheinland-Pfalz, nach Überwindung organisatorischer, personeller und logistischer Probleme steigt die Nachfrage nach qualitätvollen pädagogischen Angeboten; hier spielen Projekte der Medienbildung zunehmend eine Rolle.

- Die gewonnenen pädagogischen Freiräume im Nachmittagsbereich der GTS eröffnen neue Chancen und Möglichkeiten für Medienprojekte; Wissens- und Erfahrungszuwachs der Kinder und Jugendlichen ergänzen mitunter den Unterricht bzw. dessen pädagogische Zielsetzungen in fast idealer Weise; aber auch am Nachmittag greift mitunter ein „zeitliches Korsett", und Arbeiten werden freiwillig zusätzlich erledigt.
- Die zugewiesenen Sondermittel für GTS werden häufig auch in eine Verbesserung der Medienausstattung investiert; hierzu gehen gehäuft Anfragen beim LMZ ein (Beratungsbedarf).
- Die Erfahrungen des ersten Jahres zeigen, dass insbesondere Medienprojekte seitens der Kinder und Jugendlichen eine hohe Akzeptanz genießen und dass der Grad der Motivation bei qualifizierten Angeboten sehr hoch ist.
- Die Homepage der GTS wird zunehmend bedeutsam für die tägliche Arbeit, deshalb ist ein aktueller Medien- und Materialienpool dort gut verortet; hinzu wird voraussichtlich u.a. ein Personalmanagementsystem kommen; auf das LMZ kommen hier weitere verantwortungsvolle Aufgaben zu.
- Das Internet insgesamt wird als Plattform für die Arbeit in der Schule an Bedeutung gewinnen (Stichwort: „Blended Learning").
- Auch für die GTS gilt: Medienpädagisches Arbeiten steht und fällt mit den verantwortlichen Personen und deren Engagement; oft stößt ein Multiplikatorenmodell – wenigstens für einen gewissen Zeitraum – an seine Grenzen.
- Bis zum Ende der Legislaturperiode sollen in RLP 300 Ganztagsschulen errichtet werden; im Zuge dessen wird – was die Realisierung und Unterstützung von Medienangeboten/-projekten und den Aufbau einer technischen Infrastruktur anbelangt – noch eine große Herausforderung auf das LMZ zukommen, da die Erfahrungen auf regionalen Foren untereinander weitergegeben werden.

■ Franz Josef Röll

Visionen neuen Lernens

Unsere Dienstleistungsgesellschaft erfährt zur Zeit einen weiteren Differenzierungsprozess, den Wandel von der Informations- in die Wissensgesellschaft. Die Generierung, Reproduktion, Distribution, Übertragung und Verwertung von Ideen bilden die Rohstoffe der Wissensgesellschaft. Während in der Informationsgesellschaft das physische Silizium eine wesentliche Bedeutung hat, wird in der Wissensgesellschaft der immaterielle Denkprozess bedeutsamer. Das exemplarische Produkt der Informationsgesellschaft ist der Chip, das exemplarische Produkt der Wissensgesellschaft ist Wissen. Zukünftig werden nicht mehr Daten, sondern Ideen ausschlaggebend sein.

Ausgangsbedingungen der Wissensgesellschaftsdebatte sind der strukturelle Wandel unserer Arbeitswelt, die Deregulierung der Finanzmärkte, die grenzenlose Investitionspolitik weltweit operierender Unternehmen und neue Technologien. Diese Entwicklung wird durch immer leistungsfähigere Kommunikations- und Informationstechnologien begünstigt. Die gesellschaftlichen Veränderungen zwingen die nationalen Ökonomien zur Anpassung. Eine Reaktion ist die europäische Integration, eine weitere die Veränderung unseres Bildungs-, Lern- und Wissenskonzepts. Im Kontext dieser Entwicklung werden die zukünftigen Arbeitnehmer andere Schlüsselqualifikationen benötigen.

Galten früher Aufmerksamkeit, Fleiß, Ordnung und ein gutes Gedächtnis (Informationswissen) als wichtige allgemeine Kompetenzen, werden heute andere Qualifikationen gefordert. Angesichts wechselnder Kundenpräferenzen und kürzerer Produktlebenszyklen werden Kreativität, Flexibilität, Spontaneität, Selbständigkeit, Selbstbewusstsein und Selbstdistanz, Teamfähigkeit, Kompetenz zum systemischen bzw. vernetzten Denken, systematische Problemstrukturierung im Sinne einer vielschichtigen Problemlösungskompetenz sowie mentale Beweglichkeit zu maßgeblichen Schlüsselkompetenzen. Bedeutsam wird die Fähigkeit, in vorher nicht adaptierten Erfahrungskontexten Kompetenzen aktualisieren zu können.

Es bleibt die Frage, ob unser Bildungssystem sich diesen neuen Anforderungen stellt, ohne die Selbstbestimmung des Einzelnen zu vernachlässigen und botmäßig für die Anforderungen der Globalisierung auszubilden. Im Folgenden möchte ich ein Szenario entwickeln, das Visionen eines neuen

Lernens im Blick hat, ohne die Herausforderungen der Wissensgesellschaft zu ignorieren.

- *Konstruktivistische Lernphilosophie*

Unterschiedliche Annahmen über menschliches Lernen führten zur Entwicklung von divergierenden Lerntheorien. Bei objektivistischen Ansätzen, wie z.B. dem Behaviorismus, ist der Lernende passiv, dem didaktisch aufbereitetes Lernmaterial angeboten wird. Es werden Lerneinheiten vermittelt, die später abgefragt werden. Das Verhalten eines Individuums lässt sich dieser Theorie gemäß durch äußere Hinweisreize und Verstärkungen steuern.

Zwischen Objektivismus und Subjektivismus lokalisiert sind Lernkonzepte des Kognitivismus. Hier wird der Lernende als Individuum betrachtet, das äußere Reize aktiv und selbständig verarbeitet. Es wird von einer Wechselwirkung zwischen externen medialen Präsentationen und internen Verarbeitungsprozessen ausgegangen. Nach diesem Verständnis werden aufgrund des Erfahrungs- und Entwicklungsstandes die Inputs in selektiver Weise wahrgenommen, interpretiert und verarbeitet. Lernen wird durch Instruktion und Lernhilfen angeregt, unterstützt und in gewissem Maße gesteuert (objektive Vorgaben).

Für die Entwicklung von Lernvisionen halte ich das Lernverständnis des Konstruktivismus für weitreichender. Lernen wird nach dem Verständnis der Konstruktivisten als aktiver Konstruktionsprozess und nicht als passive Wissensaufnahme verstanden. Erkenntnisse sind demgemäß individuelle Konstruktionen auf der Basis subjektiver Erfahrungsstrukturen. In Abhängigkeit zu ihren mentalen Strukturen und Überzeugungen konstruieren die Lernenden ihr Wissen. Die Lernenden sind aktiv und regulieren den Zugang zum Wissen. Die Grundlage des konstruktivistischen Verständnisses von Lernen bildet das Konzept des situierten Lernens. Es basiert auf authentischen Problemsituationen. Das jeweilige Lernen wird in reale Kontexte eingebunden. Der Transfer des erworbenen Wissens wird über die Adaption von konkreten Lebenssituationen hergestellt. Lernen ist nach dieser Auffassung in den materiellen und sozialen Kontexten (Lebenswelt) eingebunden. Lernen wird als Prozess aufgefasst, in dem personenexterne Komponenten, personeninterne Faktoren und die konkrete Lernsituation eine Wechselbeziehung eingehen. Bedeutungen werden durch Kontextbezüge erschlossen bzw. in der Interaktion ausgehandelt.

Nicht der Lehrende, sondern der Lernende steht im Mittelpunkt der didaktischen Bemühungen. Das Lernen ist ein selbstgesteuerter und sozialer Prozess. Die Lehrenden haben die Rolle eines Mentors, der eine beratende und unterstützende Rolle einnimmt. Es kommt zu einem Zusammenspiel von Lehrenden, Lernenden und Inhalt. Nicht nur die Inhalte, sondern auch die pädagogischen Arrangements sind dabei entscheidend, wenn man/frau nicht in die „Lernfalle Identität" tappen will.

- *Lernen als Selbstermächtigung*

Ein Grundproblem von Erziehung, (Aus-)Bildung und Lernen ist, dass unser Lernsystem in der Regel Menschen, die etwas Neues lernen, als unqualifiziert ansieht. Dieses Problem steigert sich, wenn in dem pädagogischen Verhältnis Personen agieren, die sich aus eigenem oder aus von anderen zugeschriebenem Verständnis als defizitär erfahren. Nach diesem Verständnis wird erst mit dem Akt des Lernens der Lernende in den Status der Kompetenz versetzt. Damit besteht die Gefahr der Identitätsfalle, das bedeutet, dass „Lernen" die bisherige Identität des Lernenden in Frage stellen kann.

Wir benötigen einen paradigmatischen Wechsel im Verständnis von Lernprozessen. Die Grundannahme müsste lauten: „Der Lernende ist kompetent." Lernen bedeutet nicht den Ausgleich eines Defizits, sondern eine erweiterte Qualifikation eines kompetenten Menschen. Es gilt, diese bei den einzelnen Lernenden vorhandene Kompetenz in den Lernprozess zu integrieren. Beim Lernprozess sollte an den Ressourcen und nicht an den Defiziten angesetzt werden. Lernen muss zur Stabilisierung und zum Aufbau der Identität beitragen und nicht zu deren Abbau.

Lernen muss zur Selbstermächtigung beitragen (Empowerment). Der Begriff „Empowerment" (Selbst-Ermächtigung, Selbst-Bemächtigung) stammt aus der amerikanischen Sozialarbeit und der Bürgerrechts- und Selbsthilfebewegung. Gegenüber der Fürsorge-Haltung und dem defizitorientierten Klientenbild setzt dieser Ansatz auf die Fähigkeiten der Menschen zur Selbstgestaltung ihres Lebens. Es wird auf die Stärken der beteiligten Personen vertraut, und ihnen wird die Gestaltung ihrer Lebenslagen zugetraut. Der Empowerment-Ansatz wendet sich gegen Aussonderung, Bevormundung und Verdinglichung. Die professionelle Hilfe konzentriert sich auf das Eröffnen von Wegen aus der erlernten Hilflosigkeit. Das Erschließen von Ressourcen und die Selbstorganisation der Betroffenen ist wesentlicher Aspekt dieses Konzepts. Ziel ist die (Wieder-)Gewinnung von Selbstbestimmung und Realitätskontrolle. Im Verlauf des Prozesses sollen sich die Betroffenen ihrer Fähigkeiten und Stärken bewusst werden.

Das Konzept des Empowerment-Ansatzes kann wesentliche Impulse für Visionen eines neuen Lernens geben. Gelingt es, wie bei dem hier favorisierten Ansatz intendiert, das Ziel des Lernens an den Menschen zu orientieren, das Vertrauen in die individuellen Ressourcen und Fähigkeiten zu öffnen, bietet dies Chancen, der Identitätsfalle zu entgehen. Lernen als Selbstermächtigung zu sehen, würde eine andere Sicht auf den Lernprozess ermöglichen. Damit dies gelingt, sind weitere Aspekte zu berücksichtigen.

Als vorteilhaft hat es sich erwiesen, wenn ein gemeinsames Lernfeld die Ausgangslage des Lernens bildet, so z.B. ein Projekt, an dessen Ende ein Produkt steht. Bei einem gemeinsamen Lernfeld können die unterschiedlichen Kompetenzen produktiv eingebracht werden. Das Neue bedeutet dann nicht die In-Frage-Stellung des bisherigen Denkens, sondern eine komplementäre Sicht, eine andere Perspektive. Diese Einstellungsänderung gelingt insbesondere dann, wenn den Lernenden bewusst wird, dass es unterschiedliche Perspektiven (Einstellungen) geben kann. Dies kann über einen ästhetischen Lernprozess deutlich gemacht werden, da mittels der Ästhetik ein weiterer paradigmatischer Rollenwechsel möglich ist: die Veränderung der Schwerpunktsetzung von der Aufklärung über Sachverhalte hin zum eigenständigen Entdecken. Diese wird meines Erachtens am besten durch das so genannte Goal-Based-Scenario erreicht.

- *Goal-Based-Scenario*

Das Goal-Based-Scenario (GBS) reagiert auf die Forderung nach einer Verlagerung des Lernens in die Praxis und einer höheren Authentizität im Lernprozess sowie die Integration von Lernaufgaben, die der Eigenaktivität mehr Raum gibt. Das GBS lässt sich als computerunterstütztes fallbasiertes Lernen bezeichnen, das auf situierten hypermedialen Lernumgebungen basiert (vgl. Schank 1992). Bei diesem Modell wird elektronisches Lernen mit einer Vielfalt von anderen Lernmöglichkeiten verbunden.

Der Lernende wird aktiv in ein simuliertes Geschehen einbezogen. Er lernt durch das Bewältigen einer gegebenen Zielaufgabe. Beim GBS werden die Lernenden mit einem vorher spezifizierten Inhalt konfrontiert, den der Lehrende auswählt. Das Paradigma des Lernens wird durch die Zielvorgabe und gegebenenfalls mittels erarbeiteter oder vorgegebener Szenarien beeinflusst, aber nicht so stringent wie bei Modellen, bei denen es um das Beherrschen von Lerninhalten geht. Die Zielorientierung kann sehr variabel gehandhabt werden. Die Lehrenden können verschiedene Ziele entwerfen, um Anfängern mit unterschiedlichen Interessen zu helfen, die gleichen Fähigkeiten zu erwerben. In einigen Fällen kann es sich als sinnvoll erweisen, den Lernenden die Entscheidung überlassen, ihre Ziele für das Erwerben der gewünschten Fähigkeiten festzulegen.

GBS sind auf ein konkretes produktives Lernziel gerichtet. Die Zielaufgabe wird in einen situativen Kontext gestellt, die somit sowohl den Erwerb von Wissen impliziert als auch konkrete Fertigkeiten vermittelt. Die Lernenden müssen eine Aufgabe innerhalb eines authentischen Kontextes bewältigen. Ziele sollten entlang der persönlichen Interessen der Lernenden entwickelt werden. Ein wesentlicher Aspekt ist, dass die Lernenden das Thema bzw. das Ziel interessant finden. Zum Bearbeiten der Aufgaben werden umfangreiche Materialien zur Verfügung gestellt, um diesem Anspruch gerecht zu werden. Die zu lernenden Fähigkeiten werden bei der Lösung der Aufgabe erworben, bei einer Tätigkeit oder dem angestrebten Ziel. Für die beim GBS zu bewältigenden Aufgaben werden Komponenten (Materialien) zur Verfügung gestellt, die das Interesse des Lernenden wecken sollen. Im Zentrum des Lernens steht ein Ziel. Dieses Ziel kann nur erreicht werden, wenn der Lernende sich Fertigkeiten (Skills) erwirbt. Mit diesen Fähigkeiten kann das Ziel (Aufgabe) erreicht werden.

- *Expanded Electronic Learning*

Die GBS bilden auch einen zentralen Aspekt bei der Entwicklung des so genannten Expanded Electronic Learning. Dieses Konzept wird im Moment an der FH Darmstadt erprobt. Es basiert auf drei Bausteinen (Säulen). Die E-Learning-Module dienen zum Wissenserwerb als Ausgangsbedingung zur Bearbeitung der Aufgaben. Dabei wird differenziert zwischen Sachwissen (Überblick, Theorie, Information, Prinzipien, Anwendungsbeispiele) und Erklärungswissen (Ursache, Geltung, Überzeugungen). Der Telecoach unterstützt die Studenten, sich das notwendige Quellenwissen zu erwerben. Mit Hilfe von Foren, Chats und E-mail gewährleistet er den kontinuierlichen Kontakt zu den Lernenden.

In einem Abstand von zwei bis drei Wochen gibt es Präsenzveranstaltungen. Sie dienen der Reflexion des bisher erworbenen Wissens. Ebenso gibt dieser Baustein den Lernenden Gelegenheit, mit Unterstützung der Lehrenden Orientierungs- und Kontextwissen zu erwerben. Ganz wesentliche Bedeutung hat bei dieser Säule der interaktive Austausch. Daher wird in dieses Modul ebenfalls die Vermittlung von Social Skills integriert. Ebenso ist dies der Bereich, in dem sich über das Lernen des Lernens verständigt wird.

Der dritte Baustein bildet das GBS, bei dem aktionsbezogenes und aktives Handeln im Vordergrund steht. Alle Aufgaben können nur in Kleingruppen bearbeitet werden, womit implizit kollaboratives und kooperatives Lernen unterstützt wird. Die Lernenden werden zu selbstgesteuertem, handlungsorientiertem Lernen ermutigt. Sie führen kleine Projekte durch (Recherchen,

Untersuchungen, Analysen), dadurch erwerben sie Projekterfahrung. Die Ergebnisse werden in Form von Produkten (u.a. CD-ROM, Power-Point-Präsentation) verdichtet und zum Schluss der Lehrveranstaltung präsentiert. Das Konzept ist so aufgebaut, dass unterschiedliche Lernpräferenzen Berücksichtigung finden.

- *Lernpräferenzen*

In konstruktivistischen Ansätzen wird die Notwendigkeit eines multiperspektivischen Lernens hervorgehoben, da von der Prämisse ausgegangen wird, dass Wissen subjektiv generiert wird. In diesen Kontext passen die Forschungen von Gardner (2002), der sich gegen die Auffassung wehrt, Intelligenz sei als ganzheitliche, homogene, allgemein messbare, singuläre Eigenschaft zu betrachten. Er hat dem gegenüber die These von der multiplen Intelligenz formuliert. Gardner definiert Intelligenz „als biopsychologisches Potenzial zur Verarbeitung von Informationen, das in einem kulturellen Umfeld aktiviert werden kann, um Probleme zu lösen oder geistige oder materielle Güter zu schaffen, die in einer Kultur hohe Wertschätzung genießen" (2002, S. 46f.). Für ihn ist Intelligenz nicht nur sichtbar und zählbar, sondern vor allem ein Potenzial, dessen Aktivierung von der jeweiligen Kultur, den Sozialisationsagenten (Eltern, Lehrer) und der Person abhängig ist. Er geht von der Hypothese aus, dass jeder Mensch über ganz unterschiedliche Fähigkeiten und Möglichkeiten verfügt, Fertigkeiten zu erlernen. Im Mittelpunkt der Förderung stand in den letzten Jahrzehnten insbesondere in der schulischen Bildung die sprachliche und die mathematisch-logische Intelligenz. Andere Formen der Intelligenz fanden bzw. finden kaum Berücksichtigung und werden nur peripher gefördert.

Gardner (2001) differenziert in sprachliche, logisch-mathematische, musikalische, kinästhetische, räumliche, interpersonale, intrapersonale, naturkundliche, spirituelle und emotionale Intelligenz. Sie entwickeln sich unabhängig voneinander, haben eine gleichwertige Stellung, aber unterschiedliche Aufgaben und sind während des gesamten Lebens verfügbar. Ich teile die Auffassung, dass sich unterschiedliche Intelligenzen identifizieren lassen, die hierarchisch nicht unterschieden werden dürfen, gehe aber davon aus, dass sie nicht isoliert voneinander zu sehen sind. Sie können sich durch kreuzmodale Verknüpfung gegenseitig beeinflussen. Gleichwohl hat Gardner mit seinen Veröffentlichungen den Blick für die Komplexität des Denkens und Lernens geschärft. Nach meiner Auffassung müsste seine Differenzierung der Intelligenzen noch ergänzt werden durch die ästhetische und die hypertextuale Intelligenz.

Die Lernpräferenzforschung geht ebenfalls davon aus, dass unterschiedliche Bedürfnisse beim Lernen auf eine unterschiedliche Lerneffektivität hinweisen. „Jeder Erwachsene hat seinen eigenen Lernstil, um notwendige Verhaltensänderungen einzuleiten, und einen individuellen Kognitionsstil, mit Informationen umzugehen“ (Klimsa 1993, S. 263). Obwohl diese Zusammenhänge in der wissenschaftlichen Diskussion seit längerer Zeit bekannt sind und zur Alltagserfahrung gehören, wird dieser Sachverhalt in der Regel in der Bildung und Ausbildung ignoriert.

Da es unterschiedliche Lerntypen gibt, ist es für Lehrende notwendig, den Unterricht so zu gestalten, dass unterschiedliche Sinnesorgane bzw. Denkmuster angesprochen werden. Die einzelnen Lernenden favorisieren verschiedene Lernpräferenzen. Allerdings sind die Einwände ernst zu nehmen, die darauf hinweisen, dass weitere Faktoren, wie z.B. die kognitiven Voraussetzungen, das Arrangement (Lerndesign) bzw. die Verknüpfung der unterschiedlichen Lernbestandteile (Montage) einer Unterrichtseinheit, die Motivation (thematisches Interesse), die Komplexitätsstruktur des Lernprozesses und die Frage, ob Möglichkeiten geboten werden, sich interaktiv beim Lernen zu beteiligen, ebenso den Lernprozess beeinflussen (vgl. Aufenanger 1999, S. 5).

Die Folgerung, wegen der Komplexität des Gegenstands die Berücksichtigung von Lernpräferenzen zu vernachlässigen, halte ich für diskussionswürdig. Für das Projekt *Lernende Region Offenbach* entwickele ich im Moment einen Hypertext zum Thema „Lernpräferenzen“. Auf der Internetseite www.lerno.de werden die unterschiedlichen Denkmodelle zu diesem Themenspektrum dargestellt. Wenn es auch schwierig ist, aus den unterschiedlichen Modellen eine Quintessenz herauszuziehen, lassen sich meines Erachtens folgende unterschiedliche Lernpräferenzmuster finden:

1. Linear-analytisches Denken
2. Pragmatisch-experimentelles Konstruieren
3. Strukturell-organisatorisches Verwalten
4. Kinästhetisches Handeln
5. Kooperatives-emotionales Kommunizieren
6. Kreativ-intuitives Schöpfen

Die Lernenden lassen sich jedoch nicht auf eine Präferenz reduzieren. In der Regel gibt es unterschiedliche Anteile in den jeweiligen Sektoren. Ein angemessenes Lernen unter Berücksichtigung von Lernpräferenzen verlangt von den Lehrenden, den Lernstoff so zu vermitteln, dass die Lernenden die Chance haben, ihre unterschiedlichen Fähigkeiten zu nutzen. In idealer Weise sind die Lernaufgaben so gestellt, dass sie im Rahmen von Projekten (Zielen) umgesetzt werden können. Im Verlauf des Aneignungsprozesses können dann die Lernenden ihre unterschiedlichen Kompetenzen einbringen. Dies gelingt am besten, wenn die Lernvision der „Pädagogik der Navigation“ die Grundlage des Lernprozesses bildet.

- *Pädagogik der Navigation*

Pädagogik der Navigation bedeutet, Lernende zum selbstgesteuerten Lernen zu motivieren. Unter selbstgesteuertem Lernen verstehe ich einen Prozess, bei dem die Lernenden befähigt werden, ihr Lernen eigenständig zu planen, zu organisieren, umzusetzen, zu kontrollieren und zu bewerten. Dazu muss der Lernende in die Lage versetzt werden, den eigenen Bildungsbedarf erfassen und analysieren zu können, um daraufhin Ziele formulieren zu können. Er muss die Kompetenz besitzen, sich Materialien und Inhalte eigenständig zugänglich zu machen. Dazu ist nicht nur die Fähigkeit gefordert, Lernen selbst zu organisieren, ebenso wichtig werden Methoden- und Medienkompetenz. In der Wissensgesellschaft wird von den Lernenden immer weniger Daten- und Faktenwissen verlangt, sondern ein reflektierter Umgang mit verschiedenen Wissensformen.

Die Pädagogik der Navigation orientiert sich an sinnlich-ästhetischen Kriterien und bezieht dabei die Medien Computer und Internet in das Lernkonzept mit ein. Sie basiert auf den konzeptionellen Grundlagen der Reformpädagogik und auf konstruktivistischen Lernphilosophien. Aufgaben können nach eigenen Vorstellungen bearbeitet werden. Beim Handeln stehen Spielräume zur Verfügung. Dies führt zum Autonomie- und Kompetenzerleben, dem Erleben der sachverständigen Lösung von Problemen und der Erfahrung der eigenen Wirksamkeit. Dieses Konzept trägt zu einer kritischen, selbstbewussten und handlungsorientierten Aneignung der konkreten Lebenswelt bei. Damit leistet die Pädagogik der Navigation auch einen Beitrag zur Identitätsstabilisierung.

- *Paradigmenwechsel in der Pädagogik*

Meine Visionen zukünftigen Lernens gehen von einem notwendigen „educational turn“ aus. Die zukünftigen PädagogInnen werden ihre Methodenkompetenz erweitern müssen. Konstruktives, rekonstruktives, spiralmethodisches, szenarisches und rollenbasiertes Lernen werden als Ensemble unterschiedlicher Lerndidaktiken ebenso eine Bedeutung erhalten wie die Selbstverständlichkeit, den Lernprozess so zu gestalten, dass situiertes Lernen möglich ist. Fächerübergreifende, ganzheitliche und lernstilorientierte Lernerfahrungen werden in die zu schaffende Lernumgebung einbezogen werden müssen.

Bildungs- und Lernprozesse müssen Non-Linearität, wurzelartige Lern-Strukturen (Rhizome), Interaktivität und Lernen mit Unterstützung von Hypermedia (Hypertext-Lernen) integrieren, wenn sie eine angemessene Qualifikation für die Wissensgesellschaft vermitteln sollen. Durch den Einsatz von Neuen Technologien sind die Lehrenden nicht mehr länger die Schwellenhüter, Bewahrer und Bewerter von Wissen. Folgende Forderungen bieten eine gute Ausgangsbasis dafür, dass zukünftige PädagogInnen nicht mehr Unter-, sondern Auf-richten.

1. *Von der entwicklungspsychologischen zur kreuzmodalen Denkweise*

Nach Auffassung der Entwicklungspsychologen Piaget/Inhelder (1980) entwickelt sich das Denken des Kindes in hierarchischen Stufen (vom sensomotorischen, dem vorbegrifflichen, dem anschaulichen, dem konkret-operationalen hin zum formalen Stadium). Im Alter von etwa 12 Jahren kommt es zur Befähigung zum konkret-operationalen Handeln, das günstige Voraussetzungen für das kausale Denken bietet. Die neue Säuglingsforschung (STERN 1985) widerspricht Piagets Konzept der hierarchischen Entwicklung von Stufen. Stern geht vom kompetenten Säugling (Kind) aus. Demnach verfügen Kinder von Anfang an über die Fähigkeit des holistischen Denkens und der kreuzmodalen Wahrnehmung: Sie sind in der Lage, ihre Sinneseindrücke intersensorisch zu verknüpfen, und sie können erworbene Erfahrungen auf andere Sinne übertragen. Denken und Lernen ist bei diesem Konzept nicht auf kognitive Denkweisen reduziert. Begreifen und Denken werden im engen Kontext gesehen. Während bei Piaget die sensomotorische Phase die Ausgangsbedingung für den Entwicklungsprozess des Denkens bedeutet, ist diese Phase bei Stern ein bedeutsamer Teil der kognitiven Aneignung von Wirklichkeit mit von der Wahrnehmung bestimmten Sensoren, die amodal verknüpft werden.

2. *Vom universalen zum mehrdimensionalen Verständnis von Intelligenz*

Gardner (2002) zweifelt an der Universalität unseres an der Kognition orientierten Verständnisses von Intelligenz. Das Denken und das Ordnen des Weltverständnisses des Kindes werde vielmehr durch symbolische Strukturen geformt. Mit dem Erwerb von Symbolen wird also erst das Denken geformt und das Weltverständnis geordnet. Nach Gardner lernen Kinder in Wellen; ihre geistigen Entfaltungen entsprechen treibenden Strömen. Nicht in Stufen, sondern in Wellen erwerben Kinder ein inneres Skript. Unsere Intelligenz ist, wie bereits ausgeführt, für Gardner multifunktional: Alle Intelligenzebenen gilt es zu fördern. Der Computer ist kein Allheilmittel, aber er bietet das Potenzial zur anregungsreichen Aktivierung mehrerer Ebenen von Intelligenz.

3. Vom Top-down-Lernen zum Bottom-up-Lernen

In der Regel agiert die Pädagogik im Rahmen eines Top-down-Ansatzes. Sie geht von einem theoretischen Modell aus und überträgt deren Erwartung auf die Ebene der Wirklichkeit. Dies entspricht der deduktiven Denkmethode. Bei ihr stehen Verstand, Abstraktheit, Zielgerichtetheit, Analyse, hierarchische und sequentielle Ordnungen im Vordergrund. Die Theorie (Verständnis der Zusammenhänge) geht der Tat voraus und bestimmt diese. Der Bottom-up-Ansatz steht dem induktiven Denken nahe und ist geprägt durch intuitives Erfassen, konkretes, mäanderhaftes und ganzheitliches Denken. Kinder und Jugendliche in der Mediengesellschaft lernen eher durch Prozesse des Einsehens oder des Begreifens (sinnlich-ästhetische Wahrnehmung) als durch analytisches Verstehen (kognitive Denkweise). Begreifen und Erkennen werden die erkenntnisleitenden Methoden, um neue Dinge aufzunehmen. Die Beähigung zum anschaulichen Denken wird zu einer Schlüsselqualifikation.

4. Vom Fachunterricht zum transversalen Lernen

Der Fachunterricht wird durch das Modell des transversalen Lernens in Frage gestellt. Lernen wird dabei zu einer Erfahrung, bei der übergreifende Aspekte, transversale Dimensionen wirksam werden. Dieses Ziel, Probleme möglichst lebensweltorientiert zu lösen, steht im Zentrum eines fächerübergreifenden Lernens. Von Mitarbeitern wird heute Flexibilität und ein fachübergreifender „Blick“ verlangt. Das Denken allein in fachlichen Kategorien erweist sich bei der Lösung von komplexen Problemsituationen als nicht ausreichend. Durch fächerübergreifendes Lernen kann diesem Problem begegnet werden. Wichtig ist es, beim Lernen Problemsituationen zum Ausgangspunkt zu nehmen, die mehrere Fachrichtungen berühren und bei deren Lösung gleichzeitig unterschiedliche Perspektiven berücksichtigt werden müssen. Mit Hilfe eines derartigen multidisziplinären Ansatzes können die Lernenden motiviert werden, transversal zu denken, um Wissen flexibel und kreativ anwenden zu können.

5. Vom Modell zum maßgeschneiderten Lernen

Die Massenausbildung ist ein Produkt der Industriegesellschaft. In der Wissensgesellschaft dominieren individuelle Produktionsabläufe und Flexibilität, die durch einen molekularen Ansatz geprägt sind. Durch die Auflösung von Raum und Zeit als Determinanten von Lernen und Erfahrung sind Anpassungen an individuelle Lernstrategien sinnvoll und machbar. Zukünftiges Lernen wird durch Individualität und Non-Linearität geprägt sein. Die Interaktivität wird einen hohen Stellenwert erhalten. Der jeweilige Lernstoff wird nicht mehr allen Lernenden gleichzeitig angeboten, sondern modulartig werden die Einzelnen entsprechend ihres Wissenstands mit dem Stoff konfrontiert oder sie können selbständig die Auswahl über die modular aufgebauten Informationsquellen und Interaktionsformen treffen. Notwendig ist es, Lernprozesse und Lehrprogramme so zu organisieren, dass sie adaptiv auf die individuellen Bedürfnisse, die jeweiligen Seh- und Wahrnehmungsmuster (Lernpräferenzen) sowie die individuellen Ausgangsbedingungen reagieren. Beim Lernen darf das Bedürfnis nach sozialer Eingebundenheit und sozialer Zugehörigkeit (affiliation) nicht vernachlässigt werden (Lernen als Selbstermächtigung).

6. Von dem Lernen von Fakten hin zum Erlernen des Suchens
In Zukunft wird die Gewohnheit, Daten, Fakten und Formeln im Gedächtnis als Sachwissen zu speichern, an Relevanz verlieren. Dies kann wesentlich effektiver von Festplatten geleistet werden. Nicht mehr die Präsenz von Fakten-Wissen ist wesentlich, sondern die Kenntnis, wo die notwendigen Informationen zu finden sind. Lernende werden in der Zukunft die Kompetenz erwerben müssen, sich mit Informationsquellen auseinander zu setzen. Die Befähigung zur Bewertung der recherchierten Wissensbestände wird von großer Bedeutung sein. Die Befähigung, kontextuelles Wissen und Sinnzusammenhänge zu erschließen, wird ebenso wichtig wie das Erkennen von thematischen Zusammenhängen. Die lernende Suche ist dabei vor allem ein Interpretationsprozess. Lernende müssen daher vor allem lernen zu analysieren und zu synthetisieren. Das Lernen des Lernens wird zur Grundvoraussetzung für eine Aneignung von Wissen. Lernen sollte immer als aktive und forschende Dimension verstanden werden.

7. Vom Einzelkämpfer zum Teamworker
In der Wissensgesellschaft sind vor allem Personen gesucht, die teamfähig sind. Nur wer wirkungsvoll kooperieren und kommunizieren kann, ist in der Lage, effektiv zu arbeiten. Das Anforderungsprofil an zukünftige MitarbeiterInnen steht im Kontext eines Paradigmenwechsels. Die Vermittlung der sozialen Kompetenz muss bereits in der Ausbildung erfolgen. Unter Sozialkompetenz wird die Befähigung verstanden, personale Voraussetzungen von Kommunikationsprozessen im Kontext sozialer Beziehungen erkennen zu können. Dazu gehört die Fähigkeit, in verbaler und nonverbaler Form auf der Ebene der Sach-, Beziehungs- und Absichtsebene sich artikulieren und Äußerungen von Kommunikationspartnern interpretieren zu können. Schlüsselqualifikationen sind des Weiteren Kommunikations- und Kooperationsfähigkeit inklusive Problem- und Konfliktbewältigung sowie Handlungskompetenz. Es bedarf zunehmend der Kompetenz, sich in der Kommunikation vom Einzelstandpunkt zu lösen und eine meta-kommunikative Kompetenz zu erreichen, d.h. wechselnde Perspektiven einnehmen zu können. Ebenso sind Fähigkeiten wie Motivation, Verhandlungsführung und Beratung sowie rhetorische und didaktische Kenntnisse von Vorteil.

8. Vom leistungsorientierten Ziel-Lernen zum Umweg-Lernen

Im traditionellen Verständnis ist ein Umweg nicht der beste Weg für das Erreichen eines Ziels. In Wirklichkeit erhöht ein Umweg jedoch die Ortskenntnis. Umwege können daher mehr an Kenntnissen und Kompetenzen vermitteln als der direkte Weg. Auch die im traditionellen Verständnis so genannten Fehler sind genau genommen Umwege. Fehler „öffnen" oft ein höheres Lernpotenzial als richtig gelöste Aufgaben. Gefordert wird bisher einfach die Reproduktion der richtigen Antwort; unterbewertet oder vergessen wird dabei jedoch die Entwicklung möglicher anderer Lösungswege. Künftig gefordert ist das Zulassen von Suchbewegungen und von Gedankenexperimenten. Zufälle und Fehler öffnen den Blick auf andere mögliche Lösungsformen. Manche Fehler machen darauf aufmerksam, dass aus der Sicht des Lernenden möglicherweise die Frage falsch gestellt war. In der Wissensmanagement-Ausbildung wird bereits die „Failing-forward-Kultur" gefordert. Insbesondere bei Innovationsprozessen seien Experimente wichtig und dabei sei nicht jeder Misserfolg (Umweg) „unnötig". Er wird als „intelligent failure" eingeschätzt, der innerhalb eines Lernprozesses notwendig ist.

9. Vom lernzielorientierten zum unscharfen Lernen

Wenn Lernziele klar und präzise bestimmt sind, besteht die Gefahr, ein mechanistisches Denken (In- und Output als identische Größen) zu erwarten und damit zu reproduzieren. Kreativität und eigenständige Lernprozesse sind dabei hinderlich. Bei unscharfen Fragen hingegen werden kreative Denkprozesse ausgelöst, und der Lernende integriert, ausgehend von seiner kognitiven Landkarte, seine bisherigen Lebenserfahrung in die zu bewältigende Aufgabe. Damit wird die Beantwortung einer Frage zugleich zu einer Lernchance für die PädagogInnen. Bei unscharfen Fragen und Aufgaben erhält der Lehrende mittels der Interpretation der Aufgabe durch den Lernenden Kenntnis über dessen kognitive, kreative und lebensweltbedingte Wahrnehmungs- und Denkmuster. Unscharfe Aufgaben umgehen die traditionelle Mixtur aus künstlicher Motivation und aufgezwungener Disziplin. Kinder und Jugendliche sind gefesselt von der Aussicht, dass etwas anders gemacht werden kann. Diese Methode erlaubt die Entwicklung eigener Lernstile und ist besonders bei dem Einsatz von Medien Erfolg versprechend. Die Bewältigung von Aufgaben, ausgehend von der eigenen Selbst-Suche, begünstigt die intrinsische Motivation und fördert das Denken in Zusammenhängen.

10. Vom fremd- zum selbstgesteuerten Lernen

Die Lernenden sollten an der Zielfestlegung des Lernens, der Metadiskussion über den Verlauf des Lernprozesses bzw. des Projekts und der Beurteilung des Lernergebnisses nicht nur beteiligt sein, sondern die Vorgänge weitgehend selbst übernehmen. Nur selbstgesteuertes Lernen führt somit auch zur Übernahme von Verantwortung. Daher bedarf es der Wandlung vom Lernen als Nachvollzug hin zum eigenständigen verantwortungsvollen Lernen. Dieses Verständnis von Lernen geht von einem Bedürfnis nach Kompetenz und Selbstwirksamkeit (effectance) aus. Lernen hat mit Identität zu tun. Nur wenn Lernen dazu beiträgt, dass der Lernende Impulse zur Selbstermächtigung erhält (empowerment), kann von einem umfassenden Selbstlernen gesprochen werden.

11. Von der Lernqual zum Lernspaß

Weithin herrscht die Vorstellung, dass Lernen anstrengend sein muss. Lernen kann, muss aber keineswegs anstrengend sein. Lernen mit Neuen Medien löst in vielen Fällen allein schon dadurch Faszination aus, dass die Interessen der Lernenden aufgenommen werden, was die Disposition zu Handlungen begünstigt, die um ihrer selbst willen ausgeführt werden (intrinsisches Lernen). Insbesondere Kinder lernen spielerisch. Als Spieler nimmt man teil an einem Geschehen, das allerdings nur von einer Perspektive aus übersehbar ist. Die Reaktionen können so vielfältig sein, dass der Spieler immer in einen mehrdimensionalen Diskurs eingebunden ist, in welchem er nie weiß, wann und wo Reaktionen zu erwarten sind. Das spielerische Element löst die hohe Faszination aus, die von den neuen Maschinen und den künstlichen Welten ausgehen. Dabei wird die Schnittstelle zwischen einem Computerspiel und einer wissenschaftlichen Simulation immer enger, so dass Kompetenz im Umgang mit Computer(spielen) gleichzeitig eine Basisqualifikation im kommunikativen Umgang mit der maschinellen Kommunikation bedeutet. Bei der weiteren Verbreitung von interaktiven Medien und vernetzten Medien wird diese notwendige Qualifikation jedoch vermutlich nicht Spiel genannt werden, sondern Befähigung zur Steuerung von komplexen Systemen. Spielen und Forschen sind keine Gegensätze, sondern ergänzen sich.

12. Von der wissensvermittelnden PädagogIn zur lernfördernden PädagogIn

Das Leitbild des Lehrenden wird sich verändern hin zu einem pädagogischen Verständnis, das offene Lernprozesse ermöglicht. Der Fokus wird sich verlagern vom Lernprozess zum Lehrprozess. PädagogInnen müssen aufhören, sich nur als Lieferanten von Faktenwissen zu sehen. Medien-, Methoden- und Sozialkompetenz werden die Schlüsselqualifikationen der zukünftigen PädagogInnen sein, wollen sie nicht durch entsprechende Experten „unterstützt“ werden. Lehren wird immer mehr zu einer sozialen Tätigkeit, bei der Teamfähigkeit gefordert und gelernt wird. Die Lernenden erarbeiten sich ihr Wissen selbständig über Recherchieren, Ressourcenbewertung und anschließende Präsentation. Die PädagogInnen werden zu Mentoren, d.h. Beratern. Sie sind ebenso wie das Internet oder wie andere Experten eine von mehreren Informationsquellen. Sie helfen den Lernenden dabei, ihre Lernstrategien entsprechend ihres Lerntyps zu optimieren. Ziel der PädagogInnen muss es sein, Interesse für den Lehrstoff zu wecken. „Ziel des Lehrers sollte sein, den Studierenden die Fähigkeit zu vermitteln, eigene Strukturen und eigenes Verständnis für ein Wissensgebiet zu entwickeln" (Bates 2002, S. 131). Lehrende müssen sich vor allem auch als Lernende verstehen, die gemeinsam mit den Lernenden lernen.

- *Zur zukünfigen Rolle der PädagogInnen*

Damit einhergehen wird eine Veränderung der Rolle der PädagogInnen. Sie werden zu Mentoren oder besser gesagt zu den Navigatoren des Lernprozesses. Sie sind zuständig für die Generierung der Lernumgebung; sie organisieren die Lernarrangements; sie fördern die Auseinandersetzungen der Lernenden mit dem Lernangebot.

Pädagogik als Navigation heißt, die Lernenden zum selbstgesteuerten Lernen zu befähigen, sie ebenfalls zu Navigatoren zu machen. In dem zukünftigen Lernraum übernehmen die Lernenden Funktionen, die vorher nur den Lehrenden zugestanden wurden. Autonomie erleben wäre ein wesentliches Stichwort. Strukturell gesehen, entsteht ein neues Lernverhalten. Die gestellten Aufgaben werden nach den Vorstellungen der Lernenden bearbeitet. Beim Handeln stehen Spielräume zur Verfügung. Die Schüler erleben sich und damit ihre eigene Wirksamkeit beim sachverständigen Lösen von Problemen. Da sie dies in einer Gruppe erleben, erfahren sie Anerkennung durch die Peer Group und somit auch das Erleben sozialer Einbindung. „Gleichrangige teilen ihr Wissen, wodurch sich Wissen dauernd neu strukturiert und formiert und von jedem in jedem gewünschten Zusammenhang verwendet werden kann" (Bates 2002, S. 133).

Diese neue Rolle als Navigator muss uns PädagogInnen keineswegs bedrohen. Es kann eine Bereicherung sein, nicht immer alles wissen zu müssen und das aufregende Gefühl zu erleben, wenn Lernende uns eine Kompetenz beibringen. Gerade die elektronischen Medien bieten ein anregendes Szenario des komplementären Lernens. Lernen kann sowohl für die Lernenden als auch für die Lehrenden zu einer täglichen Bereicherung werden. Die hierarchische Lehr-Lern-Struktur müsste allerdings abgebaut werden, und an die Stelle der Subordination sollte eine egalitäre Lernumgebung treten, damit die Forderung nach dem Aufrichten der Lernenden nicht Postulat bleibt, sondern Wirklichkeit wird.

Literatur

- Aufenanger, Stefan (1999): Lernen mit neuen Medien. Was bringt es wirklich? Forschungsergebnisse und Lernphilosophien. In: medien praktisch, 4/1999, S. 4–8.
- Bates, Anthony W. (2002): Virtuell Global Zielgruppenorientiert. Der Einfluss der Neuen Medien auf die Universität. In: Maar, Christa/Obrist, Hans Ulrich/Pöppel, Ernst: Weltwissen Wissenswelt. Das globale Netz von Text und Bild. Köln: Dumont, S. 123–135.
- Gardner, Howard (2002): Intelligenzen. Die Vielfalt des menschlichen Geistes. Stuttgart: Klett-Cotta.
- Klimsa, Paul (1993): Neue Medien und Weiterbildung: Anwendung und Nutzung in Lernprozessen der Weiterbildung. Weinheim: Deutscher Studienverlag
- Piaget, Jean/Inhelder, Bärbel (1980): Die Psychologie des Kindes, Stuttgart: Klett-Cotta.
- Röll, Franz Josef (2003): Pädagogik der Navigation. Selbstgesteuertes Lernen durch Neue Medien. München: kopaed.
- Schank, Roger C. (1992): Goal Based Szenarios. In: http://cogprints.ecs.soton.ac.uk/archive/00000624/00/ViiANSEK.html (25.03.03).
- Stern, Daniel (1992): Die Lebenserfahrung des Säuglings. Stuttgart: Klett-Cotta.

■ Markus Schega/Carmen Moersch

Topografie der Zusammenarbeit von Schulen mit Anderen

Der folgende Beitrag fußt auf einer Kooperation von zwei Subjekten, die sich jeweils in mehreren Rollen befinden: Zum einen ist da die Begleitforscherin, die gleichzeitig Künstlerin und Kulturwissenschaftlerin ist, zum anderen der Grundschullehrer, der gleichzeitig das Projekt koordiniert, in dessen Rahmen die Begleitforschung stattfindet. Das Projekt tragt den Titel „Kinder machen Kunst mit Medien" und ist eines von 23 Teilprojekten der vom Bundesministerium für Bildung und Forschung, der Bund-Länder-Kommission und dem Zentrum für Kulturforschung getragenen, auf fünf Jahre angelegten Großunternehmung „Kulturelle Bildung im

Die Frau kann das!

Ich habe 28 Stunden in der Woche.

Dilletantismus ist an dieser Stelle nicht angesagt, die Kinder kriegen das raus.

Die meisten von uns sind total engagiert, weil sie Kinder mögen und weil es natürlich auch eine sinnvolle Aufgabe ist.

Ich habe bisher immer noch kein Honorar überwiesen bekommen.

Das Geld kriegst du erst, wenn die Doku fertig ist.

Wir machen etwa zwei Projekte im Jahr für das Geld, was eine Lehrerwochenstunde kostet.

Für die Arbeit, die ich leiste, wäre das 8fache meines Honorars angemessen.

Na, wenn es keinen Spaß macht, sollte man es gar nicht erst machen!

Das Wichtigste ist, dass es einem Spaß macht.

Medienzeitalter" („KuBiM"). Bei „Kinder machen Kunst mit Medien" arbeiten sechs Grund-, Sonder- und Integrationsschulen 3 Jahre lang in einem Verbund zusammen, weitere Schulen können sich temporär assoziieren.[1] Eine der Leitfragen lautet, inwieweit der Einsatz digitaler Medien in der kulturellen Bildung spezielle Potenziale für Kinder mit sogenanntem „Besonderen Förderbedarf" birgt. Diese übergeordnete, in ihrer Generalität nicht zu beantwortende Frage wird bei „Kinder machen Kunst mit Medien" in vielen einzelnen Projekten auf jeweils situations- und schulspezifische Fragen heruntergebrochen und so aus unterschiedlichen Perspektiven bearbeitet. In den meisten dieser Einzelprojekte ist die Zusammenarbeit mit KünstlerInnen ein integraler Bestandteil: KünstlerInnen kommen für eine Zeit in die Schule und realisieren zusam-

Wenn jemand kommt, in den Unterricht, das ist immer grandios.

In manche Schulen kommst du einfach nicht rein, das fängt schon beim Gebäude an.

Noch besser ist, man geht irgendwo hin.

Ich stelle mir bei der Zusammenarbeit vor, nicht dass man sich die Leute von außen als Babysitter holt und die machen dann das Programm, das finde ich total traurig.

Ich bin total froh, dass mir die halbe Klasse durch das Projekt abgenommen ist. Da kann ich endlich mal ruhig und entspannt Unterricht machen.

Die Klassenlehrerin war meistens nicht da, die hat die Zeit genutzt, um andere Sachen zu tun.

Das ist alles völlig praxisfern.

Die Schule war für mich wie ein anderes Land.

Abstürzende Hubschrauber, Massendemonstrationen, das konnten wir nicht drehen. Die Schüler wollten auch einen sich überschlagenden Sportwagen.

Außerschulische Partner bringen frischen Wind in die verstaubte Schule.

men mit den Leuten, die sie dort vorfinden, ein Projekt, in dem digitale Medien eine Rolle spielen und in der Aspekte der unterschiedlichen künstlerischen Kompetenzen aller Beteiligten zum Einsatz kommen. Im gelungenen Fall sind sie im Anschluss an die Projektarbeit auch an deren Dokumentation und Auswertung beteiligt.

Lehrer können nicht alles!

Wir haben das dann einfach so durchgezogen, komme was wolle. Und dann sind die Lehrer irgendwann auf Distanz gegangen.

Meine Chefin legt total Wert darauf, dass KuBiM und Schulentwicklung miteinander verbandelt sind.

Manchmal sind die Lehrer neidisch auf die Spielräume, die ich habe.

In Großbritannien ist der Einbezug von KünstlerInnen in den Schulalltag – und zwar nicht nur im Fach Kunst, sondern fächerübergreifend – seit den 70-er Jahren gängige Praxis und seit der Bildungsreform der Regierung Blair mit enorm steigender Tendenz.[2] *Das Beispiel Großbritannien – und das Negativbeispiel Österreich, wo nach dem Antritt der rechtsliberalen Regierung der Österreichische Kulturservice abgeschafft wurde, der über zwanzig Jahre lang landesweit die*

Wir waren in Gefahr! Aus dem Projekt »Schüler machen einen Film« wurde »Erwachsene helfen Schule einen Film zu machen und benutzen dafür Schüler.«

Einige meiner Kollegen sind total neidisch auf unsere Ergebnisse.

Die Lehrer machen sich oft nicht klar, dass meine Freiheit auch materielle Unsicherheit bedeutet.

Durch den Verkauf finanzieren wir unseren Kunstetat.

Nach dem Motto: Da schicken wir die Kinder hin und da kommen ganz andere Menschen raus.

Je professioneller das Produkt, desto weniger waren die Kinder daran beteiligt. Je professioneller das Produkt, desto stolzer sind die Kinder.

Kooperation zwischen KünstlerInnen und Schulen finanzierte und koordinierte – zeigen, dass dieses Kooperationsfeld fragil und möglicherweise (noch) stärker als andere abhängig ist von politischen Willensäußerungen und legislativen Weichenstellungen.[3] Die Beschreibung und Erforschung seiner Potenziale, Strukturen und Rahmenbedingungen steht in Deutschland noch sehr am Anfang. Die Tatsache, dass diese Fragestellung im Projekt „Kinder machen Kunst mit Medien“ zunehmend in den Fokus der Begleitforschung gerät, koinzidiert mit einem wachsenden Interesse landesweit.[4] Bei der Bearbeitung des Feldes ist jedoch – abgesehen von der generellen Problematik, die Wirkungsweisen ästhetischer Bildung zu quantifizieren und empirisch zu erfassen und nicht zuletzt auch für unterschiedlichste

> *Wir sollten möglichst viel ohne außerschulische Partner machen.*
>
> *Meistens herrschte die Idee vor, ich sei ein Dienstleister. Ich komme in die Schule und mache ein Projekt und danach hat sich nichts verändert.*
>
> *Sie hat die große Kamera und das Stativ mitgebracht.*
>
> *Was ich mit reinbringe ist, dass man bestimmte Macht- und Rollenmuster endlich mal hinterfragen kann.*
>
> *Die Künstlerin macht sonst so Sachen, die man essen kann, ganze Räume voller Wackelpudding. Ich hätte gerne was davon genossen.*
>
> *Zuerst habe ich mal den Anspruch runtergeschraubt. Dass die Kinder hier Kunst machen, das ist ja nicht glaubwürdig, da würde ich ja meinen eigenen Beruf durch den Kakao ziehen.*
>
> *Ich bin froh, dass die Künstler das mit den digitalen Medien hinkriegen.*
>
> *Wenn ich noch sowas gemacht hätte, hätten die Lehrer wahrscheinlich »Nein« gesagt.*
>
> *Ich konnte die Verantwortung auch abgeben.*
>
> *Es gab gar keinen klaren Ansprechpartner. Immer wenn was geklärt war, war der wieder weg oder gerade in Urlaub.*

Zwecke zu instrumentalisieren – zu fragen, wer in jedem einzelnen Fall die Fragen stellt, wem die gefundenen Antworten dienen und vor allem: wer mit wem spricht. In unserem Fall war der Start zur Bearbeitung klassisch: Im Sinne eines Pre-Test wurden von der Begleitforschung mit zwei Lehrenden und vier KünstlerInnen/ MedienpädagogInnen, die an Projekten von „Kinder machen Kunst mit Medien" beteiligt waren, offene Leitfadeninterviews durchgeführt. Dass diese Kooperationen trotz dem damit verbundenen Aufwand von den Beteiligten in der Regel als bereichernd empfunden wer-

Pass mir auf den Ali auf, das ist ein ganz Schlimmer!

Also ob Technik da ist oder nicht, ist für mich kein Problem. Das Problem ist, in die Schule reinzugehen und was zu machen, das etwas in Bewegung setzt.

Manchmal ging ich in die Klasse rein, da sagte der Klassenlehrer: Also mit dem würde ich nichts machen. Und dann denke ich: Genau den werde ich stark mit einbeziehen. Und genau der kann das dann ganz toll oder sogar besser, weil er merkt, jetzt bekomme ich auch mal eine Chance und renne nicht immer mit dem Schild »Versager« durch die Gegend.

Wir haben gar keine Technik in der Schule.

Die digitalen Medien machen es den Kindern oft einfacher. Du kannst vieles rückgängig machen oder nochmal versuchen.

Also manchmal bin ich überrascht, was in der Schule alles an Technik rumliegt, mit der keiner etwas macht.

Originale Orte aufsuchen, Filmstudios, Profis kennen lernen, das ist immer das Größte!

Wie kann ich Kinder dazu ermutigen, dass sie Fragen stellen und kritisch mit den Medien umgehen?

Plötzlich ist da was Echtes, da kommt das Leben in die Schule.

Es gibt ja die Sichtweise bei Lehrern, man solle das Fernsehen ganz abschaffen. Aber die Kinder wachsen damit auf, sie müssen lernen, damit umzugehen.

den, ist in der vorhandenen Literatur in Ansätzen genauso dokumentiert wie die Tatsache, dass die Begegnungen selten reibungslos verlaufen.[5] Den aufgrund der sehr verschiedenen strukturierten Arbeitsfelder Kunst und Schule erwartbar widersprüchlichen Erwartungen aneinander und Vorstellungen voneinander wird durch das Fehlen von Austausch untereinander Vorschub geleistet. All dies wurde durch die Auswertung unseres Pre-Tests bestätigt. Als wir von der GMK eingeladen wurden, unsere Untersuchungsergebnisse auf einer Tagung vorzustellen, entschieden wir uns zur Erarbeitung einer Form, die von den üblichen visuellen Präsentationen von Befragungsergebnissen abweichen sollte. Aus dem vorhandenen Interviewmaterial „schnitten" wir eine dialogische

> *Das bringt mir den ganzen Laden durcheinander. Kann hier mal jemand an den Lehrplan denken?*

> *Ich wurde als Störung empfunden.*

> *Schule läuft mit einem Betriebssystem aus dem vorigen Jahrhundert. Da ist dringend ein Update fällig.*

> *Und dann ist da die Geschichte: Was hat das mit dem Rahmenplan zu tun? Das ist die Rechtfertigung, die du immer bringen musst.*

> *Ich will, dass die Schule sich verändert.*

> *Ich stelle oft Fragen, die für die Kinder eigentlich viel zu schwer sind. Da kommen bei Achtjährigen oft sehr interessante Antworten.*

> *Die Kinder stellen sich oft geschickter an als die Lehrer.*

> *Ich bin bewusst nicht Lehrerin geworden!*

> *Ich leide unter dem schlechten Image, das Lehrer in der Öffentlichkeit haben.*

> *Ich konnte endlich mal gucken, wie die Schüler so sind.*

> *Das Moment der Nichtfreiwilligkeit ist dabei total bedauerlich.*

Choreographie, durch die die Prozesse der Verständigung genauso wie die des aneinander Vorbeiredens, wie sie sich bei der Kooperation von KünstlerInnen und LehrerInnen in der Institution Schule ereignen, anschaulich werden sollten. Zur Entwicklung dieser Form waren unsere unterschiedlichen Erfahrungshintergründe als Lehrer und als sogenannte „außerschulische Partnerin“ förderlich. Um nicht bei der reinen Darstellung dessen, was sich an Kommunikation ereignet (oder eben gerade nicht ereignet) stehen zu bleiben, leiteten wir zudem acht Arbeitsthesen aus dem vorhandenen Material und dessen Abgleichung mit anderen Studien sowie unseren eigenen Erfahrungen ab. Beides, den Dialog und die Ableitung der Thesen, betrachten wir als „Work in Progress“. So entstand eine Form, die wir als „Topografie der Kooperation zwischen außerschulischen

Die Mädchen haben die Blumen fotografiert und die Jungen Steine und Stahl.

Also Kinder, die jetzt meinetwegen geistig behindert sind, die stehen in künstlerischer Hinsicht in keiner Weise den Nichtbehinderten nach. In einer solchen Situation entsteht ausnahmsweise mal Integration und Gleichberechtigung.

Ich war fasziniert, wie schnell der sich auf die schwerhörigen Schüler eingestellt hat.

Ich bin vom Typ her überhaupt kein Wortmensch, sondern eher ein Bildmensch.

Wie gut die zeichen kann!

Kübra, die in ihrer ganzen Schulzeit kaum ein Wort gesprochen hat, steht plötzlich vor der Kamera mit einem Mikrofon in der Hand und moderiert eine Videosequenz an.

Als ich geschildert habe, wie toll die Kinder gearbeitet haben, ist die Direktorin fast vom Stuhl gefallen.

Wenn ich das Gefühl habe, ich muss die zwingen etwas zu machen, dann wird es schwierig für mich.

Für Schüler ist immer sehr interessant, wenn etwas anderes passiert als Unterricht durch den Lehrer, den man kennt.

In meinen Projekten ist nichts verboten.

Der Schulfilm, das war Schulprogrammentwicklung von unten mit allen Beteiligten.

Die sagten, da müsse ein Video rauskommen. Damit war ich nicht total zufrieden, ich fand das alles etwas hopplahopp.

PartnerInnen und Schulen" wahrnehmen. Während der Aufführung des Dialogs und den anschließenden Diskussionen mit dem Publikum stellt sich eine Art Landkarte der unterschiedlichen Haltungen, Meinungen und Einstellungen des Arbeitsfeldes her. Beim mentalen Durchschreiten einer Landkarte lassen sich probeweise Positionen wechseln. Es bietet nicht nur die Gelegenheit, eigene, bekannte und fremde Stimmen wiederzuentdecken, sondern auch, neue Standpunkte auszuprobieren und zu überprüfen, ob sich die eigenen als produktiv oder hemmend erweisen. Möglicherweise ist es dieses Training im Perspektivwechsel, welches das Arbeitsfeld in Bewegung bringen kann – eine Bewegung, die über die reine Aufdeckung und Spiegelung von Verhältnissen, die auch immer eine Festschreibung und Reproduktion derselben bedeuten, hinausgeht.

Das Logo unserer Schule ist super geworden. Das nimmt uns keiner wieder weg. Stell dir mal vor, ein Schulprofil könnte man als Logo, Schulfilm oder CD-ROM produzieren und das wäre vom Schulgesetz her zugelassen.

Ja, und dass man Inhalte reinbringt, die nicht unbedingt im Schulbuch stehen.

Im Moment machen sich viele Projekte an den Medien fest, weil es dafür gerade das Geld gibt.

Das mit den digitalen Medien haben wir noch so drangehängt.

Ich mache genau das, was ich machen möchte. Es macht mit unheimlich Spaß, ich gehe total darin auf.

Die Kollegin sagte am Tag der offenen Tür: Du immer mit deinem KuBiM.

Gleichzeitig partizipieren die Künstler auch von der Fröhlichkeit und Kreativität der Kinder.

Was mich geärgert hat ist, wenn ich mich auf außerschulische Partner nicht verlassen konnte.

Als Künstlerin hast du keine klare Trennung zwischen Beruf und Privatleben.

Zwischendurch hat der auch mit den Jungen Fußball gespielt.

Auf diese Frage habe ich keine Antwort.

Am Drehbuch haben alle mitgearbeitet.

Thesen

In guten Projekten entstehen nicht zwangsläufig gute Kunstprodukte.
Es gibt zwei widersprüchliche Tendenzen: Je professioneller das Produkt einer Kooperation zwischen KünstlerInnen und SchülerInnen wird, desto weniger waren die SchülerInnen an den wichtigen Entscheidungsprozessen im Projekt beteiligt. Je professioneller ein Produkt aussieht, desto stolzer sind die SchülerInnen am Ende darauf. Angenommen, eine größtmögliche Beteiligung der SchülerInnen ist gewünscht: Dann produzieren diese Verhältnisse einen Widerspruch, der in jedem Projekt wieder bearbeitet werden muss.

Eine klassische Struktur in den Projekten ist: wilde, durcheinanderbringende KünstlerInnen und zähmende, ordnende LehrerInnen.

Die LehrerInnen entwerfen sich als WächterInnen der Norm: Sie fragen, welche Voraussetzungen müssen meine SchülerInnen erfüllen, damit sie bei einem Projekt mitmachen können. Sie sind auch deren ErmöglicherInnen, indem sie den SchülerInnen dabei helfen, die gesetzten Anforderungen zu erfüllen. Wenn die KünstlerInnen auf diese Frage antworten, „schick mir die Schwierigsten", entwerfen sie sich als die Demonteure der Norm: die EntdeckerInnen des Unentdeckten, die AufwerterInnen des Unterbewerteten. Die außerschulischen PartnerInnen sehen ihre Aufgabe darin, die Bewertungskategorien der Lehrenden zu unterlaufen, andere, neue Sichtweisen anzubieten.

Der Künstler – das ganz Andere!
Wenn KünstlerInnen in der Schule ein Projekt durchführen, eröffnet sich dadurch oft ein Freiraum, der die Möglichkeit für Lernformen bietet, die im Alltag der Regelschule schwer zu realisieren sind. Dieser Raum entsteht u. a. durch den Mythos, der am Künstler haftet: Er repräsentiert das *ganz Andere*, und diesem anderen wird im Rahmen des Projektes Platz zur Entfaltung geboten. Das Besondere, das sich in diesem Raum dann manchmal ereignet, stellen jedoch nicht nur die Künstler, sondern alle an der Situation Beteiligten her. Wenn niemand vor Ort die Bereitschaft hat, den entstehenden Raum zu nutzen, können die KünstlerInnen auch wieder gehen. Besser gehen, als sich als unverstandenes Genie zu inszenieren.

Die Arbeit mit außerschulischen Partnern stört.
Die Arbeit mit den außerschulischen PartnerInnen ist immer auch ein Störfaktor. Wie ein Projekt verläuft – ob die Störung produktiv werden kann –, ist davon abhängig, wie das System Schule als Ganzes und das des einzelnen Lehrers auf die Störungen reagiert – ob die beteiligten Systeme lernfähig sind. Aus unserer Sicht gilt: keine Chancen ohne Risiko.

Vorschläge, die in Kooperation mit KünstlerInnen entwickelt werden, haben eine Tendenz, Risiken zu produzieren. Der der Kunst öfter innewohnende Faktor der Verunsicherung und des kritischen Umgangs mit dem scheinbar Naturgegebenen ist dafür mit verantwortlich.

Das steht im Gegensatz zum System Schule, das auf Sicherheit aus ist, sowohl räumlich als auch inhaltlich. Ob ein Projekt in der Schule gelingen kann, hängt also auch damit zusammen, inwieweit eine Bereitschaft bei den Beteiligten besteht, Unsicherheiten – wie zum Beispiel die eines ungewissen Ausgangs – auszuhalten.

Arme Medienpädagogik!

Der Bereich „Außerschulische Medienpädagogik" hat es schwer. Es ist ein unterbewertetes Arbeitsfeld, die Finanzierung wird knapp. Das ist ungerecht, aber manchmal steht der betriebene Aufwand auch in keinem guten Verhältnis zum Nutzen. Nutzen zum Beispiel in dem Sinn, dass die Schulen von bestehenden Angeboten zu wenig Gebrauch machen. Es ist einerseits zu fragen, inwieweit das mit dem System Schule zusammenhängt (zum Beispiel bereitet die Lehrerausbildung selten auf außerschulische Kooperationen vor), andererseits, inwieweit die bestehenden Angebote sich an aktuellen Fragestellungen und Interessenslagen orientieren und einladend genug agieren.

Gute Arbeit hat ihren Preis: „Hohn-orare" schaden dem Arbeitsfeld.

Wenn MedienkünstlerInnen mit ihren ganzen Kompetenzen in der Schule tätig werden sollen, wenn sie die Arbeit in der Schule genauso intensiv betreiben sollen wie ihre andere künstlerische Arbeit, dann brauchen sie entsprechende Produktionsbedingungen.

Ohne angemessene Honorierung der Arbeit ist das Feld für professionell tätige KünstlerInnen auf Dauer uninteressant. Selbstausbeutung und Idealismus tragen nur eine Zeitlang. Mit außerschulischen PartnerInnen zu arbeiten bedeutet auch, sie als PartnerInnen im politischen Einsatz für bessere Arbeitsbedingungen zu verstehen.

Chancen für MedienkünstlerInnen?

Die spezifischen Chancen der Kooperation von MedienkünstlerInnen und Schule sind bisher wenig erforscht.

Dazu gehört zum Beispiel die Bildung zu einem kritischen Umgang mit den Medien. Oder das bewusste Arbeiten mit den spezifischen Veränderungen im Anwendungsverhalten durch die Produktionsbedingungen, die die digitalen Medien vorgeben. Oder ein reflektierter Umgang mit den spezifischen Eigenarten des Mediums. Oder ein aufklärender Umgang mit der Hardware, der die NutzerInnen handlungsfähiger macht.

Oft werden die KünstlerInnen in der Schule in erster Linie als TechnikerInnen eingesetzt, die dabei behilflich sind, glatte Oberflächen zu produzieren.

ANMERKUNGEN

•1) Eine ausführliche Dokumentation der bisherigen Projekte sowie die Zwischenergebnisse der Begleitforschung finden sich auf www.wir-in-berlin.de/kubim.

•2) Linkliste zu Englischen Projekten auf www.wir-in-berlin.de/kubim/e-links.htm (6.5.04) MÖRSCH, CARMEN: „Socially engaged economies: Leben von und mit Kunstvermittlung und Partizipationskunst in England". In: Kurswechsel, Wien, 2004.

•3) Das neue Berliner Schulgesetz sieht z.B. die Kooperation von Schulen mit Außerschulischen Partnern vor.

•4) Siehe unter anderem die Tagungen „Kunst macht Schule" der evangelischen Akademie Tutzing im Februar 2004, „Bilden mit Kunst" des Verbandes der Jungendkunstschulen, Hannover, Juni 2003, „Lernen sichtbar machen" der BKJ, Hannover, März 2004.

•5) PUHL, ACHIM: Durchführung von ExpertInnen-Interviews zur Frage nach Voraussetzungen für eine strukturelle Kooperation zwischen Schulen und außerschulischen Einrichtungen der Medienarbeit. www.iss-ffm.de/downloads/auswertung _struk_koop.pdf (6.5.04);
BURNAFORD/APRILL/WEISS: "Renaissance in the classroom – Arts Integration and Meaningful Learning". New Jersey 2001;
ODDIE, DAVID/GARTH, ALLEN: "Artists in schools – a review". London 1998.
BINCH, NORMAN/CLIVE, SUE: "Close collaborations –Art in schools and the wider environment". London 1994; siehe u.a. NGBK (Hrsg.) „Kunstcoop". Berlin, 2001.

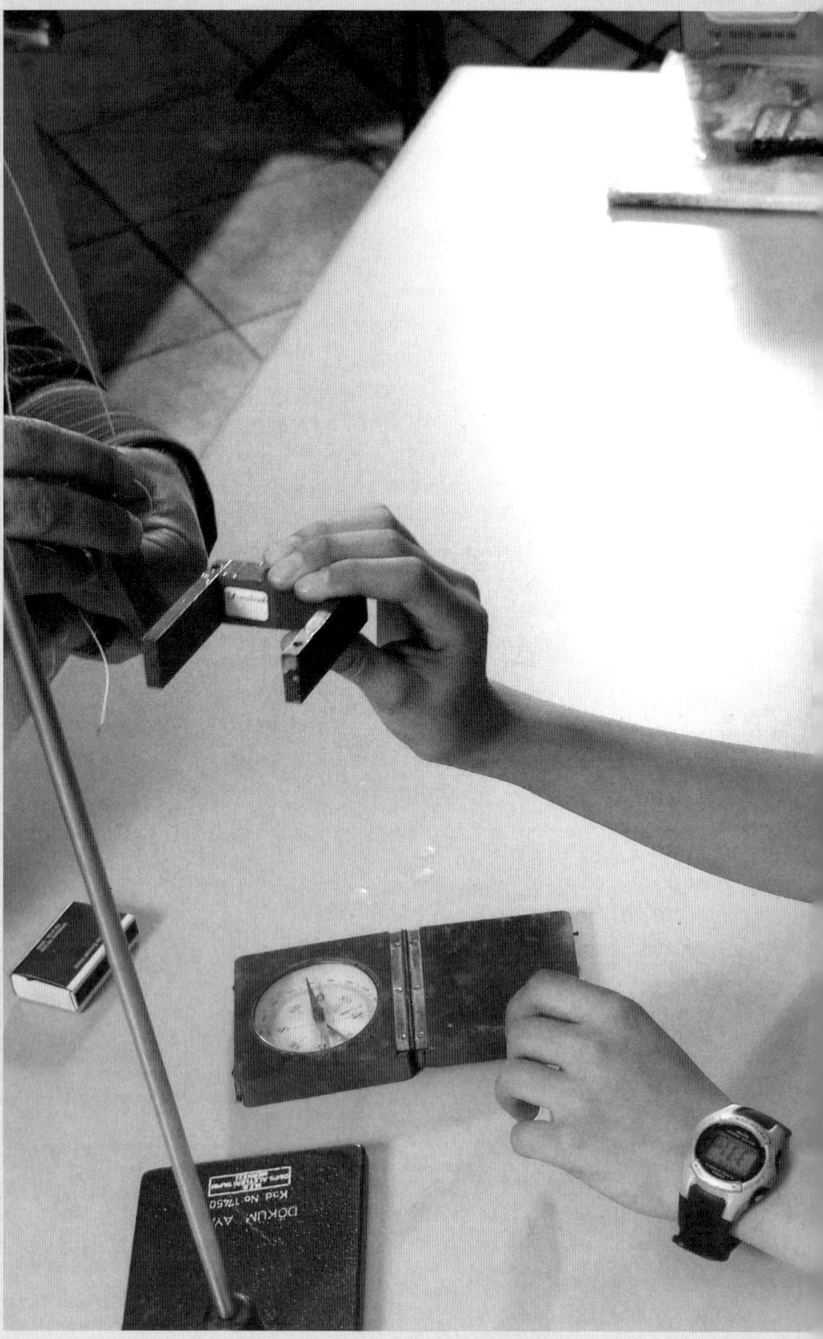
DÖKÜM
Kod No:17450

III Stichwort: Praxis und Erfahrungen

■ Klaus Lutz

Kooperation Freizeit Schule – zwei Welten begegnen sich

Ein Erfahrungsbericht

Im Zusammenhang mit der Diskussion um die Ganztagsschule in Bayern ist die Kooperation zwischen Schule und außerschulischer Jugendarbeit erneut in den Mittelpunkt geraten. Dass nun beide Seiten wieder verstärkt aufeinander zugehen, liegt nicht unbedingt an der neu entbrannten Liebe zueinander, sondern zum einen an fehlenden Kapazitäten der Schulen, ausreichend Betreuungszeiten zur Verfügung zu stellen; zum anderen befürchtet die außerschulische Jugendarbeit, die Jugendlichen würden ihre Angebote nicht mehr wahrnehmen, da ihnen schlicht die Zeit fehlt, wenn sie den ganzen Tag in der Schule zubringen.

In den zurückliegenden fast 20 Jahren medienpädagogischer Arbeit des Medienzentrums PARABOL spielte die Kooperation mit der Bildungsinstitution Schule stets eine zentrale Rolle. Auch wenn diese Zusammenarbeit nicht immer reibungslos verlief, ist sie doch in der Gesamtschau als positiv zu bewerten. Die nachfolgenden Ausführungen beschreiben die gemachten Erfahrungen und versuchen, einige Eckpunkte für eine erfolgreiche Zusammenarbeit herauszuarbeiten.

• *Grundsätzliches*

Die konzeptionelle Ausrichtung der außerschulischen Jugendarbeit bietet ein gewisses Konfliktpotenzial im Vergleich zu den Zielvorstellungen der Schule. So stellt die Förderung der Sozialisation von Jugendlichen und die Entwicklung ihrer Persönlichkeit einen Kernpunkt der außerschulischen Kinder- und Jugendarbeit dar. Die Umsetzung dieses Ziels ist durch eine Vielzahl unterschiedlichster Arbeitsformen geprägt, die durch erfahrungsorientiertes Arbeiten in Gruppen umgesetzt werden (vgl. Lutz 2003, S. 80).

Das Feld der Jugendarbeit ist weitgehend gekennzeichnet durch die Freiwilligkeit der Teilnahme, den Verzicht auf Leistungskontrollen sowie die Ausrichtung des Angebots an den Interessen der Jugendlichen (Lebensweltorientierung) (vgl. Bader, 2001, S. 16).

Gerade diese Kriterien der außerschulischen Jugendarbeit stellen aber die Kooperation mit der Schule vor grundsätzliche Probleme: Ist das Moment der Freiwilligkeit durch die Methode der aktiven Medienarbeit und die hohe Motivation Jugendlicher, sich mit Medien zu beschäftigen, kompensierbar, so ist der Verzicht auf Leistungskontrollen und die Orientierung an den Interessen der Schüler für die Schule weitaus schwieriger zu bewerkstelligen. Die Überwindung dieser Hürden ist dann jeweils in besonderem Maße vom Schultyp und der Form der Kooperation abhängig.

- *Alles hängt von der Lehrkraft ab*

Noch heute überkommt viele beim Betreten eines Lehrerzimmers eine Stimmung, als wäre man zu König Artus' Tafelrunde geladen. Diese Stimmung lässt sich nur durch eine Einladung in das Zimmers des Direktors überbieten, denn dies hatte – zumindest in meiner Schulzeit – nie etwas Gutes zu bedeuten. Aber im Ernst: Ob eine Kooperation zustande kommt und wie sie sich ausgestaltet, hängt zuallererst von der betreuenden Lehrkraft ab. Das Verhältnis von Menschen, die sich für eine pädagogische Arbeit mit Jugendlichen außerhalb von Schule entschieden haben, und den Menschen, die nach der Schule wieder in die Schule zurückgekehrt sind, ist nicht immer ungetrübt. Aber erst, wenn zwischen schulischen und außerschulischen Pädagogen die Vorstellungen der Zusammenarbeit geklärt sind, kann eine fruchtbare Kooperation beginnen, denn um in das für Außenstehende in sich geschlossene System Schule vorzudringen, bedarf es eines Insiders (LehrerIn), der einem die Türen öffnet. Und dies ist meiner Erfahrung nach nicht der Direktor, nicht der Schulreferent oder das Kultusministerium, sondern der Lehrer oder die Lehrerin vor Ort. Dies ist sicher auch eine Folge der Schulpolitik in Bayern, wo sich fast alles, was außerhalb des klassischen Unterrichts angeboten wird, auf das persönliche Engagement der Lehrer und Lehrerinnen stützt. Oft investieren Lehrer und Lehrerinnen ein hohes Maß an Freizeit, um den Schülern ein attraktives Medienprojekt anbieten zu können.

- *Der Schultyp ist entscheidend*

Schule ist nicht gleich Schule. Die Kooperationsmöglichkeiten sind in ihrer Form sowie in ihrer Einbindung in den Schulalltag extrem vom jeweiligen Schultyp abhängig. Die vielfältigsten Möglichkeiten bieten die Förder- und Hauptschulen. Vor allem die Förderschulen sind nicht eng an einen Lehrplan gebunden. Die Lehrer und Lehrerinnen sind somit wesentlich flexibler, was die

Einbindung der Medienarbeit in den Unterrichtsablauf betrifft. Auch sind die Lernziele viel allgemeiner gefasst, woraus sich vielfältige Schnittmöglichkeiten mit der aktiven Medienarbeit ergeben. Vor allem der Persönlichkeitsentwicklung der Jugendlichen wird in diesem Schultyp ein großer Stellenwert eingeräumt. Ausgehend von diesem sich überschneidenden Lernziel lässt sich eine gute Kooperation aufbauen.

Des Weiteren werden die Jugendlichen in den Förderschulen über lange Strecken von einer Lehrkraft unterrichtet, was die Koordination bei der in der außerschulischen Bildungsarbeit üblichen Projektarbeit wesentlich erleichtert. Hinzu kommt, dass Jugendliche aus bildungsferneren Schichten sich erfahrungsgemäß sehr gut für die Arbeit mit Medien motivieren lassen, da sie es häufig als Aufwertung ihrer Person empfinden, wenn ihnen z.B. zugetraut wird, einen eigenen Film zu drehen oder mit dem Computer zu arbeiten. Immer wieder stellen Pädagogen verblüfft fest, dass Jugendliche im Umgang mit den Medien erstaunliche Fähigkeiten an den Tag legen. Nicht selten sind es die Schwächsten in der Klasse, die souverän den Schnittcomputer beim Erstellen eines Videofilms bedienen, gekonnt mit der Software für Webseitengestaltung umgehen oder geschickt Regie beim Drehen eines Videofilms führen.

Mit Einschränkungen gilt dies auch für die Hauptschule. Hier haben die Lehrkräfte mehr Freiheit, den Lehrplan zu gestalten. Aber in der Hauptschule beginnt der Notendruck schon stärker zu greifen, vor allem für die Schüler, die einen qualifizierten Hauptschulabschluss anstreben oder eine so genannte M-Klasse besuchen möchten, die ihnen einen mittleren Bildungsabschluss ermöglicht. Dennoch sind die Hauptschulen gute Kooperationspartner, da Hauptschullehrer – wie ihre Kollegen in den Förderschulen – mehrere Fächer unterrichten, die Klassenleitung sehr viele zusammenhängende Stunden in einer Klasse unterrichtet und somit Projektarbeit gut zu koordinieren ist. Ähnliches gilt für das Lernziel Persönlichkeitsbildung, das auch in den Hauptschulen ein wichtiges Bildungsziel darstellt.

Die Lehrer und Lehrerinnen in den Realschulen wie in den Gymnasien sind hingegen wesentlich stärker an die Lehrpläne gebunden. Diese Schultypen sind durch das Lernen im Dreiviertelstundentakt geprägt und die Schüler sind einem wesentlich höheren Leistungsdruck unterworfen. Es gibt zwar durchaus interessierte Lehrkräfte, die zwischen der Medienarbeit, ihrem Fachgebiet und dem Lehrplan Schnittstellen sehen (z.B. in den Fächern Deutsch, Sozialkunde oder Kunst), die aber oft an der Weigerung ihrer Kollegen scheitern, den Unterricht an diesem Tag zu Gunsten eines Medienprojekts ausfallen zu lassen.

- *Das leidige Thema Finanzen*

Medienarbeit ist personalintensiv und nur mit teuren technischen Geräten umsetzbar. Eine entsprechende Ausrüstung ist in vielen Schulen nicht vorhanden, oder der Systemadministrator verwehrt den Zugang zum Computerraum. Oftmals ist es nicht möglich, auf die in der Schule vorhandenen Rechner die für das Projekt notwendige Software aufzuspielen. So muss für ein Medienprojekt häufig das Personal sowie die Geräte vom außerschulischen Kooperationspartner gestellt werden. Der Schule ist es meist nicht möglich, sich finanziell an den Projektkosten zu beteiligen. So obliegt es dem Kooperationspartner, für die nötigen Finanzen zu sorgen. Dies wird in zunehmendem Maße schwierig, da auch kommunal geförderte Institutionen wie z. B. das Medienzentrum PARABOL finanziell immer stärker unter Druck geraten. Aufgrund der verschiedenen Kürzungswellen, die in den letzten Jahren zu verkraften waren, sind viele Einrichtungen immer stärker auf Eigeneinnahmen angewiesen. Auch die Akquisition von Drittmitteln, die oft die finanzielle Grundlage für Kooperationsprojekte darstellen, wird ständig komplizierter und muss meist ohne die Unterstützung der Schule erfolgen. Aus Mitteln, die der Schule zur Verfügung stehen, lässt sich ein Projekt nur selten realisieren.

- *Welche Projektformen sind möglich?*

Das klassische Angebot stellt das am Lehrplan orientierte „Vormittagsprojekt" dar. Dies wird an einem Unterrichtsvormittag für eine ganze Schulklasse angeboten, ist zugeschnitten auf die jeweilige Jahrgangsstufe und eingegliedert in den Lehrplan. In der Vorbereitung empfiehlt sich eine enge Zusammenarbeit mit einer Lehrkraft, die bei dem Zuschnitt auf den Lehrplan beratend zur Seite steht – denn nur so lassen sich vor allem in den Gymnasien Schulbefreiungen für die Schulklassen zur Durchführung des Projekts erreichen. Der Nachteil dieser Projektarbeit ist die relativ kurze Zeit, die man für die Arbeit mit den Schülern zur Verfügung hat sowie der Umstand, eine ganze Klasse einbinden zu müssen. Versucht man dem zentralen Prinzip der aktiven Medienarbeit – die Jugendlichen von Mediennutzern zu Medienproduzenten zu machen – einigermaßen gerecht zu werden, bedeutet dies ein hohes Maß an Betreuungsarbeit. Zusätzlich schränkt die enge Bindung an den Lehrplan die Ideenvielfalt ein.

Projektwochen, die in vielen Schulen in Bayern meist vor den Sommerferien für Projektarbeit zur Verfügung stehen, bieten da eine weit größere Variationsbreite. Die Projektgruppe muss sich nicht aus einer ganzen Klasse zusammensetzen, sondern die Jugendlichen können sich aus einem breiten Angebot etwas heraussuchen, das ihren Interessen entspricht. Angepasst an die Projektidee können der Schule auch bestimmte Vorgaben in puncto Gruppengröße oder Alterszusammensetzung gemacht werden. Schade ist nur, dass die Schulen diese Projektwochen alle zum gleichen Zeitpunkt (eine Woche vor den Sommerferien) veranstalten, statt sie über das Jahr zu verteilen.

Eine weitere Kooperation ergibt sich im Rahmen der so genannten AGs, die nachmittags an den Schulen für interessierte Schüler von engagierten Lehrern und Lehrerinnen zusätzlich zum Unterricht angeboten werden. Will man im Rahmen solcher AGs Medienprojekte durchführen, so müssen häufig die medientechnischen Geräte wie Schnittplatz oder Aufnahmegerät zur Verfügung gestellt werden. Die Lehrkräfte, die AGs betreuen, bekommen dafür ein gewisses Kontingent an Unterrichtsstunden angerechnet und sehen sich deshalb in der Pflicht, die AGs selbst zu leiten. Viele greifen dabei auf die Qualifikationen zurück, die sie auf Grund ihrer Lehrerausbildung besitzen: So bieten die Deutschlehrer oft Theatergruppen, die Biolehrer Umwelt-AGs und die Sportlehrer Sportneigungsgruppen an; nur vereinzelt bringen Lehrer ihr Hobby, z.B. Video oder Fotografie, mit ein. Die Medienqualifikation und demzufolge das Interesse an der Durchführung von entsprechenden Projekten ist meist nicht so weit verbreitet. Hier würde ein stärkeres Fortbildungsangebot für Lehrer im Medienbereich sicherlich auf lange Sicht Verbesserungen bringen.

- *Schlussbemerkung*

Die Sichtweise von außen auf die Schule ist nicht immer ganz objektiv. Da schwingen zum einen die nicht immer positiven Erfahrungen mit dem System Schule mit, die jeder als Schüler selbst gemacht hat, zum anderen wirkt die Schule für den Betrachter oft als ein System, an dem alle reformpädagogischen Bemühungen der letzten hundert Jahre spurlos vorübergegangen sind. Trotz aller Kritik ist und bleibt die Schule aber die wichtigste Bildungseinrichtung. Betrachtet man Medienkompetenz als unabdingbare Voraussetzung, sich in der heutigen Gesellschaft aktiv beteiligen zu können, so ist eine Kooperation unerlässlich. Bei aller Kompromissbereitschaft dürfen dabei aber die Grundsätze der außerschulischen aktiven Medienarbeit nicht vernachlässigt werden, nämlich die Lebensweltorientierung, die Förderung der Sozialisation von Jugendlichen sowie das erfahrungsorientierte Lernen in Gruppen.

Ob sich die Schule unter dem Druck der aktuellen Bildungsdiskussion und der akuten Finanzknappheit dazu bewegen lässt, sich stärker für die Medienarbeit zu öffnen, wird die Zukunft zeigen. Ein Zukunftsmodell könnte das Radioprojekt „Tatfunk“ darstellen, das die Eberhard von Kuenheim Stiftung in

Zusammenarbeit mit dem Bayrischen Rundfunk, der Stiftung Zuhören und der Bayerischen Landeszentrale für Neue Medien BLM ins Leben gerufen hat. Sieben bayrische und ein Duisburger Gymnasium produzierten im Rahmen des Grundkurses Radio innerhalb eines Schuljahrs mit professioneller Unterstützung Radiobeiträge. Ziel war es, den teilnehmenden Schülerinnen und Schülern die journalistischen Fähigkeiten zur Produktion einer Hörfunksendung beizubringen und damit auch das Hören zu schulen. Die Teilnehmer und Teilnehmerinnen erhielten am Ende des Schuljahrs ein Abschlusszertifikat sowie eine Notenbewertung nach Punkten, die in das Abitur einfließt.

Sicherlich wäre es für die Medienpädagogik ein Quantensprung, wenn sie sich mit ihren Bildungszielen fest im schulischen Alltag verankern könnte. Ob dies den Verzicht auf Leistungskontrolle rechtfertigt, bleibt zu diskutieren.

Literatur

- Bader, Roland (2001): Learning Communities im Internet. Freiburg.
- Anfang, Günther/Fiedler, Fabian/Kammerer, Bernd/Lutz, Klaus (Hrsg.) (2003): Aufwachsen in Medienwelten. Nürnberg.

■ EVA LISCHKE[1]

Kooperation zwischen Schule, Jugendförderung und Kulturamt?

@nien 2: Ein regionales Lernarrangement gegen Desintegrationsprozesse[2]

• *Projektbedingungen, Bildungsdefizite und Sozialstruktur im Bezirk*[3]

Neukölln ist ein Berliner Stadtbezirk mit 304.000 Einwohnern. In der innerstädtischen Nordhälfte mit ca. 150.000 Menschen nehmen Armut und Arbeitslosigkeit dramatisch zu und fast der gesamte Norden droht sozial zu „kippen". 2003 führt Neukölln die Kriminalitätsstatistik der Berliner Bezirke an, auch in puncto Kinder- und Jugenddelinquenz. Im traditionellen Westberliner Arbeiterbezirk lagen Bildungsniveau und Einkommen immer unter dem Berliner und bundesdeutschen Durchschnitt. Verschärft wird die soziale Lage durch eine hohe Anzahl von kinderreichen Migrantenfamilien aus meist ländlichen Gebieten, deren Integration in die deutsche Gesellschaft in weiten Teilen missglückt ist.

2003 waren an den Grundschulen im Neuköllner Norden 72,3 Prozent der Schüler nichtdeutscher Herkunft, im Süden waren es 24,2 Prozent. Die Berliner Sprachstandserhebung „Bärenstark" im Vorfeld der Grundschule hat im Jahr 2003 bei 80 Prozent der Kinder nichtdeutscher Herkunftssprache Förderbedarf, bei fast jedem zweiten sogar intensiven Förderbedarf festgestellt.

Sprachdefizite wirken sich über die ganze Schulzeit und anschließend auf Vermittlungschancen von Jugendlichen in Neukölln verheerend aus. Nur 21 Prozent der Neuköllner Schüler verlassen die Schule mit der Allgemeinen Hochschulreife (Berlin: 30 Prozent). 19 Prozent verlassen die Schule ohne Abschluss, überwiegend ausländische Jungen und Mädchen (Berlin: 12,5 Prozent). Ein Zehntel der Schüler, überwiegend Hauptschüler, schwänzt häufig die Schule. Neben dem deutlichen Gebot der Sprachfrüherziehung zeigen die empirischen Befunde einen Bedarf, präventiv Projekte mit Grund- und Hauptschulen durchzuführen, um soziale Kompetenzen multiethnischer Klassen zu entwickeln, Schüler zum Lernen zu ermutigen und ein verständnisvolles Miteinander in sozialen Nahräumen zu fördern.

Neukölln bietet zugleich interkulturelle und multikulturelle Entwicklungspotenziale. Im Bezirk leben Menschen aus 163 Nationen. Immer mehr erfolgreiche Gründungen von Klein- und Kleinstunternehmen sind dem „Ethnobusiness" zuzurechnen. Alte und neu hinzugekommene Neuköllner identifizieren sich mit ihrem Bezirk. Der Bezirk ist nicht überaltert. Neukölln hat Zukunftspotenziale, wenn es gelingt, Kindern und Jugendlichen aus Migrantenfamilien Integrationschancen zu bieten. Hier sind – stärker als anderswo – Spielregeln für das Zusammenleben einer künftigen Einwanderungsgesellschaft zu entwickeln.

Das Projekt mit einer Fokussierung auf Hauptschulen ist ein Element verschiedener neuer Versuche, in sozialraumorientierter Kooperation Desintegrationstendenzen entgegenzuwirken, Schüler und Mitarbeiter ressortübergreifend für interkulturelle Arbeitsansätze zu sensibilisieren und regionale Lernnetzwerke aufzubauen.

Das Projekt @*nien* ist technisch und pädagogisch sehr aufwändig. Getragen wird das Projekt von hochengagierten Mitarbeitern. Beteiligt sind das bezirkliche Kulturamt, das Heimatmuseum und die Jugendförderung Neukölln, drei bis vier Schulklassen unterschiedlicher Schulen sowie die doppelte Anzahl Kinder- und Jugendeinrichtungen, als Präsentationsplattform die Netdays-Berlin und/oder Nachbarschaftstreffpunkte wie Einkaufspassagen oder die Werkstatt der Kulturen.

In beiden Projektdurchgängen haben sich insgesamt fünf Hauptschulklassen, eine Realschulklasse und ein Gymnasium beteiligt.

Ziele des Projekts @nien:

- Vermittlung von Medienkompetenz an Jugendliche, insbesondere Hauptschüler sowie an Multiplikatoren,
- Auseinandersetzung mit unterschiedlichen Kulturen in Neukölln,
- Vertiefung der Kooperation zwischen Schule und Jugend und Kultur durch anspruchsvolle Projektarbeit insbesondere mit Hauptschulen; Verstetigung von Kooperationsbeziehungen; Verschränkung von formeller und informeller Bildung;
- Berücksichtigung sozialräumlicher Nähe der Projektpartner und Passfähigkeit der Zielgruppen nach Alter,
- Präsentation der Arbeitsergebnisse im Internet und in der Berliner Öffentlichkeit,
- Stärkung der Partizipation von Jugendlichen.

www.projekt4you.de

Finanziert wird das Projekt durch die Kooperationspartner, insbesondere die Jugendförderung, die Kinder- und Jugendstiftung Berlin, das Förderprogramm *Entimon* und gewerbliche Sponsoren. Ohne ehrenamtliche Arbeit oder aus der Kraft einer einzelnen Institution hätte dieses Projekt niemals durchgeführt werden können.

Das Projekt @nien

Das Projekt *@nien* ist inhaltlich eine Mischung aus Stadtspiel und Multimediawettbewerb. Es wird eine Woche lang jeweils mit 70 bis 100 Schülern in sechs bis acht Teams parallel im Wettbewerb durchgeführt. Dies erfordert viel Koordination, sowohl in Bezug auf die Terminierung mit den Schulen und Einrichtungen sowie in Bezug auf die Bereitstellung der Technik.

In Teams mit durchschnittlich zwölf Personen stellen sich die Schüler aus siebten oder achten Klassen jeden Tag neuen Aufgaben. Unterstützt werden sie von den Multimediaspezialisten[4] der Jugendförderung Neukölln und ihren Lehrern.

In sechs bis acht Jugendfreizeiteinrichtungen wird eine Woche lang statt des normalen Schulunterrichts Projektarbeit durchgeführt. Es gibt in jeder Freizeiteinrichtung etwa acht bis zehn Computer. Die gute Computerausstattung ist eine Spezialität der Neuköllner Jugendförderung, da Multimediacafés mit Internetanschluss hier seit dem Jahr 2000 integrierter Bestandteil aller Freizeiteinrichtungen sind. Gemeinwesenorientierte Medienarbeit ist ein Schwerpunkt in der Neuköllner Jugendarbeit.[5]

Durch die dem Schulbetrieb angepasste Vormittagsarbeit gibt es keine Konflikte um Raum- und Rechnerressourcen mit den Stammjugendlichen der Freizeiteinrichtungen. Allerdings bedeutet das Projekt für die Mitarbeiter der Einrichtungen, dass mindestens einer den Dienst außerhalb der üblichen Arbeitszeit aufnehmen muss und entsprechende Vertretungsregelungen organisiert werden müssen. Vertretungserfordernisse entstehen genauso in den Schulen, da jede Klasse seit dem zweiten Projektdurchgang von 2 Lehrern begleitet werden muss. Die Klassen werden halbiert und je ein Lehrer wird Mitglied des Projektteams.

Als Verbesserung gegenüber dem ersten Projektdurchlauf wurde *@nien 2* stärker als sozialraumorientiertes Projekt konzipiert. Dadurch wurde eine weitere Verbesserung der Zusammenarbeit zwischen Jugendarbeit und Schule angestrebt. Bei den Teilnehmenden des zweiten Projektdurchlaufs handelte es sich um zwei achte Hauptschulklassen mit hohen Migrantenanteil (ca. 80 Prozent) und eine achte Realschulklasse mit einem Migrantenanteil von ca. 30 Prozent. 30 Schüler kamen aus der Realschulklasse und 40 Schüler aus den beiden Hauptschulklassen.

- *Arbeitsaufgaben und Projektverlauf*[6]

Der erste Tag – Webseitenerstellung, Teamarbeit, Roots

Am ersten Tag treffen die Teams der Schulen mit einem Lehrer in einer Kinder- oder Jugendeinrichtung ein. Nach der Vorstellung des Projektes, der

Mitarbeiter und des Hauses erforschen die Schüler die Internetadresse www.projekt4you.de. Diese wird eine Woche lang ihre „virtuelle Heimat" sein. Viele können sich nicht vorstellen, dass all die leeren Projektseiten jemals von ihnen mit Inhalten gefüllt werden. Die erste Aufgabe lautet: „Macht ein Gruppenfoto und gestaltet Eure Startseite". Teamarbeit ist angesagt.

Digitale Fotografie und die Nachbearbeitung unter fachkundiger Anleitung machen viel Spaß. Dies lockert die anfangs doch etwas gespannte Atmosphäre auf und führt zu einem produktiven Arbeitsklima. Darüber hinaus besteht die Möglichkeit, von der Teamseite eigene Webseiten abzweigen zu lassen. An den eigenen Seiten wird im Verlauf der Woche immer wieder mal etwas gebastelt, wenn Einzelne Zeit übrig haben.

Eine weitere Gruppenaufgabe ist, die eigene Herkunft bis zurück zu den Großeltern zu erkunden und auf einer Weltkarte kollektiv darzustellen. Die Schüler beschäftigen sich hierbei mit ihren Wurzeln, den „Roots". Lehrer beweisen ihre Fähigkeiten, gute Gruppendiskussionen durchzuführen. Auf den Webseiten sollen auch Familienweisheiten und Lieblingssprüche ausgetauscht werden. Das Ergebnis ist manchmal erschütternd, da viele Schüler behaupten, ihre Eltern würden mit ihnen gar nicht reden. Ordnungsaufrufe, ordinäre oder bedrohliche Sprüche überwiegen die Weisheiten. Letztlich finden sich einige kulturell etwas abgewandelte Weisheiten wie „Was Hänschen nicht lernt, lernt Hans nimmermehr". Aber stimmt das? Unser Favorit ist: „Schöne Worte holen sogar die Schlange aus der Höhle."

Am ersten Tag haben es alle Teams geschafft, erste Ergebnisse im Internet zu publizieren. Ehrgeiz wird entfacht. Am Ende wird es schwierig, die Schüler vom Rechner zu lösen, damit die nachmittäglich „eintrudelnden" jugendlichen Stammbesucher der Clubs an „ihre" Computer kommen können. Die Ergebnisse können von den anderen Teams im Internet besichtigt werden und einige Schüler zeigen den Clubbesuchern begeistert, was sie gemacht haben. Im gemeinsamen Chatforum besteht eine Möglichkeit zu Kommentaren und zur Kommunikation zwischen den Teams. Hier zeigt sich recht schnell, dass Regeln entwickelt werden müssen, um andere Teams nicht im Wettbewerb zu verunglimpfen.

Zweite Tagesaufgabe – Recherche in der Nachbarschaft über Esskulturen

Am zweiten Tag stehen einige Schüler schon vor Projektbeginn vor den Türen. Was macht man mit Schülern, die zu früh zur Schule kommen? Die meisten können schon mal rein und zum Beispiel eine Runde Billard spielen.

Fünf Aufträge, in fremden Sprachen und Schriften wie arabisch, chinesisch, persisch, thailändisch, auch in Sütterlin-Schrift geschrieben, müssen sich die Schüler in detektivischer Arbeit von Bürgern und Gewerbetreibenden auf den Straßen Neuköllns zuerst einmal übersetzen lassen. Anschließend müssen sie sich Unterstützung suchen, um den Arbeitsauftrag zu lösen. Es geht um Kochrezepte unterschiedlicher Kulturen, deren Zutaten und Zubereitung erst recherchiert und dann im Internet präsentiert werden müssen.

Die Arbeit auf der Straße lockert auf. Hier können wieder andere Teammitglieder ihre Fähigkeiten zur Kommunikation unter Beweis stellen. Alt und Jung kommen auf andere Weise als auf Neuköllns Straßen üblich ins Gespräch, auf jeden Fall respektvoller, amüsiert und neugierig. Und wer hätte gedacht, dass Möbelhäuser so wichtige Übersetzungsdienste leisten. Jedenfalls wird klar, dass in Neukölln (fast) jedes Sprachproblem gelöst werden kann und Lösungen vor Ort zu finden sind.

Dritte Tagesaufgabe:[7] *Fotostory über kulturelle Konflikte*
Alle Teams müssen innerhalb von fünf Stunden eine Foto-Lovestory entwickeln, die sich mit Freundschaften, Liebe und Problemen zwischen den Kulturen auseinander setzt. Die Aufgabe, die eine vorgegebene abstrakte Ablaufstruktur (Bilderzahl/Wendepunkte) für die Internetdarstellung hat, führt zu interessanten Fotostorys. Jedes Team ist in der Lage, eine eigene Geschichte zu erfinden, zu inszenieren und in das Netz zu bringen. Manche machen sogar ein „Making of". Arbeitsteilungen werden von den Schülern selbst organisiert. Die Geschichten um kulturelle Konflikte haben nicht immer ein Happy End. Bikulturelle Lovestorys stehen unter einem „schlechten" Stern. Auch bikulturelle Freundschaften sind offensichtlich bedroht. So wird die Freundschaft eines Jugendlichen aus dem wohlhabenden Bezirk Steglitz und einem Neuköllner von Freunden sabotiert. Das „Kopftuch" wird thematisiert. Hier lernen auch die Betreuer, dass das Kopftuch nicht mit den Attributen „demütig" und „zurückhaltend" gleichzusetzen ist, als die einzige Kopftuchträgerin einer Klasse beim Fotoroman Regie führt und selbst die Rolle der Freundin übernimmt, die wesentlich kosmopolitischer denkt als die meisten anderen.

Vierte Tagesaufgabe: Digitale Musik und Gesang zum Thema Born in Europe –Live in Europe
Aus dem Jazz-Song „Born in Europe" wird durch den Einsatz der Magix-Musiksoftware[8] eine eigene, jugendgemäße Hip-Hop-, Techno- oder Experimental-Variante entwickelt. Der selbst erstellte Text soll sich mit dem Thema „Born in Europe" (oder „Live in Europe") auseinander setzen. Dieser Teil ist in das gleichnamige europaweite Projekt der Heimatmuseen www.born-in-europe.de eingebunden. Obwohl das Experimentieren mit dem Musikprogramm und Aufnahmetechnik viel Spaß macht, gelingt es nicht allen Teams, einen eigenen Text herzustellen. Hier gilt es, für den nächsten Durchgang den Bereich „digital gestützte Musik" methodisch fortzuentwickeln und im Vorfeld den Betreuern Hilfestellungen zu geben, damit alle Teams zu künstlerisch bes-

seren Ergebnissen kommen.

Im Rahmen des Musikworkshops wird für die Abschlusspräsentation mit den Teilnehmenden der Ursprungssong als Chorwerk geübt. Insbesondere beim zweiten Projektdurchgang zeigten sich viele Schüler bereit, das Lied „Born in Europe" als Projektpräsentation auf der Abschlussveranstaltung der Netdays-Berlin[9] gemeinsam mit der Künstlerin Vivian Lee auf einer richtigen Bühne vor Publikum vorzusingen.

Fünfte und letzte Tagesaufgabe: „Voting" – Ermittlung der Teamsieger durch die Schüler

Eine Aufgabe des ersten Durchlaufs wurde gestrichen, um den Schülern einerseits mehr Raum zu geben, sich mit den Ergebnissen der anderen Teams auseinander zu setzen, andererseits diese kritisch zu würdigen und zu bewerten. Jeder konnte zu jeder Aufgabe einen ersten und zweiten Platz vergeben. Der dritte bis sechste Platz wurde nicht ermittelt. Uns ging es darum, noch mehr Partizipation einzuführen und keine Fremdjury von Erwachsenen einzusetzen, sondern die Teilnehmenden selbst bewerten zu lassen. Es sollten keine Verlierer bestimmt werden, sondern nur Sieger. Das Verfahren hat sich sehr bewährt. Die Teilnehmenden waren mit den Schülerbewertungen weit zufriedener als mit den Expertenbewertungen des ersten Durchlaufs, bei dem es am Rande der Siegerehrung zu einigen wütenden Szenen kam.

Zusatzaufgabe: Präsentation der Ergebnisse durch die Schüler im Rahmen der Netdays-Berlin außerhalb der Projektwoche

Die Aussicht auf kleine Preise und eine Ergebnispräsentation vor einem größeren Publikum[10] motivierte nicht nur die Schüler zu besonderen Leistungen, sondern auch die Projektbetreuer.

Vermutlich beflügelt der permanente Druck, zu Ergebnissen zu kommen, mehr als Noten. Es ist aufwändig, für Jugendliche solche Plattformen der Öffentlichkeit zu organisieren. Dies gehört zum klassischen Repertoire der Jugendarbeit, die hier ihre Stärken zeigt. Eine wichtige Erfahrung ist für die Jugendlichen, dass nicht Einzelarbeiten, sondern Teamergebnisse bewertet werden. Ein Lehrer hätte trotzdem gerne Noten vergeben, dies wurde nach heftigen Diskussionen ausgeschlossen.

- *Stehen der personelle und finanzielle Aufwand für das Projekt im Verhältnis zum Erfolg?*

Eine Betrachtung aus Sichtweise der Jugendförderung Neukölln: Der Lernerfolg durch das Projekt ist unumstritten. Dies zeigt die Evaluation durch Schüler[11] und Projektmitarbeiter.[12] Er ist das Ergebnis der aufwändigen Vorarbeiten, Planungsgespräche auf den unterschiedlichsten Ebenen, hoher Motivation der Beteiligten, dem hohen Betreuungsschlüssel und dem Wettbewerbscharakter des Projekts. Derartige Bedingungen sind an Schulen selten möglich und im Übrigen auch kaum in Jugendfreizeiteinrichtungen.

Die Kooperation mit dem Kulturamt wurde von den Mitarbeitern der Jugendeinrichtungen als impulsgebend und sehr wichtig gewertet. Sie hebt den künstlerischen Anspruch und bewahrt vor zu starker Pädagogisierung. Schulamt und Kulturamt haben traditionell gute Kooperationsbeziehungen. Hiervon profitiert die Jugendförderung in der Zusammenarbeit mit Schulen.

Beim ersten Durchgang fühlten sich die Mitarbeiter der Jugendförderung von den Schulen als „pure Dienstleister" behandelt. Das Projekt galt als Highlight mit gutem Lernergebnis, aber mit zu geringer Nachhaltigkeit in Bezug auf sozialräumliche Kooperationseffekte, insgesamt also doch etwas frustrierend.

Daher wurde *@nien 2* als sozialraumorientiertes Projekt konzipiert. Als Bedingung wurde formuliert, dass Jugendeinrichtungen und Schulen nahe beieinander liegen und altersmäßig zusammenpassen müssen. Durch die vielen Bedingungen und Beteiligten hat sich der Koordinierungs- und Terminierungsaufwand vervielfacht. Der Aufwand hat sich zumindest ansatzweise gelohnt, da sich diesmal Lehrer quantitativ und qualitativ stärker in die Vorbereitung und Durchführung eingebracht haben, besser vorbereitet wurden und Nachfolgeprojekte durchgeführt haben. Einige Jugendliche und sogar eine ganze Mädchengruppe aus dem Projekt besuchen weiterhin die beteiligten Jugendfreizeiteinrichtungen.

Trotz vieler positiver Wirkungen war das größte Manko beim zweiten Durchlauf, dass keiner der beteiligten sechs Lehrer auf die Einladung zur gemeinsamen Evaluation der Projektbetreuer erschienen ist. Die gemeinsame Auswertung soll für den dritten Durchlauf als zwingende Verpflichtung festgelegt werden, da die Langzeit-Effekte, z.B. auf das soziale Klima in den Klassen, nur von Lehrern beurteilt werden können. Ohne das Votum der Lehrer kamen wir zu keinen abschließenden Ergebnissen über die Wirksamkeit des Projekts.

Die finanziellen Spielräume außerschulischer Jugendbildung sinken kontinuierlich. Dies macht eine intensive Kosten-/Nutzenanalyse und Evaluation gemeinsamer Projekte notwendig. Lohnt es sich, ein aufwändiges multilaterales Projekt mit Wettbewerbscharakter zu organisieren oder sollen wir lieber kleine bilaterale Projekte mit zwei bis drei Partnern organisieren? Ist das Projekt nachhaltig genug, um ein tolerantes und respektvolles Umgehen der Jugendlichen in ihren Nachbarschaften zu fördern, Chancengleichheit herzustellen und präventiv zu wirken gegen Schulschwänzerei und Schulabgänge ohne Abschluss? Führt das Projekt zu dauerhaften Kooperationsbeziehungen mit Schulen des sozialen Nahraums (denn nur dann steht das Ergebnis im Verhältnis zum Einsatz der Mittel)? Dies sind Fragen, die Kooperationspartner aus der außerschulischen Jugendbildung nicht alleine entscheiden können.

Die Durchführung von *@nien 3* wird daher zum ersten Mal von der Unterzeichnung eines Kooperationsvertrages zwischen den beteiligten Partnern abhängig gemacht werden, in dem auf jeden Fall die Pflicht zur gemeinsamen Evaluation festgeschrieben wird. Die Mittel wurden zum großen Teil bereits erfolgreich akquiriert. Ende November 2004 werden dann auch die Ergebnisse des dritten Durchlaufs sichtbar sein.

Anmerkungen

•1) Dieser Beitrag erschien (leicht modifiziert) zuerst in der Zeitschrift PÄDAGOGIK, 56. Jahrgang, Heft 7–8/Juli-August 2004, S. 21f., Themenschwerpunkt: Fördern und Ermutigen – Dank an die Zuarbeit von Dipl.Soz.-Päd. Jörg Hagel.

•2) Wegen der besseren Lesbarkeit wird im Text nur die männliche Form genannt.

•3) Vgl. Neuköllner Kinder- und Jugendhilfebericht 2003/Teil 3.

•4) Siehe Impressum auf der Projektseite www.projekt4you.de/2003/impressum.htm.

•5) Siehe Modellprojekt „Digitale Kinder- und Jugendstadt" – www.neukoelln-jugend.de.

•6) Eine ausführliche und bebilderte Darstellung bietet die Projektdokumentation des ersten Durchgangs. Sie kann als PDF-Dokument unter www.kulturnationen.de/ethnien/ethnien02_doku.pdf heruntergeladen werden. Alle Ergebnisse der beiden @nien-Durchgänge sind auf der Projektseite www.projekt4you.de zu sehen und zu hören.

•7) Aus organisatorischen Gründen wurden die Aufgaben für den dritten und vierten Tag an unterschiedlichen Tagen bearbeitet und die beiden Ergebnisse erst am fünften Tag für alle sichtbar gemacht.

•8) Kostenlose Schulversion unter www.magix.com

•9) Siehe www.netdays-berlin.de – Aktionswochen der Berliner Medienarbeit im Herbst.

•10) Auf der Abschlussfeier der Netdays-Berlin bzw. beim ersten Mal in den Gropiuspassagen, einem riesigen innerstädtischen Shoppingzentrum.

•11) Siehe z.B. www.projekt4you.de und dann Team1 -> Aufgabe 1 -> Auswertung; Die Plattform wurde programmiert von Susanne Gross.

12) Die Darstellung aller Auswertungsergebnisse der Onlinebefragung ist zu umfangreich für diesen Artikel, kann aber unter www.neukoelln-jugend.de -> Modellprojekt heruntergeladen werden.

■ UTE PARTHUM

Die Medienwerkstatt Potsdam

- *Rahmenbedingungen und Arbeitsschwerpunkte*

Die Medienwerkstatt wirkt als ein Zentrum aktiver Medienarbeit in Potsdam und im Land Brandenburg seit vierzehn Jahren. Gefördert wird die Einrichtung momentan zu 90 Prozent vom Jugendamt Potsdam nach §14 KJHG als Einrichtung des erzieherischen Kinder- und Jugendschutzes. In dieser Fördergrundlage ist der Präventionsansatz bereits klar definiert. Die Zielgruppen der Projektarbeit und der offenen Angebote sind Kinder und Jugendliche im Alter von 8 bis 27 Jahren und Multiplikatoren.

Durch drei MitarbeiterInnen auf zwei Vollzeit-Stellen (Erzieherin, Kulturwissenschaftlerin, Regisseur) werden von uns im Jahr durchschnittlich 15 Praktikanten (Schule, Ausbildung, Berufsvorbereitung, Studium, Umschulung) betreut.

Es stehen drei digitale Videoschnittplätze, Video- und Fotokameras, eine Blue Box, eine Trickboxx, Computer und eine Videothek mit ca. 700 Klassikern und Kultfilmen für die medienpädagogische Arbeit zur Verfügung. Ab Januar 2005 wird ein neuer Bereich, der „websalon“, mit zehn Computern für die Umsetzung von Bildungsangeboten und für die offene Arbeit (Internetcafé) errichtet.

Zu den Hauptarbeitsfeldern gehören im Moment die Bereiche Service, besonders die Ausleihe von Technik und Medien, und die Schnittplatzbetreuung, die Beratung und Begleitung von Projektgruppen und Einzelschaffenden sowie die Durchführung von Kursen für Jugendliche und MultiplikatorenInnen.

Im Land Brandenburg ist die Medienwerkstatt Potsdam, soweit uns bekannt, die einzige medienpädagogische Einrichtung dieser Art. Seit dem Wegzug des Medienpädagogischen Zentrums aus Potsdam zum LISUM nach Ludwigsfelde im Jahr 2002 haben wir ca. 20 Prozent mehr Anfragen bzgl. Technikausleihe und Beratungsbedarf. Außerdem wachsen die Anforderungen im Stadtteil hinsichtlich der Bereitstellung von mehr offenen Angeboten für Senioren, Arbeitslose und Migranten. Das Jugendamt möchte, dass wir mehr Fortbildungen im Medienbereich für Erzieher und Sozialpädagogen vorhalten. Viele Aufgaben, aber leider immer schlechtere finanzielle Rahmenbedingungen für unsere Einrichtung.

Die Wertschätzung unserer Arbeit im außerschulischen Bereich ist groß, Projekte und Produkte gewannen Preise und Lob in der Fachöffentlichkeit und bei Wettbewerben, jedoch gibt es gerade in der Zusammenarbeit mit Schulen und Lehrern formale Probleme (z.B. sind Schulen bei der Ausleihe von Technik nicht versichert) und tiefe Berührungsängste.

- *Erfahrungen mit Schule*

Lehrer interessieren sich in der Regel nicht für das, was wir tun und wie wir es tun. Sie nutzen aber ganz selbstverständlich unsere technischen und personellen Ressourcen, ohne sich mit den Mitarbeitern über die konkreten Formen der Zusammenarbeit auszutauschen oder die Chancen einer inhaltlichen oder fachlichen Kooperation auszuloten. Sie schicken die Schüler einfach zu uns: „Technik bekommt ihr in der Medienwerkstatt“, treten aber vorher kaum mit uns in Kontakt.

Angebote zur Zusammenarbeit werden unsererseits zumindest mündlich immer wieder gemacht: „Bevor Sie das nächste Videoprojekt beginnen, kommen Sie doch mit ihren Schülern mal vorbei!“ Wenn wir den Vorgang „Kooperation mit Schulen“ beleuchten, können wir also eigentlich nur über unsere Zusammenarbeit mit den Schülern sprechen.

Uns suchen die Jugendlichen in ihrer Freizeit auf, um ihre Hausaufgaben (Video, Website, Zeitung), möglichst von heute auf morgen, herzustellen. Sie betrachten unser Angebot als technischen Service und sind ganz erstaunt, wenn wir ihnen deutlich machen, dass ein Videofilm eben nicht „mit links“ an zwei Nachmittagen zu schaffen ist. Meist wollen die Jugendlichen auch „nur mal“ den Schnittplatz nutzen und begreifen erst beim Schnitt, wie gut ihnen und ihrem Film eine Einführung zum Thema Arbeit mit einem Stativ, Einstellungsgrößen, Licht, Ton etc. getan hätte. Aber die Lehrer sehen das meist nicht so streng (obwohl einige spezifischen Medienunterricht geben) und auch ein in unseren Augen schlechter Film bekommt als Hausaufgabe oft eine „Eins“. So sind wir eigentlich trotz wackelnder Bilder und rauschender Töne die „Retter der guten Noten“, weil wir wissen, was ein wenig Musik und ein paar zügige Blenden an der richtigen Stelle so alles richten können. Doch auf diese Weise schmeckt der Ruhm sehr bitter.

Prozentuale Aufteilung der Unterstützung von Schülern und Schulen durch die Angebote der Medienwerkstatt:

Projektwochen: 2%
Hörspielproduktion, Videofilmproduktion

Unterricht: 10%
darstellendes Spiel/Herstellung von Kurzfilmen
Arbeit mit der Trickboxx

Praktika: 38%
vierzehntägiges Schülerbetriebspraktikum 9./10./11. Klasse

Hausaufgabenhilfe: 40%
Nutzung der Technik im Video- und Internetbereich durch Schüler

Technikausleihe: 10%
Videokameras, Fotoapparate und Videofilme an Lehrer und Schüler

Angebote für Schulen und Schüler machen 60 Prozent aus, Angebote für Jugendliche in der Freizeit 30 Prozent und Fortbildungen für Multiplikatoren 10 Prozent.

- *Resümee*

Die Strukturen Schule und Jugendarbeit waren bis vor zwei Jahren ohne wirkliche Kontakte und Arbeitsgrundlagen, sie waren geradezu „Konkurrenzbereiche". Die außerschulische Jugendarbeit war stolz darauf, meist die richtige Ansprache für Jugendliche gefunden zu haben, durch die Freiwilligkeit der Teilnahme war die Motivation der Jugendlichen in den Kursen und Projekten fast unschlagbar hoch und die entstandenen Produkte überstrahlten alles, besonders die Schule und deren Mühsal. Jetzt soll alles anders werden, besonders die Schule. Vielleicht können wir da helfen.

■ KARIN EBLE

„Brr... draußen ist es kalt"

Ein schulisch-/außerschulisches Medienprojekt

„Brr – draußen ist es kalt – wir bauen uns ein Haus im Netz!" entwickelte sich als Kooperationsprojekt des Wissenschaftlichen Instituts des Jugendhilfswerks e.V. (WI-JHW) mit der Freiburger Hebelschule. Es ist ein aktuelles Beispiel für die derzeitige und in den letzten Jahren immer wieder – besonders im Zusammenhang mit der „Inneren Schulentwicklung" – geforderte „Öffnung der Schule". Diese stellt eine Chance dar, schulisches Lernen stärker auf die Lebenswelt der Mädchen und Jungen zu beziehen und Lernen damit realitätsnaher und erfahrungsreicher zu gestalten.

Die Idee zu diesem multimedialen Projekt wurde durch das Engagement einer Lehrerin gefördert, die in den letzten Jahren bereits mit mehreren Klassen der Hebelschule an Medienprojekten mit dem Wissenschaftlichen Institut des Jugendhilfswerks e.V. (WI-JHW) teilgenommen hatte. Weitergeführt wurde ihr Gedanke durch die Schulsozialarbeiterin, die eine erneute Zusammenarbeit mit dem WI-JHW Medienzentrum anstrebte. In zwei Kooperationsgesprächen wurde die Idee geboren, ein gemeinsames Medienprojekt über den Zeitraum eines Schuljahres innerhalb der Schulzeit zu entwickeln. Für das Vorhaben erhielt das WI-JHW eine Förderung des Bundesministeriums für Familie, Senioren, Frauen und Jugend.

• *Die Kooperationspartner*

Das Jugendhilfswerk Freiburg e.V. (JHW) ist ein freier Träger der Jugendhilfe und hat ein breites Spektrum an Jugendhilfeleistungen entwickelt, die sich insbesondere an Kinder, Jugendliche und Familien wenden, die der Förderung, der Kompetenzerweiterung, der beruflichen Qualifikation, der Beratung und der Begleitung bedürfen. Das WI-JHW (www.jugendhilfswerk.de) ist eine von vier Einrichtungen des Jugendhilfswerks und kooperiert mit Jugendhilfeeinrichtungen und Schulen aus der Stadt Freiburg und Umgebung. In der medienpädagogischen Arbeit werden Workshops und Projekte in den Bereichen Radio/Musik, Video und Computer angeboten. Vorrangiges Ziel des WI-JHW Medienzentrums ist es, Kindern und Jugendlichen aus sozial benachteiligten Verhältnissen einen Zugang zur Informationsgesellschaft zu ebnen. Mit dem Konzept der handlungsorientierten Medienarbeit erwerben Kinder und Jugendliche nicht nur unterschiedlichste technische und journalistische Fähigkeiten, sondern sie lernen auch, kritisch mit den Medien umzugehen und sie für ihre eigenen Anliegen zu nutzen.

Die Hebelschule ist eine Grund- und Hauptschule mit ca. 410 Schülerinnen und Schülern sowie 34 Lehrkräften. Sie befindet sich im historisch gewachsenen Arbeiterviertel „Stühlinger“ in Freiburg, in dem ein hoher Anteil an ausländischen Bewohnerinnen und Bewohnern lebt. Demzufolge ist auch der Anteil ausländischer Mädchen und Jungen an der Hebelschule mit über 50 Prozent (inkl. deutschstämmiger Aussiedlerkinder) sehr hoch.

Die Teilnehmerinnen und Teilnehmer des Projektes kamen aus insgesamt neun verschiedenen Ländern. An der Hebelschule werden, neben täglicher Kernzeit- und Hausaufgabenbetreuung, muttersprachlicher Unterricht in Griechisch, Spanisch und Italienisch, Streitschlichterprogramme, Mädchengruppen sowie verschiedene Arbeitsgemeinschaften und Projekte angeboten. Außerdem steht den Schülerinnen und Schülern ein Schülercafé sowie die Hilfe und Begleitung einer Schulsozialarbeiterin zur Verfügung. Eine Besonderheit der Schule ist der jahrgangsübergreifende Unterricht in der Grundschule mit offenen Unterrichtsformen, Freiarbeit, Lernwerkstatt und Lernstationen. Damit beteiligt sich die Hebelschule am landesweiten Schulversuch „Schulanfang auf neuen Wegen“.

Die beteiligten Mädchen und Jungen wohnen alle im „Stühlinger“. Die wenigsten Familien dieser Kinder sind im Besitz von Computern. Die Vermutung liegt nahe, dass in Zukunft gerade diese Mädchen und Jungen einschneidende Benachteiligungen auf dem Arbeitsmarkt hinnehmen müssen, da der Umgang mit dem Medium Computer als Schlüsselqualifikation für immer mehr Berufsbilder einen großen Stellenwert einnehmen wird. Mit den neuen Medien und der Flut von Informationen werden neue Lerninhalte in Zukunft wichtig sein, wie etwa das Erschließen, Bewerten, neu Zuordnen und Präsentieren von Informationsquellen. Die subjektive Wirklichkeit der Kinder wird immer mehr durch die Medien konstruiert. Was die Mädchen und Jungen kaum erfahren ist, wie diese Wirklichkeit in den Medien produziert wird. Dieser Prozess findet weitgehend unter Ausschluss der Öffentlichkeit statt.

Den fertigen Bildern oder den fertigen Beiträgen, die sie sehen und hören, merkt man nicht an, wie aufwändig der Prozess der Konstruktion dieser Wirklichkeit ist. Aufgrund dieser Einsichten ergab sich für das Projekt als vorrangiges Ziel, die Medienkompetenz der Mädchen und Jungen zu fördern. Wir wollten ihnen technische und journalistische Kenntnisse und Fertigkeiten vermitteln und sie mit neuen Technologien vertraut machen. Durch den aktiven Umgang mit den betreffenden Medien sollten sie dazu befähigt werden, sich mit eben diesen Medien kritisch auseinander setzen zu können und sich mit ihnen auszudrücken. Zudem wollten wir zur Verbesserung ihrer sozialen und kommunikativen Kompetenzen beitragen. So sollten durch die gemeinsame Arbeit Teamfähigkeit, selbständiges Arbeiten und Verantwortungsbewusstsein gefördert und interkultureller Austausch ermöglicht werden.

• *„Das ist auch Unterricht, wenn auch in einer anderen Form“*

Nachdem innerhalb der Schule die Rahmenbedingungen geklärt waren, wurde die konkrete Zusammenarbeit und das medienpädagogische Konzept mit den Beteiligten, zwei medienpädagogischen Fachkräften des WI-JHWs, zwei Studentinnen der Pädagogischen Hochschule, dem Klassenlehrer und der Sozialarbeiterin, abgestimmt. Die Öffnung der Schule in das lokale Umfeld sollte dazu beitragen, einen stärkeren Bezug zwischen der Lern- und Lebenswelt der Schülerinnen und Schüler herzustellen. „Das ist auch Unterricht, wenn auch in einer anderen Form“, so der Klassenlehrer zu seiner Motivation, ein Projekt mit einer Jugendhilfeeinrichtung durchzuführen.

Lebensnah sollte das Kooperationsprojekt für die 18 Schülerinnen und Schüler der Klasse 6b der Hebelschule verwirklicht werden. Technische, soziale und nicht zuletzt mediale Kompetenzen sollte es stärken und natürlich Spaß machen. Als grobe Zielvorgabe wurde die Produktion von mehreren kleinen Medieneinheiten mit Ton, Foto, Video und Musik festgehalten. Die Beiträge sollten in eine Homepage „Das Haus im Netz“ münden.

Als integrativer Bestandteil der Jugendarbeit standen neben dem Erwerb von Medienkompetenz und dem Erlernen des Umgangs mit neuen Technologien vor allem Lernziele auf sozial-emotionaler Ebene und damit die Förderung sozialer Kompetenz im Mittelpunkt. D.h., es ging um Einstellungen und Werte, das Miteinander und um interkulturellen Austausch. Ein weiteres Ziel war das Erschließen neuer Lernwege.

Die Durchführung des Projektverlaufs wurde gemeinsam mit den Schülerinnen und Schülern konzipiert, um eine größtmögliche Übernahme von Eigenverantwortung zu erreichen. Die Fähigkeiten der einzelnen Person galten als Ausgangs- und Anknüpfungspunkte zur handlungsorientierten Medienarbeit. Das bedeutete konkret, die persönlichen Themen und Interessen der Kinder aufzunehmen, ihre Neugier zu fördern, ihre Lust am Ausprobieren zu unterstützen und damit verstärkt Partizipation, Selbstbestimmung und individuelles Begreifen der Lerninhalte zu fördern.

Das Projekt erstreckte sich über drei Monate und fand an zwei Wochentagen im Medienzentrum des Wissenschaftlichen Instituts des Jugendhilfswerks statt. Die Klasse wurde aufgrund der räumlichen und technischen Gegebenheiten in zwei Gruppen aufgeteilt, was sich als pädagogisch-didaktische Chance herausstellte. Die Gruppen verbrachten jeweils einmal pro Woche einen Vormittag im WI-JHW. Durch die Gestaltung eines Unterrichtsablaufs in der Schule, in dem der Lernstoff an beiden Tagen für beide Gruppen derselbe war, hatten die Lehrerinnen und Lehrer zwar insgesamt weniger Zeit für die Vermittlung ihrer Inhalte und zur Erfüllung des Lehrplans, die kleineren Gruppen ermöglichten jedoch ein intensiveres Arbeiten.

- *Wir arbeiten an unserem Haus im Netz...*

Die Schülerinnen und Schüler agierten in einem Rhythmus von zwei bis drei Wochen mit unterschiedlichen medialen Techniken. Unterwegs in ihrem Stadtteil, erarbeiteten und erprobten sie die Radiogenres Hörspiel und Reportage sowie die Umfrage und fanden darüber Zugang zu vielen Institutionen und Personen. Sie komponierten Musik am Computer, schrieben Texte dazu und nahmen ihre Songs im Tonstudio auf. Sie lernten den Umgang mit der Aufnahmetechnik ebenso wie die Nutzung des digitalen Schnittprogramms „Cutmaster“ und der Musiksoftware „e-Jay“.

Die mit der digitalen Kamera entstandenen Bilder wurden bald ohne Probleme von den Kindern am PC mit der Software „Photoshop“ nachbearbeitet. Sogar ein selbst gedrehtes Video entstand. Insgesamt erhielten die Kinder einen breiten Einblick in die technischen Möglichkeiten der Medienarbeit sowie in das immer wichtiger werdende Internet.

Alle Schülerinnen und Schüler zeigten großes Interesse am Umgang mit den technischen Geräten, wie z.B. der Digitalkamera, dem Aufnahmegerät, dem PC etc. und beherrschten diese nach kurzer Einarbeitung sehr gut. Der persönliche Kontakt mit Menschen bei Umfragen oder Interviews sowie die abwechslungsreiche Arbeit im Stadtteil Stühlinger machte den Beteiligten viel Spaß. Schwierig gestaltete es sich für den Großteil der Klasse jedoch, sich mit Themen intensiver auseinander zu setzen oder Ideen und Gedanken zu verschriftlichen bzw. über einen längeren Zeitraum konzentriert an einer Sache zu arbeiten.

- *Die Auseinandersetzung mit „Krieg und Frieden" zog sich wie ein roter Faden durch das Projekt*

Der seinerzeit drohende Irakkrieg beschäftigte die Mädchen und Jungen besonders und viele Fragen rund um das Thema „Krieg und Frieden" standen im Raum. Alltagsnah angegangen wurde das Thema „Konfliktlösung" beispielsweise in von den Mädchen und Jungen ausgedachten Rollenspielen, die mit der Videokamera aufgenommen wurden. Auch wurde es assoziativ durch eine Malaktion aufgegriffen. Es wurden Lösungsstrategien zum „Konflikt zwischen westlicher und islamischer Weltanschauung" und zu einem „Konflikt zwischen zwei Stadtviertelgangs" spielerisch erarbeitet und aufgenommen.

Bei den Umfragen ging es u.a. um die Einführung des Euro, um den Ruf der Schule und um das bevorstehende Weihnachtsfest. Bei den Hörspielen wurden vor allem Aspekte des Fernsehkonsums verarbeitet. Hip-Hop-Texte wurden über Themen, die den Alltag der Schüler und Schülerinnen betreffen, geschrieben. Sie besuchten verschiedene Institutionen im Stühlinger wie z.B. das Jugendzentrum, das Krankenhaus oder die Polizeidienststelle und führten dort Interviews durch. Außerdem zogen sie mit Aufnahmegeräten und Kamera durch den Stadtteil und entdeckten viele für sie bislang unbemerkte Dinge, die sie in kleinen Reportagen verarbeiteten.

Abschließend wurden alle Ergebnisse für die Homepage bearbeitet. Das „Haus im Netz" wurde gebaut. Die Mädchen und Jungen brachten Bilder, Videos und Audiofiles in geeignete Formate, malten Hintergrundbilder für die einzelnen Seiten, planten die Struktur und wählten die Inhalte aus. Besonders motivierend war die Perspektive, dass die Ergebnisse ihrer umfangreichen medialen Arbeiten durch die Homepage einer potenziell breiten Öffentlichkeit zugänglich gemacht werden sollten.

Kennzeichnend für die Projektarbeit war, dass thematisch und praktisch alle Einheiten gemeinsam mit und von den Schülerinnen und Schülern erarbeitet wurden. Entscheidungen, an welchen Themen sie arbeiten wollten, wer welches technische Gerät bedienen sollte, mit wem sie ein Interview führen wollten etc. traf die Kleingruppe selbst. Bevorstehende Tätigkeiten und das bereits Erarbeitete sowie Konflikte und Probleme wurden in der Gruppe besprochen. Diese Art des Planens, Arbeitens und Lernens war den Kindern anfänglich nicht vertraut, doch im Verlauf des Projektes gewöhnten sie sich an diese Arbeitsweise und übernahmen sie schließlich als hilfreiche Selbstverständlichkeit.

Zum Abschluss des Projektes präsentierten die Mädchen und Jungen ihre medialen Produktionen im Schülercafé ihrer Schule. Die Veranstaltung in der Schule bereitete die gesamte Klasse gemeinsam im Medienzentrum vor und moderierte die Veranstaltung im Wechsel. Bei dieser Gelegenheit zeigte sie den Eltern, Freunden und Freundinnen sowie den Lehrern und Lehrerinnen voller Stolz, was man in all den Wochen geschafft hatte. Ein weiterer Höhepunkt war die Vorführung eines der Videofilme im Rahmen des Freiburger Schüler-Filmforums.

Am Ende des Projekts waren die Mädchen und Jungen nicht nur geübt im aktiven und kreativen Umgang mit den verschiedenen Medien, sie hatten auch inhaltlich viel zu Themen, die sie unmittelbar betreffen, gearbeitet und einiges über politische und soziale Zusammenhänge sowie ihre unmittelbare Lebensumwelt gelernt. Auf ihre Produktionen, die sie per Internet allen Interessierten zugänglich gemacht haben, sind sie sehr stolz. Ergebnisse sind unter www.soundnezz.de/projekte zu finden.

- *Bewertung der Schülerinnen und Schüler*

Am Ende des Kooperationsprojektes zwischen der Hebelschule und dem WI-JHW Medienzentrum wurden die SchülerInnen der Klasse 6b mittels Fragebögen zum Multimediaprojekt befragt. Ziel der Befragung war es, herauszufinden, wie die Projektarbeit von den Beteiligten erlebt wurde, welcher Gewinn darin gesehen wird und ob eine „Öffnung der Schule" als sinnvoll erachtet wird.

Hier einige Ausschnitte der Befragung mit den jugendlichen Teilnehmerinnen und Teilnehmern:

Würdest du dir wünschen, dass Projekte Teil des Unterrichts werden?

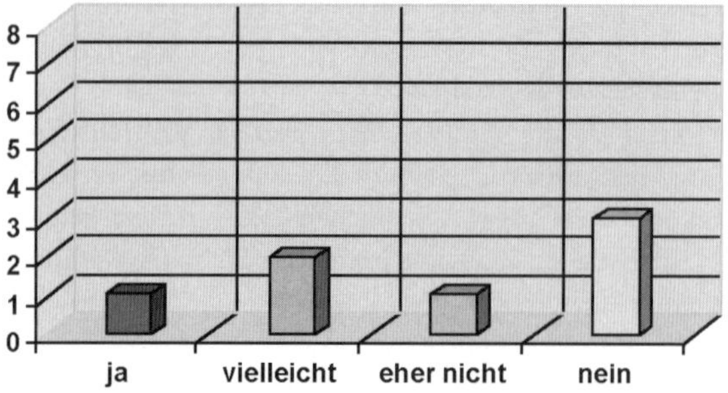

Auf diese Frage antworteten einige mit „ja, auf jeden Fall": „weil es mehr Spaß macht als Unterricht, weil dann Lernen Spaß macht." Andere entschieden sich für „vielleicht“, „weil ich für die Zukunft was lernen will.“ Für einige Schülerinnen und Schüler stand fest, „eher nicht“, denn: „Unterricht ist Unterricht.“ Einige antworteten sogar mit „nein, auf gar keinen Fall“, „weil das nicht gut gehen kann; weil wir dann dauernd in der Schule davon reden.“

Ich habe durch den Kurs Lust bekommen, mich mehr mit Medien zu beschäftigen.

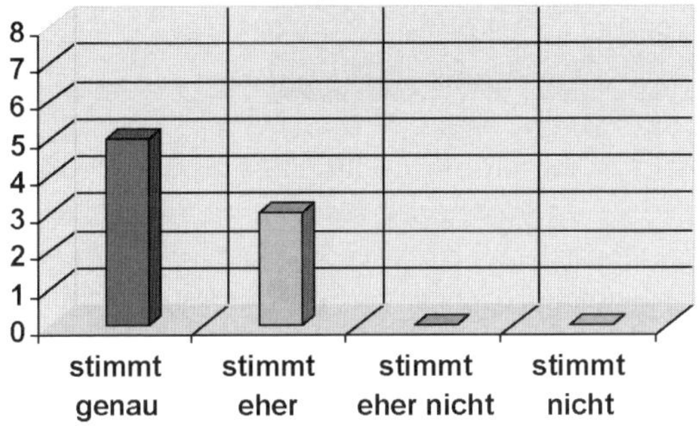

Fest stand für alle, dass sie gelernt haben, die behandelten Medien für ihre Zwecke zu nutzen und sie sich sicherer im Umgang mit Medien fühlten. Die Gruppe hat durch das Projekt auch Lust bekommen, sich weiterhin mit Medien zu beschäftigen. Ihren Angaben zufolge haben die Mädchen und Jungen sehr viel gelernt und Spaß an der vielseitigen Arbeit gehabt. Die Jugendlichen empfanden den Kurs als nicht allzu schwierig und erwarben durch die praxisbezogene Arbeit in kurzer Zeit die notwendigen technischen Fertigkeiten. Nach anfänglichen Hürden traf der große Freiraum, der ihnen gelassen wurde, auf eine positive Resonanz und selbständiges Lernen wurde möglich.

Ich fand es gut, dass wir Arbeiten zu zweit bzw. zu mehreren machen konnten.

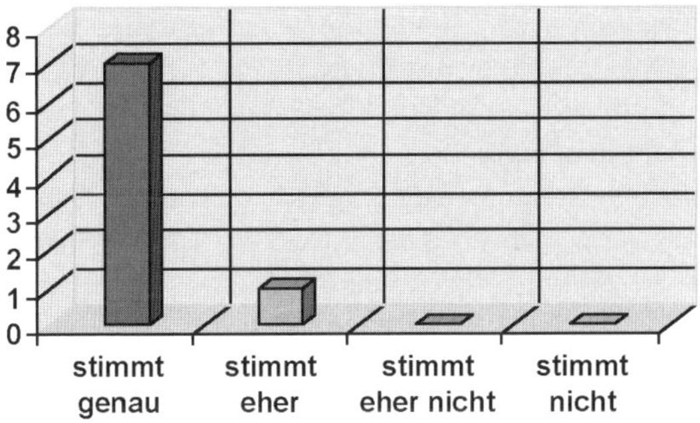

Die Partner- bzw. Gruppenarbeiten hielten alle für sinnvoll und unterhaltsam. Die Jugendlichen befürworteten das Arbeiten zu zweit bzw. zu mehreren, während die Einzelarbeit nur von zwei Schülern befürwortet wurde. Ob sie gegenseitig voneinander lernen konnten, darüber waren sich die Gruppenmitglieder nicht einig.

- *Resümee*

Zusammenfassend lässt sich sagen, dass das Multimediaprojekt des WI-JHW Medienzentrums auf großes Interesse bei den SchülerInnen der Klasse 6b stieß. Die meisten von ihnen wünschen sich sogar, dass dieses oder ein ähnliches Projekt im Medienzentrum fortgeführt werden wird, „weil [die Arbeit dort] Spaß macht, interessant ist und man [dabei] viel lernt".

Für die Schülerinnen und Schüler war es offenbar auch wichtig und interessant, mit dem PC und anderen technischen Geräten, wie z. B. der Digitalkamera, dem Mikrofon etc. zu arbeiten und deren Bedienung zu erlernen, da ihnen der reguläre Unterricht in der Schule diese Möglichkeit bisher nicht geboten hat.

Auffällig war in diesem Zusammenhang aber auch, dass die SechstklässlerInnen eine bestimmte Vorstellung von Unterricht und Schule haben. Sie sehen dessen Aufgabe darin, lesen, schreiben, rechnen etc. zu vermitteln, wohingegen die Durchführung von Projekten zu den Aufgaben außerschulischer Einrichtungen gehört.

Eine intensivere Zusammenarbeit zwischen Schule und außerschulischen Einrichtungen würde sich der Großteil der befragten SchülerInnen jedoch wünschen, wenn die angebotenen Projekte ihr Interesse ansprechen, wie z. B. „Musik und Filme aufnehmen, Schauspielern etc.". Wichtig dabei ist ihnen aber auch, dass „man [durch die Projektarbeit] was lernen kann".

Spricht man die SchülerInnen der 6. Klasse aber darauf an, ob sie auch an Projekten außerhalb der Unterrichtszeit teilnehmen würden, so gehen ihre Meinungen auseinander. Es überwiegt die Anzahl derer, die in ihrer Freizeit

lieber mit anderen Jugendlichen etwas unternehmen, anstelle an Projekten teilzunehmen.

Das Kooperationsprojekt aus der Sicht der mitwirkenden Studentinnen Carina Abt und Linda Freuer

Durch die intensive Auseinandersetzung mit „unserem" Projekt innerhalb einer Hausarbeit ist uns erst bewusst geworden, wie viel Erfahrung wir durch die Projektarbeit sammeln konnten.

Unsere anfänglichen Ängste und Bedenken hinsichtlich unserer „technischen Defizite" im medialen Bereich, wie z.B. dem Umgang mit dem digitalen Schnittprogramm „Cutmaster" oder der Aufnahmetechnik, erwiesen sich schnell als unbegründet. Wir wurden zu Beginn des Projektes in die technische Ausstattung des Medienzentrums eingewiesen und waren auf diese Weise schnell mit den Geräten vertraut. Eine gute Zusammenarbeit wurde so möglich und wir ergänzten uns im Betreuerteam sowohl in technischer als auch pädagogischer Hinsicht.

Die Projektarbeit im Medienzentrum erlebten wir als sehr interessant und vielseitig. Besonders die Zusammenarbeit mit der Mittwochs-Gruppe war für uns sehr lehrreich, da es oft eine schwer zu motivierende und anstrengende Gruppe war, die unser volles Engagement verlangte.

Insgesamt hatten wir jedoch sehr viel Spaß an der Jugendmedienarbeit sowie an der Mitarbeit im Kooperationsprojekt, da wir dadurch Einblicke in eine „neue/andere Art von Unterricht und Schule" bekamen und sahen, wie man Schülerinnen und Schüler damit begeistern kann. Außerdem erlebten wir, wie gewinnbringend eine Kooperation von Schule und außerschulischer Einrichtung für alle Beteiligten sein kann.

Wir sind daher der Meinung, dass durch eine „Öffnung der Schule in ihr Umfeld" schulisches Lernen stärker auf die Lebenswelt von Schülerinnen und Schüler bezogen sowie realitäts- und erfahrungsreicher gestaltet werden kann. Deshalb würden wir uns wünschen, dass zukünftig immer mehr Schulen diese Chance ergreifen und sich „nach außen öffnen".

■ Hans-Jürgen Palme

Leitlinie „Medienbildung" mit Grundschülern

Internetprojekt mit Grundschülern zum Thema „Friedliches Miteinander"

Projektdaten:

Zeitraum
vom 17.02. - 21.02.2003

Veranstaltungsort
SIN-Studio im Netz e. V., Heiglhofstr. 1, 81377 München

Teilnehmer
12 Schulklassen; insgesamt 286 Kinder (davon 146 männlich, 140 weiblich, 27 nichtdeutscher Herkunft), 52 Eltern und 12 Lehrer

Initiatoren
SIN-Studio im Netz e. V., Canisius-Grundschule, Förderverein der Canisius-Grundschule

Erwartungsvoll standen die Kinder der Münchner Canisiusgrundschule pünktlich vor dem SIN – Studio im Netz, Haus der Medienbildung. Gespannt auf das, was kommen würde, stürmten sie unseren Seminarraum. Lebhaftes Stimmengewirr schallte durch das ganze Haus, verebbte aber jäh, als Beamer und Computer eingeschaltet wurden und sie ihre Aufgabe erhielten: Die eigene Webpage gestalten!

Vom 17. bis 21. Februar 2003 drehte sich im SIN – Studio im Netz alles um ein Internet-Projekt mit Grundschülern. Das Motto und zugleich Thema hieß „Friedliches Miteinander". Projektpartner war die Canisius-Grundschule. Im Rahmen des Projektes erstellten die Kinder eine Website. Etwa 300 Schüler und Schülerinnen der ersten bis vierten Klasse erkundeten mit Unterstützung des SIN-Teams, der Lehrer und Eltern die Möglichkeiten der virtuellen Welten.

Die medienpädagogischen Leitlinien dieser jährlichen Projekte sind, die zeitgemäßen multimedialen Herausforderungen im Zusammenspiel von Jugendmedienarbeit und Schule aufzugreifen und im gemeinsamen Miteinander von Schülerinnen und Schülern, Lehrern und Lehrerinnen, Eltern und medienpädagogischen Fachkräften moderne Unterrichtselemente zu realisieren, um alltagstaugliche Erkenntnisse zur Realisierung einer emanzipatorisch orientierten Medienbildung zu gewinnen. Im Konkreten konnten die Kinder der ersten, zweiten, dritten und vierten Klasse unter optimalen Rahmenbedingungen an den vernetzten Computerstationen selbst gesteuertes Lernen erproben, die multimedialen Möglichkeiten der themenbezogenen Recherche nutzen und die kreativen Ausdrucksformen der Digitaltechnologie anwenden.

Letztendlich ging es darum, die Integration digitaler Techniken in einer Unterrichtssimulation zu erproben und deren pädagogischen Mehrwert für Schüler und Schülerinnen zu evaluieren, um zukunftsweisende Erkenntnisse zu gewinnen. Darüber hinaus sollte eine Lernsituation nicht nur für Kinder, sondern auch für Lehrer und Lehrerinnen und Eltern geschaffen werden. Das Thema „Friedliches Miteinander" diente als dynamisches Element, das dem Projekt eine Struktur verlieh. Die Ergebnisse des Multimedia-Unterrichts wurden auf eigenen Webseiten innerhalb des Redaktionssystems Primolo (von Schulen ans Netz) festgehalten.

Die in diesem Modellprojekt zur Medienbildung implizierten Ziele waren:

- Nivellierung von Chancenungleichheiten;
- Aufgreifen neuer pädagogischer Herausforderungen der Wissensgesellschaft hinsichtlich der Partizipation der Kinder an den virtuellen Welten;
- Förderung der Schlüsselqualifikation Medienkompetenz;
- Partizipative Medienbildung durch selbst gesteuertes Handeln unter Einbindung der vielfältigen Möglichkeiten des Internets;
- Intensivierung einer synergiereichen Zusammenarbeit zwischen außerschulischen Einrichtungen und der Schule.

- *Beste Vorraussetzungen*

Die Realisierung dieses für die Schülerinnen und Schüler ungewohnten Lernens erfolgte unter besten Rahmenbedingungen. Die Projektidee war, den Kindern für eine Woche einen optimalen Multimedia-Unterricht zu bieten – ohne Rücksicht auf Arbeitszeit und Technikkosten, unter Einbeziehung medienpädagogischer Fachkräfte und mit Hilfe des hohen ehrenamtlichen Engagements seitens der Eltern. Die fächerübergreifende Simulation eines Grundschulunterrichts mit Multimedia sollte möglichst viele Wünsche erfüllen. Die vielen motivierten Helfer und Helferinnen gewährleisteten eine intensive Betreuung der quicklebendigen Schüler. Insgesamt standen 17 Computerstationen mit Internetanschluss zur Verfügung.

Das von Lehrerinnen, Eltern und Medienpädagogen erarbeitete flexible pädagogische Konzept bezog die unterschiedlichen Kenntnisstände der Kinder ebenso mit ein wie die Möglichkeit, Inhalte interessengeleitet zu vertiefen. Für die erfolgreiche Umsetzung der kompakten Lerneinheiten war die tatkräftige Unterstützung der Eltern und Lehrer, die dem Thema „Kinder und Computer“ sehr offen gegenübertraten, entscheidend.

- *Schulkinder an der Tastatur*

Um sich so schnell wie möglich auf die Computer stürzen zu können, erfolgte die inhaltliche Ausarbeitung des Themas bereits in der Schule. Zur konkreten Projektrealisierung kamen die Kinder in das SIN, eine medienpädagogische Facheinrichtung der außerschulischen Kinder- und Jugendkulturarbeit. Sobald der Startschuss gefallen war, machten sich alle eifrig daran, die Tastatur nach den richtigen Buchstaben für ihre Texte zu durchforsten und die selbst gemalten Bilder einzuscannen. Um zusätzliche Informationen zu ihrem Thema zu sammeln, wurde begeistert im Internet recherchiert. Auch andere Multimediastationen fanden großen Anklang bei den Kleinen. So konnten die Kinder Lernspiele entdecken, digitale Tonaufnahmen mit Statements zum Thema machen und sich mit einer Digitalkamera fotografieren lassen. Mit ihrer eigenen Website schafften sich die 7–10-Jährigen eine Präsenz im Internet und sind damit so manchem Erwachsenen einen Schritt voraus.

- *Ablauf*

Im Verlauf jeder Unterrichtseinheit konnten die Kinder anhand eines Laufzettels verschiedene Multimediastationen besuchen. Jede Station wurde von einem Erwachsenen betreut. Nur die erste Station – die Tipp-Station – wurde von allen gleichzeitig am Anfang absolviert. Dies war notwendig, um sicher zu gehen, dass jeder Text für die zu erstellenden Internetseiten rechtzeitig zur Verfügung stand. Die anderen Multimediastationen konnten selbst bestimmt aufgesucht werden. Dabei kam es nicht darauf an, alle Stationen zu erledigen. Wichtig war, dass die Schüler die Stationen wählen konnten, auf die sie am meisten Lust hatten. So war eine möglichst hohe Motivation gewährleistet.

Die Klassenverbände erhielten zu Beginn im SIN eine Erläuterung der Aufgabenstellung im Rahmen des Gesamtthemas „Friedliches Miteinander“. Über Datenbeamer wurden die einzelnen Stationen erklärt und auf die personellen Möglichkeiten der Unterstützung durch die Erwachsenen hingewiesen. Danach ging es darum, in Kleingruppen bzw. alleine die jeweiligen Aufgabenstationen zu bewältigen.

Tipp-Station
Nach der Begrüßung und der Einführungsrunde suchte sich jedes Team, meist aus zwei Kindern bestehend, gemeinsam einen Rechner. Eifrig wurden ab-

wechselnd die mitgebrachten Texte eingetippt. Dabei waren immer beide aktiv. Wer nicht tippte, unterstützte seinen Partner, indem er z. B. den Text diktierte oder bei der Suche nach der richtigen Taste half.

Tonaufnahme-Station
Um ein Statement zu ihrem Thema einzusprechen, kamen die Kinder nacheinander zur Tonaufnahme-Station. In der Abschlussrunde wurden alle Einzelbeiträge am Stück präsentiert. In der Präsentation wurde deutlich, wie aus vermeintlich zerrissenen Einzelstücken ein einheitlich harmonisches Produkt entsteht.
(Die Tonaufnahmen wurden nicht im Internet veröffentlicht.)

Foto-Station
Die Kinder konnten sich jeweils zu zweit digital fotografieren lassen. Ihre Aufgabe war es, das Thema – Friedliches Miteinander – pantomimisch darzustellen. Am Ende wurden diese Bilder in der Abschlussrunde allen gemeinsam präsentiert.
(Die Fotos wurden nicht im Internet veröffentlicht.)

Lernspiele
Spielerisch konnten die Kinder als Auflockerung für Zwischendurch mit Hilfe spezieller Lernsoftware ihre Rechen- und Schreibkünste aufbessern. Zur Verfügung standen die Lernspiele „Blitzrechnen“ und „Cesar - Schreiben“.

Scan-Station
Hier wurden die mitgebrachten Bilder, die in der Schule passend zu den Texten gemalt wurden, eingescannt. Im Anschluss an den Scan-Prozess konnten die Kinder ihr Bild in die eigene Website integrieren.

Suchmaschinen
An allen Rechnern bestand die Möglichkeit, ins Internet zu gehen und über Suchmaschinen weltweit nach Begriffen zum Thema zu suchen. Hierbei wurden die beiden Suchmaschinen www.blinde-kuh.de und www.milkmoon.de empfohlen, da diese speziell für Kinder konzipiert sind. Als Hilfe wurden einige Begriffe, wie z. B. Behinderung, Ausländer, ängstlich etc., vorgegeben. Hatte jemand eine Seite gefunden, die er persönlich als sehr gut einstufte, konnte diese ausgedruckt und mit nach Hause genommen werden.

Kreuzworträtsel
Besonders begeistert klickten sich die Kinder durch die Fragen des Kreuzworträtsels über ein zum Thema passendes Theaterstück, das in der

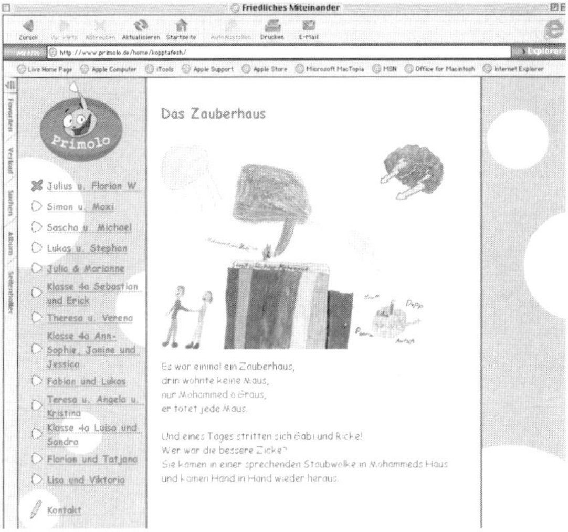

Woche zuvor an der Schule aufgeführt worden war. Das Rätsel wurde von einer Lehrerin mit Hilfe des Programms „Hot Potatoe“ erstellt.

- *Ergebnisse*

Das Projekt hat gezeigt, dass eine Kooperation dieser Art erfolgreich ist und mit solchen Modellprojekten Impulse für eine alltägliche Medienpädagogik mit neuen Medien einhergehen.

Selbst gestalten und sich dabei bilden
Aufgabe der Schüler war es, die selbst entworfenen Inhalte in ein eigenes Produkt umzusetzen. Um diese Herausforderung meistern zu können, eigneten sie sich innerhalb kurzer Zeit die hierfür notwendigen Kenntnisse an. Zum Schluss wurden alle Ergebnisse vor der ganzen Klasse präsentiert. Durch diese persönlichen Erfolgserlebnisse wurden alle für ihre Energie, die sie in das Projekt gesteckt hatten, belohnt.

Spannende Bildung durch den Einsatz von Computer und Internet
Von Berührungsängsten mit dem neuen Medium war bei den Schülern wenig zu merken, als sie auf die PCs losstürmten. Ein Großteil der Kinder hatte schon erste Erfahrungen mit dem Computer, wobei innerhalb der jeweiligen Altersgruppen natürlich Kompetenzunterschiede festzustellen waren.

Eltern und Kinder bilden ein perfektes Team

Den Eltern war deutlich anzumerken, dass unser Projekt großen Anklang und Unterstützung fand. Überraschend viele Eltern nahmen sich die Zeit, die Kinder zu unterstützen und dabei auch selbst viel Neues zu entdecken und zu lernen. Wobei das Motto „Hilf mir, es selbst zu tun" an erster Stelle stand.

Motivierte Kinder begeistern Lehrer

Für viele Lehrer und Lehrerinnen galt es, sich einer neuen und ungewohnten Situation zu stellen. Manch einer war anfangs skeptisch, kam dann aber nicht umhin, sich von der Begeisterung und dem Elan der jungen Internetaktivisten mitreißen zu lassen.

Schule und außerschulische Institution – Jeder gewinnt

Die Schule und das SIN, als außerschulische Multimedia-Facheinrichtung, konnten gemeinsam von den erworbenen Erfahrungen profitieren. So wurde z. B. der Webseiten-Generator „Primolo" benutzt: ein schulisches Produkt. Die Freude, mit Digitalfotos und eingescannten Bildern zu arbeiten, gehört zum Repertoire der Kinder- und Jugendkulturarbeit. Die Verknüpfung der unterschiedlichen Erfahrungsfelder zeigt, dass nicht nur die Öffnung der Schulen zu Kinder- und Jugendkultureinrichtungen immer wichtiger wird. Auch die außerschulisch Aktiven ziehen großen Nutzen aus einer Zusammenarbeit.

Der Kreis schließt sich

Am Ende der Multimedia-Schulstunde bekamen die Kinder noch die Internet-Adresse, unter der sie ihre Seiten anschauen können, mit auf den Heimweg. Stolz wurden am Abend den Eltern die bunten Ergebnisse im Internet präsentiert. Durch die unbeschränkten Zugangsmöglichkeiten, die das WorldWide-Web bietet, konnten auch Oma und Opa, Onkel und Tanten und weiter entfernt lebende Freunde die selbst gestalteten Seiten bewundern.

Abschließend können wir noch stolz verkünden, dass unser Modellprojekt einen ersten Preis im Webseitenwettbewerb des Schul- und Kultusreferats der Stadt München erhalten hat. Weitere Informationen können im Internet unter www.sin-net.de (Rubrik „Archiv"/„Von A-Z" unter S) eingesehen werden. Die von den Schülern gestalteten Internetseiten können von einer Klasse exemplarisch unter www.primolo.de/home/kopptafesh/ bestaunt werden.

Literatur

- Fussmann, A/Palme H.-J./Sunderer, A. (Hrsg.) (2003): Medienbildung – Beiträge aus Theorie und Praxis von Schule und Jugendarbeit. Nürnberg.
- Palme H.-J./Basic, N. (Hrsg.) (2001): Medienkompetenz 2002 – Navigationshilfen für Kinder, Jugendliche und Erziehende. Bielefeld.

■ Mane Huchler

www.3dimencity.de

Ein Kooperationsmodell als Beispiel für eine Public Private Partnership

Das Internetportal www.3dimencity.de bietet seit Mitte 2003 vor allem Grundschulen im offenen Ganztagsbetrieb eine neue Form der Kooperation an.

Das Portal gehört zu den ältesten Internetangeboten für Kinder und Jugendliche und hat seit seiner Gründung im Jahr 1994 bereits mehrfach, heute eigenständig funktionierende Angebote für Kinder und Jugendliche hervorgebracht. Aus www.3dimencity.de sind bisher www.loveline.de und www.kidsville.de entstanden – beides prämierte Internetangebote.

Seit vielen Jahren werden pädagogische Aktionen im Rahmen von 3dimencity.de durchgeführt. Die Visart GmbH als Träger des Internetportals ist ein Medienunternehmen, das seit seiner Gründung 1994 didaktische Medien produziert. Das in den 80-er Jahren als pädagogische Agentur gestartete Unternehmen entwickelte sich zunehmend mehr zur kommerziellen Medienproduktionsfirma. Mit 3dimencity.de besteht ein Bereich, der sich bisher speziell auf die auftragsfreie Neuentwicklung von Konzepten sowie auf medienpädagogische Praxisprojekte konzentriert.

Zur Zeit fokussieren sich die Aktivitäten auf 3dimencity.de sehr stark auf die Grundschule. Hier hat die Öffnung der Schule den Anstoß gegeben, zusätzlich zu den bisher entwickelten pädagogischen Anregungen ganz konkrete Angebote für die Grundschule zu machen.

• *Warum kooperiert ein Medienunternehmen mit Schule?*

Bekanntlich haben Wirtschaftsunternehmen ein ökonomisches Interesse und keinen eindeutigen gesellschaftlichen Auftrag. Für die Kooperation mit Schule muss dies allerdings differenziert gesehen werden. Wichtigstes Anliegen der Verantwortlichen von Visart als Träger von 3dimencity.de ist es, den direkten Praxisbezug zur Institution Schule und zur Zielgruppe Kinder und Jugendliche zu halten. Für die konkrete Arbeit in der Produktentwicklung pädagogischer Materialien kommen immer wieder wichtige Anregungen und Impulse aus der Schule. Letztendlich soll sich mit 3dimencity.de aber ein qualitatives medienpädagogisches Angebot für die Zielgruppe Kinder und die Institution

Grundschule entwickeln, das als Modell ein sich selbst finanzierendes Angebot darstellt.

Bisherige Erfahrungen zeigen allerdings, dass dieses ambitionierte Vorhaben ohne eine modellhafte Anschubfinanzierung kaum möglich erscheint.

- *Am Anfang war der Praxistest*

Für die von der Bundeszentrale für gesundheitliche Aufklärung entwickelten Materialien „Dem Leben auf der Spur" suchte Visart bundesweit verschiedene Grundschulen, die sich an der Evaluation und entsprechenden Aktionstagen für die Presseeinführung beteiligten. Aus diesen Kontakten fanden sich die ersten Partnerschulen, die sich an 3dimencity.de beteiligten.

Besonders wichtig in diesem Zusammenhang ist eine grundsätzliche Offenheit und die Bereitschaft zur aktiven Mitarbeit – beides gemeinsam bildet die wichtigste Grundvoraussetzung für die Public Private Partnership. Doch ist diese Praxis häufig nicht frei von Schwierigkeiten, denn die formulierten Anforderungen sind hoch. Zum Beispiel die Stapenhorstschule in Bielefeld.

Die Stapenhorstschule ist eine öffentliche Grundschule, in der, wie in Nordrhein-Westfalen üblich, die Jahrgänge 1 bis 4 unterrichtet werden. Sie hat ihren Schulbezirk mitten in der Bielefelder Innenstadt. Seit Beginn des Schuljahres 2003/2004 ist sie eine „Offene Ganztagsschule".

Alle Schulen in Nordrhein-Westfalen sind inzwischen an das Internet angeschlossen. Hardware und entsprechende Software ist auch an Grundschulen vorhanden – gute Voraussetzungen, um mit den Schülerinnen und Schülern den Einstieg in die Praxis zu wagen.

Eigentlich müsste und könnte Medienpädagogik sogar selbstverständlicher Unterrichtsinhalt sein. Aber die Wirklichkeit sieht (noch) anders aus: Umfangreiche Anforderungen an die heutige Grundschule (Offene Ganztagsschule, integrierte Eingangsstufe, zusätzliche Angebote etc.) oder die mangelnde medienpädagogische Ausbildung der Lehrer – es gibt viele Gründe, warum Medienpädagogik nicht den entsprechenden Stellenwert im Schulalltag einnimmt. Für das Konzept von 3dimencity.de bedeutet dies, Überzeugungsarbeit auf unterschiedlichen Ebenen zu leisten.

Sinnvoll ist es in dieser Zusammenarbeit, zunächst an die bewährten und gewohnten Unterrichtsformen anzuknüpfen und dabei binnendifferenzierende und die Eigentätigkeit der Schülerinnen und Schüler fördernde Methoden zu verstärken. Dies geschieht konkret dadurch, dass auf dem Internet-Portal 3dimencity.de Inhalte (z.B. *Ritter* oder *Dem Leben auf der Spur*) unterschiedliche

Themen aufbereitet sind, auf die Schülerinnen und Schüler, die in ihrem Klassenraum diese Inhalte erarbeiten, per Online-PC zurückgreifen können. Allein dadurch verändert sich Unterricht: Schülerinnen und Schüler, die die Erfahrung gemacht haben, sich auch im Internet zu den Themen des Unterrichts informieren zu können, werden dieses mehr und mehr einfordern.

- *Verschiedene Formen der Zusammenarbeit*

In wöchentlich durchgeführten 90-minütigen Workshops bekommen freiwillig teilnehmende Schülerinnen und Schüler eine Einführung ins Internet. Themen sind z.B. Aufbau und Funktion, Umgang, Sicherheit, Recherche sowie die Bewertung von Internetseiten. Neben klassischen Arbeitsblättern erhalten die Kinder konkrete Aufgabenstellungen im Internet oder erstellen beispielsweise gemeinsam Poster. Ergebnisse, wie der erarbeitete Internetführerschein, sind später elektronisch unter www.3dimencity.de zu finden.

Am internationalen Safer-Internet-Day am 6. Februar 2004 fanden Workshops für die Schülerinnen und Schüler des 4. Jahrgangs statt. In unterschiedlichen Angeboten beschäftigten sich die Kinder mit Gefahren, denen sie im Internet ausgesetzt sind. Neben Tipps, worauf Kinder achten sollten, und dem „Besuch" geeigneter Kinderseiten konnten die Kinder ihr Wissen in einem informierenden Internetquiz testen. Kreativ wurden die Kinder bei der Gestaltung von Bildern zur Teilnahme an einem bundesweiten Wettbewerb oder von Postern, auf denen sie ihre „Internetregeln" für den Klassenraum darstellten.

Die speziell für 3dimencity.de entwickelten Projekttage zum Thema Sexualerziehung sind heute integraler Bestandteil des Schulalltages der 3. und 4. Jahrgangsstufe. Im Vorfeld wird dieses Thema von der KlassenlehrerIn im Regelunterricht unter Einbezug der Informationen auf dem Internetportal durchgeführt. Daran schließt ein Aktionstag zum Thema Schwangerschaft und Geburt an, der von der LehrerIn und einer Hebamme durchgeführt wird. In einer weiterführenden Selbstlernphase beschäftigen sich die Kinder in Form eines Webquest mit dem Thema Pubertät. Die entstandenen Ergebnisse/Poster werden abschließend in einem Forum und später auf www.3dimencity.de präsentiert.

Ein geschlossener Bereich ist speziell für die Schule zugänglich und Bestandteil der in Zusammenarbeit entwickelten Schulpage www.stapenhorstschule.de

Besonders wichtig sind die angebotenen Elternworkshops, bei denen unterschiedlichste Themen angesprochen werden: Medienkonsum, Chancen der Computernutzung, sicherer Umgang und aktive Teilnahme am Internet. Zum einen sind dies grundsätzliche Anliegen der Medienpädagogik, zum anderen kann so der Grundstein für eine aktive Mitarbeit an den übergreifenden Konzepten von 3dimencity.de gelegt werden. Am Anfang sind es vor allem negativ besetzte Themen wie Mediengewalt, Medienkonsum oder Hilflosigkeit gegenüber den Merchandisingstrategien der internationalen Medienkonzerne. Bei aufbauenden Workshops gelingt es, die Eltern mit den aktiven Komponenten der Medien zu konfrontieren. Ein zentrales Ziel der Workshops ist es, mit den Eltern über die medienpädagogischen Chancen, die sich für ihr Kind bieten, zu diskutieren. Nach den Seminaren stehen die Eltern den angebotenen aktiven Möglichkeiten offener gegenüber, entwickeln vielfach ganz konkretes elterliches Handeln für den Medienkonsum ihrer Kinder und unterstützen im besten Fall die Kinder, in dem sie sich z.B. für Reportagen zur Verfügung stellen oder ihr eigenes Know-how einbringen.

Bei den begleitenden Lehrerworkshops liegt der Schwerpunkt sehr viel mehr auf dem gemeinsamen Erarbeiten neuer Themen. Bisher geht es in den Workshops darum, die Angebote auf 3dimencity.de in den traditionellen Unterrichtsablauf der einzelnen Klassen zu übertagen. Ganz konkrete Hilfe benötigen die meisten LehrerInnen beim Aufarbeiten der Inhalte für ihren eigenen Klassenbereich auf der Schulhomepage. Die LehrerInnen bringen ihr Wissen um das Curriculum und den Schulalltag mit, der/die MitarbeiterIn von Visart das Know-how, ein professionelles Produkt zu entwickeln und es für die pädagogische Weiterverwertung aufzuarbeiten.

- *Zwischenbilanz*

Das Internetportal hat seinen Platz im Schulalltag der Kinder. Unterschiedliche Methoden und ein Medienmix ermöglichen einen zielgruppenorientierten Unterricht für sehr unterschiedliche Kinder. Die Themen werden den Kindern mit unterschiedlichen Medien zugänglich gemacht.

In den gemeinsamen Aktionen mit der Institution Schule stellten sich für beide Partner zwei bedeutsame gemeinsame Aspekte heraus:

- Orientierung am Produkt
- Notwendigkeit der Erfolgsorientierung

Diese Gemeinsamkeiten stellten eine positive Grundlage für die Zusammenarbeit dar. Für 3dimencity.de ist der wichtigste Benefit die weitere Verwertung der mit den LehrerInnen entwickelten neuen Themen sowie die aktive Teilnahme der SchulerInnen durch eigene Produkte.

Für die Schule passt dieser produktorientierte verwertbare Ansatz gut in den Schulalltag und die Kinder erfahren eine Stärkung ihrer Kompetenz, indem sie aktiv an professionellen Medienprodukten mitarbeiten. Denn die Orientierung am Produkt schließt den Prozess mit ein.

Der Ansatz, produktorientierte Medienarbeit mit Kindern durchzuführen, ist nicht neu. Das Besondere an den beschriebenen Projekten ist die sich entwickelnde Offenheit der Grundschulen gegenüber der Medienpädagogik und im Falle von 3dimencity.de die Kooperation mit einem kommerziellen Medienunternehmen. Für die Schule bedeutet dies eine neue Erfahrung, für das Medienunternehmen bietet es einen konkreten Praxisbezug und für beide die Möglichkeit, auf neuen Wegen den jeweiligen Anforderungen des heutigen „Marktes“ zu entsprechen.

- *Welche Themen gibt es bisher?*

Ritter im Mittelalter
Dieser Bereich bietet Wissenswertes zu Rittern, ein Ritterquiz sowie Mach-Mit-Ideen für Rezepte, Basteltipps, Spiele, Ausflüge. – Im Schulbereich finden sich Projekte, z.B. ein exemplarischer Fragebogen zum Besuch der Bielefelder Sparrenburg, selbstgeschriebene Geschichten und Fotos, die Kinder vom Besuch der Burg gemacht haben.

Leben auf der Spur
Hier gibt es Informationen zu Schwangerschaft und Geburt und ein Frage-Spiel zur Entstehung von Leben. – Im Schulbereich werden körperliche Entwicklung, Schwangerschaft und Geburt, Liebe, Freundschaft und Sexualität thematisiert. Hier finden sich z.B. Infos in Form eines kleinen „Körper-ABCs“, Methoden, Arbeitsblätter, ein Webquest, Projektbilder und Hinweise für LehrerInnen.

Internetsicherheit
Dieser Bereich setzt sich mit Gefahren, denen Kinder im Umgang mit dem Internet ausgesetzt sind, auseinander. Hierzu gehören Tipps, worauf Kinder achten sollen, Hinweise auf geeignete Kinderseiten und ein informierendes Quiz. – Im Schulbereich geht es z.B. um die Vermittlung von Internetkompetenz, der Gestaltung von Postern und weiterführende Infos für LehrerInnen.

Geplant sind folgende weitere Themen:
- Englisch
- Religion
- Kommunikation
- Tiere und Artenschutz
- Umweltschutz

Wie sind die Themen auf 3dimencity.de aufbereitet?

1. Wissensvermittlung und Hinweise auf weiterführende Informationen.
2. Inhaltliches Spiel, handlungsorientiert, spielerisch und interaktiv.
3. Auszüge aus Projekten sowie ein nur für Partner-Schulen offener Bereich.
4. Bestellhinweise ausgewählter didaktischer Materialien, zumeist kostenlos für die Schulen.

Die heutige Struktur auf www.3dimencity.de

- Der offene Kinderbereich steht jeder UserIn als Informationsquelle zur Verfügung.
- Der offene Themenbereich bietet zielgerichtete Informationen in Projektform an und ist in seiner Ausrichtung stärker auf den pädagogischen Einsatz ausgelegt.
- Der geschlossene Schulbereich wird speziell von den Partnerschulen als eigenständige Webpräsenz, zur Außeninformation und als Kommunikationsmittel benutzt. Für die vielfältigen Projekte ist hier der Platz für ihre Präsentation. In gemeinsamen Aktionen entstehen so im pädagogischen Kontext und in Zusammenarbeit mit den professionellen Medienmachern der Visart GmbH neue Themenbereiche, die wiederum allen anderen BesucherInnen zur Verfügung stehen.
- Der anfänglich gestartete Communitybereich gerät zwischenzeitlich in den Hintergrund, da sich heute umfangreiche Angebote im Netz mit unterschiedlicher Qualität an Kinder wenden.

Was bekommt die Schule?

- eine eigene Schulhomepage
- Medienprojekte im Rahmen des offenen Ganztagsangebotes
- Projekttage und thematische Wochen
- Elterninformationen und Lehrerfortbildungen
- kostengünstige ExpertInnen
- kostenlose oder kostengünstige Materialien für unterschiedliche Themen

Was leistet die Schule?

- Mitwirkung der Schulen bei Themenaufbereitung
- grundsätzliche Offenheit, das Thema Medienerziehung als integralen Bestandteil in den Schulalltag aufzunehmen
- eine Kostenbeteiligung im Rahmen ihrer Möglichkeiten für die medienpädagogischen Projekte sowie für ExpertInnen und Beratung
- eine Abonnentengebühr pro SchülerIn

Warum ist 3dimencity für die Schule interessant?

- Die „Privat Public Partnership" versetzt die Schule in die Lage, den lange vernachlässigten Bereich Medienpädagogik mehr in das Zentrum des ganzheitlichen Lernens zu rücken.
- Medien sind integraler Bestandteil der Lebenswelt von Kindern und damit selbstverständliches Thema im Schulalltag. Für die Auseinandersetzung mit Medien steht durch die Qualität von 3dimencity.de mehr Zeit zur Verfügung!

Gelungene Partnerschaft setzt beide Teile in eine Winner-Winner-Situation. Beide Partner erwarten ein hohes Maß an Qualität, damit die ökonomischen Anforderungen an das zeitliche Investment der Schule und des privaten Partners am Ende garantiert sind.

Das beschriebene Konzept ist in seinen Grundzügen übertragbar. Zur Zeit wird nach Möglichkeiten gesucht, diese Partnerschaft bundesweit anzubieten und 3dimencity.de als ein Infoportal für Kinder, Familien und die Schule auszubauen.

Weitere Informationen über die Inhalte und Strukturen sowie die Möglichkeit zu neuen Partnerschaften sind über info@3dimencity.de zu bekommen.

■ Ida Pöttinger

Die Leiden einer leidenschaftlichen Netzwerkerin

Ich fahre mit dem Zug durch wunderbare Berglandschaften und an Seen entlang. Ich besuche hübsche historische Städtchen und breite meine Unterlagen auf stilechten Tischen aus. Ich sitze am Tisch mit netten Menschen, trinke Kaffee oder wahlweise Orangensaft, plaudere über das Wetter oder über das Kultusministerium. Am Wochenende, meistens aber am Donnerstag oder Freitag, besuche ich interessante Tagungen, bei denen es um Kooperationen, Medienprojekte und die neuen Bildungspläne geht. Und das alles bezahlt. Kann es eine schönere Arbeit geben?

Zunächst geht es bei Netzwerken ja darum, die passenden Leute an einen Tisch zu bringen. Ein Netzwerk funktioniert schließlich nur, wenn alle Teilnehmer einen Gewinn davon haben. Das Dumme ist, dass sie den daraus resultierenden Vorteil in der Regel nicht erkannt haben. Nur ich weiß ihn! Die Einladungen zu einem Treffen müssen aus diesem Grund so abgefasst werden, dass jeder Empfänger den Eindruck hat, er hätte das große Los gezogen. Aus welchem Grund bitte sollte man seine gering bemessene Arbeits- oder Freizeit mit fremden Leuten verbringen? Jeder plagt sich mit unzähligen ineffektiven Teamsitzungen herum und dann auch noch so etwas! Die Einladungen müssen also so verfasst sein, dass entweder eine Geldquelle lockt, ein besonders interessantes Ambiente bestaunt werden kann oder eine erotische Begegnung winkt. Letzteres scheidet unter Lehrerinnen, Lehrern, Sozialpädagoginnen und Medientechnikern meistens aus, man kennt seine Pappenheimer. Aber selbst ein Konferenzzimmer mit Seeblick lässt heute die Aspiranten kalt, wenn nicht wenigstens ein paar Groschen vom eigenen Budget eingespart werden können.

Gut, nehmen wir mal an, diese Hürde ist übersprungen und es sitzen zwölf Leute an einem Tisch. Zwölf wären optimal, da geht etwas, meistens sind es sechs und wenn es hart kommt, nur drei. Dafür hat man unter Umständen zweieinhalb Stunden Fahrt hin, zweieinhalb Stunden Fahrt zurück auf sich genommen und den Schreibtisch unaufgeräumt, mit Stößen von Papieren zurückgelassen, weil der Zug ja bekanntermaßen nicht wartet. Die Mitnahme eines Laptops zur Erledigung der eiligsten Briefe empfiehlt sich in rumpelnden Regionalbahnen aus Erfahrung nicht. Aber Fachzeitschriften können gelesen werden, immerhin.

Also, man begrüßt alle freundlich, drückt seine Freude über die Anwesenheit aus und lässt die Leute sich vorstellen. Und dann stellt man zu seinem Erstaunen fest, dass sich am Tisch leider nur der eine Teil der beiden Parteien befindet, die man doch unbedingt zusammenführen wollte. Entweder es sitzen nur Jugendeinrichtungen da, oder nur Lehrkräfte. Wie kann das sein? Man hat doch genau so viele von jeder Sorte eingeladen. Natürlich. Es war die Flüsterpost! Bevor man sich an einen Runden Tisch begibt, ruft man lieber mal seine Kollegin an, was die dazu meint. Die Kollegin sagt: „Das ist völlig uninteressant für uns." Oder sie sagt: „Da müssen wir unbedingt hin, sag doch dem XY, dass das unsere Chance ist, endlich etwas für die Jugendarbeit zu tun." Und schon teilt sich das Ganze auf und, ohne dass man auch nur irgendwie Einfluss nehmen konnte, ist der Arbeitskreis gescheitert.

Aber so ist es ja nicht immer. Manchmal ergibt sich auch eine ganz interessante Mischung: Es kommt der Mitarbeiter eines Sportvereins, eine Einrichtung schickt einen Praktikanten, von einem Gymnasium kommt der Rektor, von einer anderen Schule der Biologielehrer. Eigentlich handelt es sich um Kooperationen in der Medienbildung, aber was soll's. Auch Sportvereine machen heute Medienarbeit. Man werde sich etwas überlegen. Der Praktikant ist sehr engagiert, leider hat er keine Ahnung, wie sein Laden funktioniert. Der Rektor sitzt ein paar Anstandsminuten ab und zieht sich dann unter dem Vorwand zurück, dass er noch korrigieren muss. Es bleibt der Biologielehrer, mit dem man sich, um ihn darüber hinweg zu trösten, dass er völlig fehl am Platze war, nach Abschluss der Sitzung über das Laichen der Dorsche unterhält.

Das sind Hürden, die schafft man, klarer Fall. Man beginnt einfach wieder von vorn. Vielleicht war der Einladungsbrief nicht deutlich genug, vielleicht war die Zeit gerade ungünstig, vielleicht gab es ja eine Parallelveranstaltung und vielleicht brauchen diese Menschen kein Netzwerk. Kann ja sein.

Manchmal geht auch alles wie geschmiert. Da sitzen die richtigen Personen am Tisch, die Kommunikation ist hervorragend, die Bedürfnisse ergänzen sich, man schmiedet tolle Pläne: einen Kongress für 400 Personen, einen Infoflyer in 10.000-er Auflage, ein Feature für das Fernsehen und eine elektronische Werbetafel in der U-Bahn, alles für Umme, alles dank Superconnections und so gut wie geritzt. Man geht auseinander, ist glücklich und denkt: So müsste es immer sein! Komisch – beim nächsten Treffen ist niemand mehr da.

Das Netzwerken ist ein harter Job. Auch wenn alle Beteiligten guten Willens sind – und das sind sie nicht immer –, dann kostet dieser Job Arbeit und vor allem Zeit und Nerven. Man braucht viel Energie, Durchsetzungsvermögen, Einfühlungsvermögen, Selbstbewusstsein und die Fähigkeit zur Selbstkritik. Alle Vorüberlegungen können auf einen Streich zunichte gemacht werden, wenn ein Detail daneben geht.

Leichter ist es, wenn man Geld zu verteilen hat. Man ist den Leuten gleich viel sympathischer. Und Arbeit bleibt dann immer noch genug übrig.

In diesem Sinn, falls jemand mit mir tauschen will…

Karin Eble, Dipl.-Pädagogin, Leiterin des Fachbereichs Fortbildung am Wissenschaftlichen Institut des Jugendhilfswerks Freiburg e.V. (eble@jugendhilfswerk.de)

Jörg Hagel, Dipl.-Sozial-Pädagoge, freier medienpädagogischer Mitarbeiter der Jugendförderung Berlin-Neukölln.

Bernward Hoffmann, Prof. Dr., lehrt an der Fachhochschule Münster, Fachbereich Sozialwesen. (FLEBHoffmann@t-online.de)

Mane Huchler, Dipl.-Pädagoge, Mitgründer und Geschäftsführer des Medienunternehmens Visart GmbH in Bielefeld. (mane@visart.de)

Doris Kellermann, Dipl.-Soziologin, Mitarbeiterin am Deutschen Jugendinstitut München im Forschungsprojekt „Kooperation von Schule mit außerschulischen Akteuren", zur Zeit in der Kinderpause. (doriskellermann@aol.com)

Susanna Krüger, M.P.A., arbeitet im Aufbauteam der Humboldt-Viadrina School of Governance in Berlin und koordiniert ein Forschungsprojekt zu Verfahrens- und Prozessgestaltung im öffentlichen Sektor. (skrueger@gmx.net)

Herbert Kubicek, Professor für Angewandte Informatik mit dem Schwerpunkt Informationsmanagement und Telekommunikation im Fachbereich Mathematik und Informatik der Universität Bremen sowie Geschäftsführer des Instituts für Informationsmanagement an der Universität Bremen. (kubicek@ifib.de)

Jens Lipski, Dipl.-Soziologe, Mitarbeiter am Deutschen Jugendinstitut München im Forschungsprojekt „Kooperation von Schule mit außerschulischen Akteuren". (lipski@dji.de)

Eva Lischke, Dipl.-Politologin, Fachdienst Multimedia und „Digitale Kinder- und Jugendstadt" der Jugendförderung Berlin-Neukölln. (team@neukoelln-jugend.de)

Klaus Lutz, Medienpädagoge, Medienpädagogischer Leiter des Medienzentrums PARABOL in Nürnberg, Dozent an der Georg-Simon-Ohm-Fachoberschule im Studienschwerpunkt Medienpädagogik

Carmen Mörsch, Künstlerin und Kulturwissenschaftlerin, zurzeit Juniorprofessorin für Materielle Kultur und ihre Didaktik am Kulturwissenschaftlichen Institut KUNST – TEXTIL – MEDIEN an der Carl-von-Ossietzky-Universität Oldenburg, Begleitforschung bei „Kinder machen Kunst mit Medien“ im Rahmen von KuBiM. (carmen.moersch@mail.uni-oldenburg.de)

Achim Puhl, Dipl.-Pädagoge, wissenschaftlicher Mitarbeiter am Institut für Sozialarbeit und Sozialpädagogik e.V., Arbeitsschwerpunkte u.a. Beratung von öffentlichen und freien Trägern in den Bereichen OE/PE/QM; Aufbau und Begleitung von kommunalen Vernetzungsstrukturen; Umsetzung von Weiterbildungsstrategien und Lernsystemen. (achim.puhl@iss-ffm.de, www.iss-ffm.de)

Ida Pöttinger, Dr. paed., arbeitete als Hörspielautorin und Journalistin, als Lehrerin für Pädagogik und Psychologie und als Lehrbeauftragte der Pädagogischen Hochschulen Freiburg und Ludwigsburg. Zurzeit im Team der Redaktion des Online-Forums Medienpädagogik am Landesinstitut für Erziehung und Unterricht, Stuttgart, und Mitglied im Bundesvorstand der GMK. (poettinger@lmz-bw.de)

Ute Parthum, Dipl.-Kulturwissenschaftlerin, Medienpädagogin und seit 1997 Projektleiterin der Medienwerkstatt Potsdam. (ute.parthum@potsdam.com)

Hans-Jürgen Palme, Medienpädagoge, Leiter des Münchner SIN – Studio im Netz. (palme@sin-net.de)

Horst Niesyto, Prof. Dr., Leiter der Abteilung Medienpädagogik am Institut für Erziehungswissenschaft an der Pädagogischen Hochschule Ludwigsburg. (niesyto_horst@ph-ludwigsburg.de)

Franz Josef Röll, Dr. phil., Professor an der FH für Sozialpädagogik Darmstadt mit dem Schwerpunkt Neue Medien und Medienpädagogik. (FJRoell@t-online.de)

Markus Schega, Grundschullehrer an der Heinrich-Zille-Grundschule in Berlin-Kreuzberg, Koordinator von „Kinder machen Kunst mit Medien“ im Rahmen von KuBiM. (mschega@web.de)

Günter Thiele, Medienpädagogischer Referent am Landesinstitut für Schule und Medien (Lisum), Berlin und Sprecher der GMK-Landesgruppe Berlin sowie der GMK-Fachgruppe Schule.

Björn-Eric Stolpmann, Dipl.-Informatiker, arbeitet als Wissenschaftler am Institut für Informationsmanagement an der Universität Bremen (ifib): Arbeitsschwerpunkte sind IT-Management, Lern- und Lehrsysteme sowie Unterrichtsintegration digitaler Medien. (stolpmann@ifib.de)

Dieter Spanhel, Prof. Dr., Inhaber des Lehrstuhls Pädagogik II an der Erziehungswissenschaftlichen Fakultät der Universität Erlangen-Nürnberg. (spanhel@ewf.uni-erlangen.de)

Wolfgang Schill, Referent für Medienerziehung beim Landesinstitut für Schule und Medien (LISUM), Berlin, und Mitglied des Bundesvorstands der GMK.

Stefan Welling, Dipl.-Sozialwirt, arbeitet als Wissenschaftler am Institut für Informationsmanagement an der Universität Bremen (ifib). Arbeitsschwerpunkte sind die Nutzung digitaler Medien in der außerschulischen Jugendarbeit, Kooperationen von Lernorten im Stadtteil sowie Qualitative Methoden der Bildungsforschung. (welling@ifib.de)

- Karin Eble
  S. 179, S. 186, S. 187

- Andrea Müller-Goebel
  S. 128 (1, 2)

- Hans-Jürgen Palme
  S. 190, S. 191, S. 193

- Stock.xchng
  S. 24/25, S. 104/105, S. 160/161

Weitere Publikationen der GMK

Bezug über die Geschäftsstelle Bielefeld:
Körnerstraße 3, 33602 Bielefeld, Tel. 0521.67788; Fax 0521.67727;
www.gmk-net.de

Medienkompetenz in Theorie und Praxis

5,– Euro incl. Versand

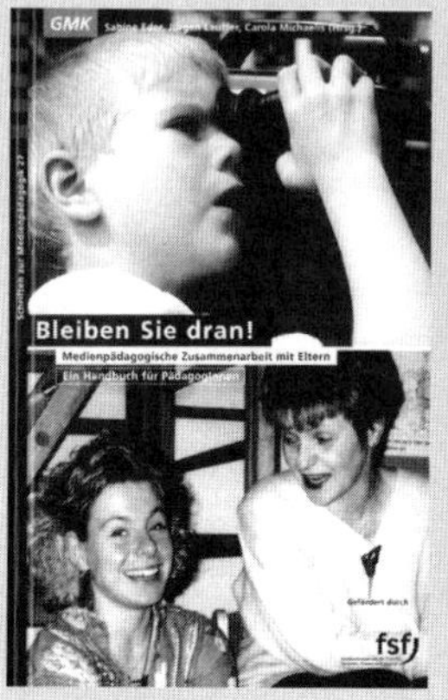

Bleiben Sie dran!

Medienpädagogische Zusammenarbeit mit Eltern
Sabine Eder, Jürgen Lauffer, Carola Michaelis (Hrsg.)

Schriften zur Medienpädagogik 27
ISBN: 3-929685-19-1
11,– Euro zzgl. Versand

Rock von Rechts II

Milieus, Hintergründe, Materialien
Dieter Baacke, Klaus Farin, Jürgen Lauffer (Hrsg.)

Schriften zur Medienpädagogik 28
ISBN: 3-929685-20-5
11,– Euro zzgl. Versand

Information, Emotion, Sensation

Wenn im Fernsehen die Grenzen zerfließen

Ingrid Paus-Haase, Dorothee Schnatmeyer, Claudia Wegener (Hrsg.)

Schriften zur Medienpädagogik 30
ISBN: 3-929685-23-X
12,50 Euro zzgl. Versand

Mediale Gewalt

Eine reale Bedrohung für Kinder?

Susanne Bergmann (Hrsg.)

Schriften zur Medienpädagogik 31
ISBN: 3-929685-24-8
12,50 Euro zzgl. Versand

Medienkompetenz

Navigationshilfen für Kinder, Jugendliche und Erziehende

Hans-Jürgen Palme, Natasa Basic (Hrsg.)

Schriften zur Medienpädagogik 32
ISBN: 3-929685-26-4
12,50 Euro zzgl. Versand

Die rechtsextreme Herausforderung

Jugendarbeit und Öffentlichkeit zwischen Konjunkturen und Konzepten
Dieter Wiedemann (Hrsg.)

Schriften zur Medienpädagogik 33
ISBN: 3-929685-30-2
12,50 Euro zzgl. Versand

Die medialisierte Gesellschaft

Beiträge zur Rolle der Medien in der Demokratie
Dieter Wiedemann
Jürgen Lauffer (Hrsg.)

Schriften zur Medienpädagogik 34
ISBN: 3-929685-31-0
12,50 Euro zzgl. Versand

In 8 Sekunden um die Welt

Kinder, Jugendliche, Familien – Internetnutzung im europäischen und internationalen Kontext
Jürgen Lauffer (Hrsg.)

Schriften zur Medienpädagogik 35
ISBN: 3-929685-33-7
12,50 Euro zzgl. Versand

Netzwerke für die Informations-gesellschaft
Mike Große-Loheide/
Uwe Hasebrink (Hrsg.)

Schriften zur
Medienpädagogik 36
ISBN: 3-929685-34-5
12,50 Euro zzgl. Versand

Mediengesellschaft – Neue ›Klassengesellschaft‹?
Medienpädagogik und sozio-kulturelle Unterschiede

Themen/Rundbrief Nr. 42
ISSN: 0934-5523
ISBN: 3-929685-21-3
10,– Euro zzgl. Versand

Denkräume: Szenarien zum Informationszeitalter

Rückblick – Ausblick – Realisation

Themen/Rundbrief Nr. 43
ISSN: 0934-5523
ISBN: 3-929685-25-6
10,– Euro zzgl. Versand

Mensch und Medien

Pädagogische Konzepte
für eine humane Mediengesellschaft

Themen/Rundbrief Nr. 44
ISSN: 0934-5523
ISBN: 3-929685-28-0
10,– Euro zzgl. Versand